陳福成著

# 陳福成著作全編

第二冊 防衛大台灣

文史哲出版社印行

國家圖書館出版品預行編目資料

**陳福成著作全編** / 陳福成著. -- 初版. --臺北
市：文史哲,民 104.08
頁： 公分
ISBN 978-986-314-266-9（全套：平裝）

848.6　　　　104013035

# 陳福成著作全編

## 第二冊　防衛大台灣

著　　者：陳　福　成
出 版 者：文 史 哲 出 版 社
http://www.lapen.com.tw
登記證字號：行政院新聞局版臺業字五三三七號
發 行 人：彭　正　雄
發 行 所：文 史 哲 出 版 社
印 刷 者：文 史 哲 出 版 社
臺北市羅斯福路一段七十二巷四號
郵政劃撥帳號：一六一八〇一七五
電話886-2-23511028・傳真886-2-23965656

**全 80 冊定價新臺幣 36,800 元**

二〇一五年（民一〇四）八月初版


ISBN 978-986-314-266-9　　08981

# 陳福成著作全編總目

# 總序：陳福成的一部文史哲政兵千秋事業

陳福成先生，祖籍四川成都，一九五二年出生在台灣省台中縣。筆名古晟、藍天、司馬千、鄉下人等，皈依法名：本肇居士。一生除軍職外，以絕大多數時間投入寫作，範圍包括詩歌、小說、政治（兩岸關係、國際關係）、歷史、文化、宗教、哲學、兵學（國防、軍事、戰爭、兵法），及教育部審定之大學、專科（三專、五專）、高中（職）等各級學校國防通識（軍訓課本）十二冊。以上總計近百部著作，目前尚未出版者尚約二十部。

我的戶籍資料上寫著祖籍四川成都，小時候也在軍眷長大，初中畢業(民57年6月)，投考陸軍官校預備班十三期，三年後（民60）直升陸軍官校正期班四十四期，民國六十四年八月畢業，隨即分發野戰部隊服役，到民國八十三年四月轉台灣大學軍訓教官。到民國八十八年二月，我以台大夜間部（兼文學院）主任教官退休（伍），進入全職寫作高峰期。

我年青時代也曾好奇問老爸：「我們家到底有沒有家譜？」

他說：「當然有。」他肯定說，停一下又說：「三十八年逃命都來不及了，現在有個鬼啦！」

兩岸開放前他老人家就走了，開放後經很多連繫和尋找，真的連鬼都沒有了，茫茫無垠的「四川北門」，早已人事全非了。

但我的母系家譜卻很清楚，母親陳蕊是台中縣龍井鄉人。她的先祖其實來台不算太久，按家譜記載，到我陳福成才不過第五代，大陸原籍福建省泉州府同安縣六都施盤鄉馬巷。

第一代祖陳添丁、妣黃媽名申氏。從原籍移居台灣島台中州大甲郡龍井庄龍目井字水裡社三十六番地，移台時間不詳。陳添丁生於清道光二十年（庚子，一八四〇年）六月十二日，卒於民國四年（一九一五年），葬於水裡社共同墓地，坐北向南，他有二個兒子，長子昌，次子標。

第二代祖陳昌（我外曾祖父），生於清同治五年（丙寅，一八六六年）九月十四日，卒於民國廿六年（昭和十二年）四月二十二日，葬在水裡社共同墓地，坐東南向西北。陳昌娶蔡匏，育有四子，長子平、次子豬、三子波、四子萬芳。

第三代祖陳平（我外祖父），生於清光緒十七年（辛卯，一八九一年）九月二十五日，卒於（年略記）二月十三日。陳平娶彭宜（我外祖母），生光緒二十二年（丙申，一八九六年）六月十二日，卒於民國五十六年十二月十六日。他們育有一子五女，長子陳火，長女陳變、次女陳燕、三女陳蕊、四女陳品、五女陳鶯。

以上到我母親陳蕊是第四代，到筆者陳福成是第五代，與我同是第五代的表兄弟姊妹共三十二人，目前大約半數仍在就職中，半數已退休。

寫作是我一輩子的興趣，一個職業軍人怎會變成以寫作為一生志業，在我的幾本著作都詳述（如《迷航記》、《台大教官興衰錄》、《五十不惑》等」。我從軍校大學時代開始寫，從台大主任教官退休後，全力排除無謂應酬，更全力全心的寫（不含為教育部編著的大學、高中職《國防通識》十餘冊）。我把《陳福成著作全編》略為分類暨編目如下：

**壹、兩岸關係**

①《決戰閏八月》②《防衛大台灣》③《解開兩岸十大弔詭》④《大陸政策與兩岸關係》。

**貳、國家安全**

⑤《國家安全與情治機關的弔詭》⑥《國家安全與戰略關係》⑦《國家安全論壇》。

**參、中國學四部曲**

⑧《中國歷代戰爭新詮》⑨《中國近代黨派發展研究新詮》⑩《中國政治思想新詮》⑪《中國四大兵法家新詮：孫子、吳起、孫臏、孔明》。

**肆、歷史、人類、文化、宗教、會黨**

⑫《神劍與屠刀》⑬《中國神譜》⑭《天帝教的中華文化意涵》⑮《奴婢妾匪到革命家之路：復興廣播電台謝雪紅訪講錄》⑯《洪門、青幫與哥老會研究》。

**伍、詩〈現代詩、傳統詩〉、文學**

⑰《幻夢花開一江山》⑱《赤縣行腳・神州心旅》⑲《「外公」與「外婆」的詩》、⑳《尋找一座山》㉑《春秋記實》㉒《性情世界》㉓《春秋詩選》㉔《八方風雲性情世界》㉕《古晟的誕生》㉖《把腳印典藏在雲端》㉗《從魯迅文學醫人魂救國魂說起》㉘《60後詩雜記詩集》。

**陸、現代詩（詩人、詩社）研究**

67《政治學方法論概說》68《西洋政治思想概述》69《中國全民民主統一會北京行》70《尋找理想國：中國式民主政治研究要綱》。

**拾參、中國命運、喚醒國魂**

71《大浩劫後：日本311天譴說》、《日本問題的終極處理》72《台大逸仙學會》。

**拾肆、地方誌、地區研究**

73《台北公館台大地區考古・導覽》74《台中開發史》75《台北的前世今生》76《台北公館地區開發史》。

**拾伍、其他**

77《英文單字研究》78《與君賞玩天地寬》（別人評論）79《非常傳銷學》80《新領導與管理實務》。

我這樣的分類並非很確定，如《謝雪紅訪講錄》，是人物誌，但也是政治，更是歷史，說的更白，是兩岸永恆不變又難分難解的「本質性」問題。

以上這些作品大約可以概括在「中國學」範圍，如我在每本書扉頁所述，以「生長在台灣的中國人為榮」，以創作、鑽研「中國學」，貢獻所能和所學為自我實現的途徑，以宣揚中國春秋大義、中華文化和促進中國和平統一為今生志業，直到生命結束。我這樣的人生，似乎滿懷「文天祥、岳飛式的血性」。

抗戰時期，胡宗南將軍曾主持陸軍官校第七分校（在王曲），校中有兩幅對聯，一是「升官發財請走別路、貪生怕死莫入此門」，二是「鐵肩擔主義、血手寫文章」。前聯原在廣州黃埔，後聯乃胡將軍胸懷，「鐵肩擔主義」我沒機會，但「血手寫文章」的

「血性」俱在我各類著作詩文中。

人生無常，我到六十三歲之年，以對自己人生進行「總清算」的心態出版這套書。

回首前塵，我的人生大致分成兩個「生死」階段，第一個階段是「理想走向毀滅」，年齡從十五歲進軍校到四十三歲，離開野戰部隊前往台灣大學任職中校教官。第二個階段是「毀滅到救贖」，四十三歲以後的寫作人生。

「理想到毀滅」，我的人生全面瓦解、變質，險些遭到軍法審判，就算軍法不判我，我也幾乎要「自我毀滅」；而「毀滅到救贖」是到台大才得到的「新生命」，我積極寫作是從台大開始的，我常說「台大是我啟蒙的道場」有原因的。均可見《五十不惑》、《迷航記》等書。

我從年青立志要當一個「偉大的軍人」，為國家復興、統一做出貢獻，為中華民族的繁榮綿延盡個人最大之力，卻才起步就「死」在起跑點上，這是個人的悲劇和不智，正好也給讀者一個警示。人生絕不能在起跑點就走入「死巷」，切記！切記！讀者以我為鑒！在軍人以外的文學、史政有這套書的出版，也算是對國家民族社會有點貢獻，對自己的人生有了交待，這致少也算「起死回生」了！

順要一說的，我全部的著作都放棄個人著作權，成為兩岸中國人的共同文化財，而台北的文史哲出版有優先使用權和發行權。

這套書能順利出版，最大的功臣是我老友，文史哲出版社負責人彭正雄先生和他的夥伴們。彭先生對中華文化的傳播，對兩岸文化交流都有崇高的使命感，向他和夥伴致上最高謝意。

台北公館蟾蜍山萬盛草堂主人　陳福成　誌於二〇一四年
五月榮獲第五十五屆中國文藝獎章文學創作獎前夕

# 序一

陳維昭（國立台灣大學校長）

近數月來，台海兩岸關係陷入緊張，中共一連串的軍事演習與飛彈試射，以及國內雙十節前的華興演習，經過媒體不斷報導之後，難免令人意識到台海戰爭爆發的可能，也使得居住在台、澎、金、馬的二千一百多萬人民感受到自身安全的可能威脅。因而對我國防實力、台海防禦現況、以及戰爭一旦爆發之可能後果，均寄予莫大關切。

本校陳福成教官繼年初出版「決戰閏八月」之後，再次整理相關著述，發表新書「防衛大台灣——台海安全與三軍戰略大佈局」，書中對我國現有國防力量、三軍實力、國軍戰爭指導原則，均有深入之探討與剖析，對台海戰爭可能之後果亦有所討論，值此兩岸關係緊張，國人渴望了解台海防禦相關問題之際，陳教官此書之出版，或可稍解國人心中之迷惑。

陳福成教官服務本校多年，平日認真教學、服務，餘暇潛心軍事科學之研究及著述，今年相繼出版「決戰閏八月」、「防衛大台灣」等軍事論著，其勤奮好學，熱心研究之精神，值得鼓勵。值此新書出版之際，特為之序。

陳維昭教授

學歷：臺大醫學院醫科畢業(1958—1965)

日本國立東北大學醫學博士（日政府獎學金，1972—1975)

美國約翰霍浦金斯大學公衛碩士(1988—1989)

經歷：臺大醫學院外科教授

美國辛辛那提大學外科客座研究副教授

中華民國小兒科醫會理事長

中華民國外科醫學會、癌症醫學會、台灣醫學常務理事

台大醫學院院長

現任：台大校長

# 序二

宋　文（教育部軍訓處處長）

自從中共連續在台海附近試射飛彈與作戰演習後，中共將以何種武力方式犯台，以及我們如何應變與防衛的措施，已是島內同胞非常關切的兩個話題。台大軍訓教官陳福成中校，潛心研究此類攸關國人切身安危的問題頗有心得。前時所出版的「決戰閏八月」是探究前者可能性的編著。書成之後，各方風評甚好。本書則是討論後者我們如何防衛自身安全的問題，所謂：「毋恃敵之不來，恃吾有以待之」，自身的準備愈充分，安全的指數愈高，應是不移的常理。

全書架構概依軍事學術研究的思維理則編排，資料的蒐集探討亦十分完整周延，故其立論也相當合理中肯。與坊間一般類似著作有所不同，應可讓關心此類問題的讀者，增補一些參考的餘地。

宋　文將軍

學歷：陸官35期，陸院67年班，戰爭學院69年班
兵研所74年班。

經歷：三軍大學兵研所教官
國防部中將參事
81年國防白皮書編撰人

現任：教育部軍訓處處長

# 序三

李長嘯（台灣大學少將總教官）

最近台海兩岸關係缺乏互信，更由於中共在東海兩次的飛彈試射而形緊繃；致使中共武力犯台相關之問題立刻浮出檯面，我國防力量是否足夠，已成為朝野論壇及傳播媒體廣泛討論的焦點。

孫子曰：「兵者，國之大事，生死之地，存亡之道，不可不察也。」以往，戰爭似乎只是職業軍人及少數政府人員的事，因為戰爭與一般人生活無直接的關係，然而現在，戰爭已介入一個人日常生活中，而成為全體國民的共同事業了，實際上，一個文武合一、兵民不分的總體戰早已默默的進行著，因此對戰爭威脅的瞭解已經變成國民全體各階層，各行業的基本知識了。

本校同仁陳福成教官平日教學、服務學生之餘，仍能潛心著述「防衛大台灣——台海安全與三軍戰略大佈局」一書，個人感佩之至，索序於余，拜讀之後，豁然發現即本此理念，強調國防觀念並非軍人的「專利」，更堅強的力量來自全體國民對戰爭的共識，提出「忘戰必危，好戰必亡」的見解，孰不知欲消彌戰爭，必須先瞭解戰爭；面對中共的霸氣凌人，不時以武力恫嚇威脅，我三軍實力如何？戰略指導如何？戰爭後果如何？於本書中均有深入獨到之剖析，為一可讀性甚高之著作，是為序。

李長嘯將軍：

學歷：陸軍官校34期，三軍大學戰爭學院76年

經歷：師、軍砲兵指揮官，陸總部組長

現任：台灣大學總教官

# 自序
## ——從軍二十七年思考的問題

陳福成

當我寫完「決戰閏八月——後鄧時代中共武力犯台研究」一書後，接續再寫「防衛大台灣」這本書。我最大的理由，是認為台海防衛問題絕非單純是職業軍人與政府官員的事，而是全體國民的事，大家都需要有較為正確的瞭解；再者勿論和戰，國民都須要瞭解台海防衛——瞭解一場很特殊的戰爭，才能免於外力入侵，避免引爆一場不該發生的戰爭。「決戰閏八月」與「防衛大台灣」實為姊妹之作。

撰寫本書最大的顧慮，來自書名「防衛大台灣」，目前海內外有若干質疑「大」台灣的聲音，認為是一種自外於中國的分離主義傾向。本書正好相反，就長遠與宏觀思之，防衛大台灣的最終目標，乃在追求一個和平、民主、統一的中國，只有在這個前提下，台海防衛才有價值，我們的努力才能深獲所有中國人及國際友人的肯定、諒解和支持；也只有在這個前提下，台灣才能稱「大」，世界地緣戰略上有重大地位，大戰略經營上的重大意義，放眼中國的遠大抱負，揚棄小島心態邁向世界的寬大胸懷，當然防衛大台灣，必須有雄才大略的軍事家與政治家，才能立於不敗。捨這些而稱「大」，均屬無謂自大。

撰寫本書著實有些自不量力，我雖然從軍已二十七年餘，但都在陸軍部隊，台海防衛事關萬端，從陸、海、空三軍到總體戰力，從世界地緣到本島地理，從國際情勢到海峽兩岸政局，每一部份都是一個專業領域。所幸，本書僅向社會大眾介紹台海防衛的一般性問題，而不指涉太深的技術專業領域，尚祈各界多多指導。

大人物管理顧問公司暨金台灣出版公司，一本社會良知與使命感，規劃危機實戰叢書提昇國人憂患意識及危機應變能力。我這兩本書能榮列一、二，是該公司總經理范揚松先生、總編輯伍翠蓮小姐及全體工作伙伴同心協力，才得以順利呈獻給讀者，在此致無上謝意。教育部軍訓處處長宋文將軍，國立台灣大學總教官李長嘯將軍兩位長官，耐心聽取本書簡報並逐章更正指導與賜序，此為部屬最大收穫與最佳學習機會，特致我的感謝。國立台灣大學校長陳維昭教授，以當代醫界、學界巨擘之尊，能在百忙中為本書作序，倍感榮耀，均致最深謝意。當這本書呈獻在讀者之前時，它的背後已有這麼多的參與者。

本書付梓正是我與內人潘玉鳳女士結髮十五年紀念，寫作期間，「家事小孩放兩旁，讀書研究擺中間」。太太是本書的幕後功臣，非言謝所能表達，以本書為水晶婚誌。

# 防衛大台灣

目錄

■跋記



■參考書目　417

■表目錄

## ■圖目錄

# 導論

近年中共武力犯台的問題，在海內外各階層已逐漸形成討論研究之高潮，儼然是當代言論主流或顯學，惟市面上同類書籍頗多，卻少有從軍事專業角度來研究的論著，作者乃於八十四年六月出版「決戰閏八月——中共武力犯台研究」一書（台北：金台灣出版公司），書出以後，各界反應鼓勵甚多，作者均納入修訂再版參用。

台海戰爭是否爆發？事關「兩造」，一個是中共武力犯台的問題，一個是台灣防衛的問題。近年有關台海戰爭叢書以前者較多，後者尚未見有完整之論著，中共武力犯台是我國國家安全威脅之來源，乃形成另一個等同重要的問題——台海防衛。此二者實相互依存互動，一體兩面。作者乃投入心力，撰寫「防衛大台灣——台海安全與三軍戰略大佈局」一書，希望為兩千一百萬人所面臨的這場防衛作戰，能規劃出一個勝利的方向，奠定中國和平統一的第一步。

本書以「台海安全與三軍戰略大佈局」為附題，意在強調金馬台澎為一體的重要性。不用「台灣防衛」或「台澎防衛」，以免在「無意間」漏掉金馬，尤其早期美國一再施壓放棄金馬外島，「台灣關係法」更明文規定美台關係不含金馬，本書以「台海防衛」正名，也說明金馬台澎是規劃台海防衛作戰時，全都不可或缺的要角，凡有一缺者（包含中華民國目前所控領的各離島），都是台海防衛戰略上不可挽回的錯失。

近年研究台海戰爭者，以中共來犯居多，蓋因中共一再揚言武力犯台，且兵眾將多，居於主動之故；再者「狼來了」人人會喊，而台海防衛是大家近在眼前的問題，反被社會大眾忽略，人對自己身邊的事常被「視而不見」，而且台海防衛亦涉及很多專業領域上的問題，如政治、軍事、戰略（大戰略、國家戰略、軍事戰略、野戰戰略）。本書為求深入與周全，乃以環境(Environment)為分析的起點，蓋因一切政治體系(Political system)之存在與發展，必是「內社會環境」(Intra-societal environment)與「外社會環境」(Extra-societal environment)相互激盪的結果。台海情勢之是否導向戰爭？肇因於外環境（中共與國際因素）與內環境（台灣政情）的「投入」(Inputs)，才有戰爭的「產出」(Outputs)，本書架構如次：

第一篇環境評估，包含四章，分析後冷戰時代國際環境、大陸情勢發展、中共武力犯台能力評估、台灣戰略地位之影響及台灣之生存與未來發展。

第二篇決定台海防衛作戰成敗的七個因素及其剋制之道，包含七章。析論台灣本島地理形勢，防衛作戰特質，建軍備戰基礎，總動員程度，後勤補給能力，國際助力開拓（大戰略經營）及防衛作戰最大的殺手——國家認同問題（國家戰略經營）。

第三篇空軍防衛作戰，有三章。研究我國空軍任務，敵我主力戰機比較及空軍戰略、戰術之運用。

第四篇海軍防衛作戰，有四章。研究我國海軍水面作戰、潛艦及反潛作戰、水雷及反封鎖作戰、兩棲及反制兩棲作戰。

第五篇地面防衛作戰，有四章。研究地面部隊的反空降作戰，反登陸作戰（泊地攻擊、灘岸決戰、內陸決戰）。

第六篇為台海防衛作戰中關於整體戰力運用之研析，有七章。研究台海防空作戰、本外島兵力比之商榷、台灣本島兵力配備、快速反應部隊運用、多軍（兵）種聯合作戰、指管通情與電子戰、民心士氣、野戰戰略等。

全書區分六篇卅章，各章有結語，各篇有結論，全書最後有總結。

「國防與民生合一」是孫中山先生早已提出的建國構想，然而近百年來始終都止於「理想」或學生的考題，社會大眾或學術界，對國防與軍事都欠缺瞭解之管道與企圖。大家都認為國防與軍事，乃至戰爭，是軍人的事情，對「軍方」產生很多誤解，軍人成為少數孤立的弱勢團體。這種觀念所造成的傷害，比被敵人殲滅一個裝甲師還要嚴重，絕非國家與國民之福氣。本書寫作的另一目的，是希望把一些台海防衛專業性的問題，用較淺易的方式表達出來，讓一般國民瞭解台海防衛之現況與問題，方便專業人士及社會大眾閱讀。

我們自己生存的這一片空間，如何求生存，有發展，如何活的有尊嚴，來自我們是否有足夠的防衛戰力和決心。

# 第一篇

# 環境評估

影響台海防衛作戰的內外環境因素有：

後冷戰時代國際環境

大陸情勢發展預測

台海戰略地位評估

台灣政情及未來發展

# 第1章

# 後冷戰時代國際環境

# 第1章　後冷戰時代國際環境

自從一九九一年，前蘇聯帝國解體，美蘇兩極對峙結束，世界進入後冷戰時代。我國雖非聯合國成員，但可以肯定的是國際社會的一員，想要走進國際舞台，必須瞭解後冷戰時代的國際環境。台海防衛受國際環境因素影響，不僅在理論上是必然，在現實情勢上也是不能擺脫的。尤其是美國的亞洲政策、中國政策、中（我）美關係，都是當前國際環境的重點，瞭解環境，才能運用或改變環境，這是信念，也是實務。

## ■後冷戰時代國際環境特質

國際局勢進入後冷戰時代，就整體大趨勢而言，因為共產國家的全面瓦解，碩果僅存的四個共產國家（古巴、越南、北韓、中共）也在改革開放之路上使勁掙扎。這表示民主政治與自由經濟價值，是後冷戰時代（甚至是以後的和平時代）重要特質，其要者有：

### 一、民主理念來勢洶洶

民主政治(Democracy)之理念頗有歧義，但大體上指民意與法治的重要，政黨與議會政治制度的建立運作，多數決定與民主自由社會的生活模式，基本上是一個「人民做主」的時代，是一股擋不住的潮流。「主流」當前，各種共產、極權、獨裁、威權、神權政體，不僅必須淡出世界政治舞台，且將沒落後走進歷史，多數共產國家的瓦解，就是擋不住這股民主潮流的沖擊。一九九一年波灣戰爭，在聯合國授權下舉世廿八國組成聯軍，把伊拉克逐出科威特，就是海珊違反了當前這股「國際新秩序」——民主理念。

透過會議談判，用溝通、妥協方式解決爭端，是民主理念最重要的原則，以阿和平問題、英國北愛問題、朝鮮半島，海峽兩岸的交流談判等，都已有了曙光，這也是後冷戰大環境的趨勢。人類的智慧似乎已經悟出：戰爭不能解決問題。

## 二、經濟影響力昇高

民主浪潮雖沖垮了多數共產國家，但就共產國家而言，貧窮才是威脅政體最大的主因。未垮台的共產國家必須用經濟改革來延長政治生命，這是一條不歸路。其他各民主國家莫不以發展經濟為重要的施政目標，以厚植其國力基礎，故經貿力量在國際上日愈抬頭，為保護國內或區域內市場，以同質性較高的經濟區域整合，正方興未艾，整合較成功者當推：

「歐洲聯盟」(European Union, EU)

「亞太經合會議」(Asia-Pacific Economic Cooperation, APEC)

「北美自由貿易區」(North American Free Trade Area, NAFTA)

「南錐共同市場」(Mercado Común del Sur/Mercosur, MCSM)。（註①）

中華民國目前賴經貿立國，更依經貿生存與發展，國際環境經貿抬頭，經貿影響力隨之昇高，大環境對台灣有利，可以形成有力資源。根據世界銀行(IBRD)估計，到二〇二〇年大陸是全球第一大經濟體，台灣排名第十。（註②）目前正在醞釀的「亞太華人經濟區」未來若能成立，對台灣而言無異是更為有利的外環境。

## 三、聯合國地位益見重要

冷戰時期美蘇對峙，許多問題都是「為反對而反對」，聯合國的成效不彰。但隨著冷戰結束，共產主義衰落，國際間人權、道德與國際法之理念抬頭，聯合國的地位乃日見重要。最明顯的例子，是聯合國安理會於一九九〇年通過伊拉克的經濟制裁，並下令以武力收復科威特。目前聯合國在世界各動亂地區，如高棉、前南斯拉夫和索馬利亞等，都駐有和平部隊。（註③）可以看出聯合國在維持世界和平，解決各國爭端，在後冷戰時期功能確有明顯提昇。聯合國也是目前全世界最重要的國際組織，各國若想取得國際法人資格，聯合國是唯一途徑。

目前我國積極重返聯合國，外環境日漸對我有利。蓋一九七〇年代共產主義的革命性、理想性和神秘性風行全球，中共乘勢而入聯合國。但共產主義及其政權經歷數十年實證，不得不宣告失敗，這是對台灣有利之點。中美洲國家為我提案入會，雖未通過，但成功地提出議案，西方主要工業國家並未表態。這亦表示國際環境開始轉趨對我國有利，而聯合國地位提昇，角色加重，對嚇阻區域衝突，維持國際安全與和平，應有莫大助益。

### 四、區域局部衝突或戰爭增加

目前世界上區域衝突仍在持續者，有車臣、波士泥亞、盧安達、索馬利亞，無數完全非理性的戰火，屠殺、暗殺，在這些地方長年進行著，人禍帶動天災，饑殍遍野。然而政客只見爭權奪利，軍閥只顧戰爭與大屠殺。前南斯拉夫分裂成五個國家，戰火連年，聯合國派駐和平部隊且遭波士尼亞境內的塞爾維亞人挾持。（註④）北大西洋公約自一九九四年二月起以武力介入，企圖恢復秩序與和平，北約和聯合國都倍感無力，預判未來區域間種族戰爭仍將不斷。

未來可能爆發戰爭區域，如中東兩伊、庫德族、亞洲兩韓、印巴、台海、南海都有可能。而俄羅斯境內各共和國、中國大陸、英國與北愛爾蘭、以色列與巴勒斯坦也都還有變數。看來人們結束了冷戰時代的東西對決、核子恐懼後，以為「從此以後，公主與王子過著幸福美滿的日子。」沒想到種族與種族、民族與民族之間的清算鬪爭，又不斷搬上舞台，局部衝突與戰爭的增加，是後冷戰時代重要特質。

## ■後冷戰時代的美國戰略

在後冷戰時代的國際體系中，俄羅斯目前已無力亦無意在國際舞台上角逐霸權。中共雖有全世界最大的武裝部隊。但因素質問題，區域霸權有可能，世界強權還言之過早，畢竟影響力尚僅及區域性，尤其亞太地區較明顯。美國目前仍為全世界最大經濟生產國，亦軍事力量最大國家，國際體系仍由美國主導。不論中共武力犯台或台海防衛，影響最大的外環境因素，就是美國。

## 一、美國的大戰略

美國戰略是以保護或增進國家利益為目的，國家利益區分三部，即國家安全、經濟福利、價值意識三者。在不同時期各有不同順位，例如冷戰時代以國家安全（圍堵）為首，經濟福利（維持經濟霸權）為次，價值意識（反共）為末。但到了後冷戰時代，經濟福利為首要考量，國家安全顧慮較少故為次，價值最後。（註⑤）在經濟上美國似乎走了回頭路，保護主義氣燄高張；安全戰略上最大考量是權力平衡與集體安全；價值上，人權與民主理念仍將提倡，但美國人今天最重視的還是經濟問題。

「全球領導」是後冷戰時代美國的大戰略，基本上還是建構在國家戰略基礎，合乎美國人的價值觀。此種與冷戰時代的圍堵戰略完全相反的，稱之「機會驅策」(Opportunity-driven)戰略，這表示美國依然關心全球各地區的區域衝突或戰爭，只是已非全面性的投射。唯有當區域戰爭危害到全球邁向新秩序的狀況下，美國才會出兵干預，稱「選擇性反應」(Selective response)或許更明確易懂。（註⑥）有個例子可做說明，波士尼亞內戰不休，自一九九四年二月開始，北約組織以武力介入，聯合國亦派出由十一國組成的和平部隊進駐（美國未派兵）。但到一九九五年五月底，波境不僅未能恢復秩序，且和平部隊被挾持為人質，波境塞爾維亞領袖卡拉廸茨宣言：「廢除與聯合國所簽訂的協定」，凡此均嚴重觸犯國際法，形同對聯合國宣戰。柯林頓政府眼見全球秩序將受到破壞，乃至於五月廿七日宣佈派兵參戰，一支以「羅斯福號」為首的航母戰鬪群，在二十八日就已經從地中海進入亞得里亞海域。（註⑦）有美國參戰，西方各國好像吃了定心丸。這表示在後冷戰時代，美國仍然是世界舞台上的主角，也顯示美國大戰略運作的模式。

## 二、美國的亞洲政策

亞洲的重要性與美國的大戰略（全球戰略）關係日愈密切，這並非因為美國大戰略架構安排所形成，而是亞洲有其自身因素所形成。就美國而言必須因應這些客觀環境的變化，合乎其大戰略的安排（即國家安全、經濟福利、民主價值及國際秩序）。進而調整適切的亞洲政策，以合乎美國的國家利益。亞洲地位日愈重要與敏感的因素應有：

㈠後冷戰時代經濟因素成為決策考量之重點，而目前美國前十大經貿伙伴中，亞洲國家占一半，美國的經濟總額有百分之四十在亞洲。

㈡東南亞各國及各「小龍」、「小虎」都是美國的天然夥伴，若美國不能協助防衛或保持區域穩定，則可能受到中共或其他因素威脅，影響美國利益。

㈢中共亞洲強權氣候已經形成，若美國在亞洲的影響力（政治、經濟、軍事）不能達到制衡力量，則未來亞洲將逐漸落入中共掌控，東半球成為中共的天下後，將造成「挾亞洲以令美國」的局面，美國的全球戰略因而瓦解。

㈣俄羅斯雖早已從越南撤軍，對美國也不會形成威脅，但俄羅斯依然是太平洋強國，美國則企圖把俄羅斯納入地區安全體系中。

㈤亞洲最可能爆發區域戰爭的地方有朝鮮半島、台海、南海、中南半島、印巴等地區，若美國不能在亞洲保持一股制衡或均衡戰力，戰火可能破壞了美國的國際新秩序。例如巴基斯坦在布希政府時代，向美國訂購二十八架F—十六戰機，且機款早已付清，但美國遲至柯林頓政府均未交機，就是美國證實巴基斯坦發展核子武器，並打算用F—十六裝載核武攻擊印度。這表示防止區域戰爭，是美國當前重要的戰略思考。

冷戰結束之初，美國原以為可以從東亞大量撤軍，從一九九〇年的十三萬五千人遞減至目前的十萬人。但美國在一九九五年評估了後冷戰時代亞洲局勢，由國防部提出一份研究報告中說：

> 如果美國不在亞洲地區提供可見而且穩定的兵力，很可能另外一個國家會，但那個國家不一定會顧及美國及其盟邦的基本利益。（註⑧）

可預見的未來美國將在東亞維持十萬兵力，華盛頓官員做出這樣的決策，主要目的在避免這個美國重要經貿地區出現力量真空，而北韓關係日趨緊張、中國大陸在後鄧時期可能的變數、太平洋地區對美國撤軍所產生的不安，也是考量的原因。「美國在廿一世紀之不能離開亞洲，就像廿世紀之不能離開加拿大、墨西哥一樣。」（註⑨）若美國無意或無力維持亞洲之均勢與安定，則可能摧毀亞洲的安全結構，進而威脅全球的安全結構，亞洲正逐漸成為美國在考量大戰略時，必須優先評估的關鍵地區，因為這與美國的國家利益息息相關。

## ■美國的中國政策

美國在其大戰略指導下，與其盟邦維持良好而密切的關係，確實有助於維持區域穩定，同時政治上的和諧關係可以減少軍事上的對峙，但畢竟這僅是美國人單方面的期望。美國的中國政策可歸納成下列數點：

### 一、與中共維持良好的關係

中共與美國是正式建交的盟邦，因此與中共維持良好關係是歷任總統的基本政策，尤其中共已是區域強權，在聯合國安理會有否決權，美國若想維持全球領導，更需要中共某些支持或配合，這個基本政策從建交以來都未變動。甚至天安門大屠殺造成中共與美國關係惡化，但基本立場並未改變。自一九九三年以來美國軍方訪問大陸者有國防部長助理傅利民、國防大學校長保羅塞爾姜、國防部副部長魏斯納、太平洋艦隊司令拉森上將；一九九四年中共有共軍副總參謀長徐惠滋訪美，顯示雙方關係已逐漸回復常態。

民國八十四年六月李總統登輝先生訪美，中共立即對美國採取報復行動有：

●召回在美訪問的空軍司令員于振武；

●中止國務委員李貴鮮訪美；

●延緩國防部長遲浩田原訂六月的訪美活動；

●延緩雙方在飛彈與核能合作領域的磋商；

●對將訪問大陸的美國第一夫人希拉蕊表達「不歡迎」態度。（註⑩）

中共外交部嚴重警告美國，勿一意孤行，錯估形勢。中共並已擬妥「三階段、八措施」對美報復，包括「現階段」（同意李總登訪美）、「中階段」（李總統赴美活動）、「後階段」（美擴大同意台灣高層官員訪美，並與美高官會面）。所謂「八措施」即：

㈠中止、撤銷近期的訪美活動；

㈡無限期推遲安排好的訪美活動；

㈢中止兩國高層官員互訪計畫；

㈣中止兩國軍事、國防的互訪和交流計畫；

㈤中止政府間科技、學術方面會議；

㈥撤銷邀請美國總統柯林頓訪問大陸；

㈦召回駐美大使，關閉駐美部份領事館；

㈧外交關係降低為代辦級，或中止外交關係。（註⑪）

若事情果如此發展，則美國與中共建交十餘年，維持良好關係的基本政策可能受到挑戰。從冷戰到後冷戰，中國的變局（尤其後鄧時期）頗大，美國的中國政策，特別是與大陸的關係，確實已到了要調整時刻。對中華民國而言，危機之中已開始浮現轉機。

## 二、「和平解決」台海問題

在美國的中國政策裡，「和平解決」台海問題（即中國統一問題），基本上已經定型，不管尼克森、卡特、雷根、布希或柯林頓，都強調「和平解決」是先決條件，實質上還是在其大戰略架構內，以維護美國的國家利益。所謂「和平解決」是美國單方面的期望，並非建交條件，在「台灣關係法」的第二條乙、丙項說的很清楚：

乙、美國之政策為：

(1)維護並促進美國人民與在台灣人民以及中國大陸人民暨西太洋地區所有其他人民廣泛、密切與友好之商業、文化及其他關係；

(2)宣佈該地區（西太平洋地區）之和平及穩定，與美國政治、安定與經濟利益相攸關，並為國際間關切之事；

(3)明白表示美國決定與「中華人民共和國」建立外交關係，係基於一項期望，即台灣之未來將以和平之方式決定之；

(4)任何試圖以和平手段以外之方式，包括經濟抵制或禁運，決定台灣之未來，將被認為乃對西太平洋和平與安定之一項威脅，為美國所嚴重關切；

(5)提供台灣防禦性武器；

(6)維持美國之能力以抵抗任何可能危及台灣人民安全或社會經濟制度之武力行使或其他形式之強制行動。

丙、本法任何條文不得與美國對人權之關切相牴觸，尤其是有關居住在台灣約一千八百萬全體人民之人權。維護並提高在台灣所有人民之人權在此再次被確定為美國之目標。（註⑫）

按「台灣關係法」所訂，和平解決中國統一問題，是美國高度的期望，任何違反此一原則之行為，均為美國嚴重關切，蓋此為美國之目標。為達成這樣目標，美國與中共維持良好關係，賣防衛性武器給台灣，甚至在東亞駐軍十萬，都成為必要之措施。

## 三、美國的中國政策之盲點

「和平解決」雖是美國一貫不變的中國政策，亦為東亞戰略重要之一環，確實與美國利益息息相關，但還是有解不開的迷思(Myth)，潛在的威脅隨著時間脚步的後移可能就顯現出來，分析美國的中國政策，到一九九五年為止尚無法突破的盲點有：

㈠「和平解決」只是美國單方面的期望，對中共並沒有約束力。如同「台灣關係法」一樣，其他美國與中共簽訂的「上海公報」、「建交公報」、「八一七公報」等，美國都只是做單方面期望。

㈡中共數十年來從未放棄以武力解決的企圖，對台灣、美國、世人，中共也從未堅定表示和平解決的誠意。民國八十四年農曆春節前，江澤民提出「江八點」，文中說：「我們不承諾放棄使用武力，決不是針對台灣同胞，而是針對外國勢力干涉中國統一和搞台灣獨立的圖謀的。（註⑬）這不僅是誠意問題，明眼人一看便知是「兩手策略」的運用。

㈢後冷戰時代各國都大幅削減國防預算，只有中共大幅增加。積極進行核子試爆、航母建軍、軍事現代化，預判十年之內中共國防軍事現代化將有可觀成果，到時「羽毛豐厚」，美國在中共眼裡已無輕重地位可言，用不用武力，美國已無可奈何！

㈣中華民國目前並非美國的邦交國，在聯合國亦無席位，中共在聯合國有否決權，這些對中共而言，都是支持武力解決台海問題的「合法」有利條件。或許聯合國可用人道干預(Humanitarian intervention)，甚至「聯合國憲章」第六章「和平解決爭端」(Pacific settlement of Dispute)來進行干預，阻止中共對台灣用武。但中共做如何反應？先接受嗎？或先開打再談？邊談邊打，等談判結束，台灣已成一片焦土。

## ■結語

本章研究後冷戰時代的國際環境，從美國的亞洲政策、中國政策來看，對台灣正轉趨有利。其理由，從大環境特質看，合乎民主理念的談判、溝通方式，促進海峽兩岸談判的進展，；經貿影響力提昇使台灣籌碼增加，堅實整體戰力，並有機會走上國際舞台，得到更多建交國，；聯合國地位提高及功能增加，使其更有能力維持世界和平並約束各會員國。當然，美國的全球戰略，及以「和平解決」為架構的中國政策都可得到有力支持。但「中國政策」的盲點極待突破，後冷戰的環境氣氛有利於做這樣的突破，這樣才合乎中國人的利益、美國人的期望及聯合國的目標。

## 註釋

① 「歐洲聯盟」會員國有比利時、法國、德國、義大利、盧森堡、荷蘭、丹麥、愛爾蘭、英國、希臘、葡萄牙、西班牙等十二國。「亞太經合會議」會員國有，泰國、馬來西亞、新加坡、菲律賓、印尼、汶萊、澳洲、紐西蘭、美國、加拿大、日本、韓國、中華民國、香港、中共等。我國、香港、中共於一九九一年同時加入。「北美自由貿易區」為加拿大、美國、墨西哥合力推動，一九九四年元月生效。「南錐共同市場」由阿根廷、巴西、巴拉圭和烏拉圭，於一九九一年三月廿六日在巴拉圭首都亞松森簽訂「亞松森條約」(The Treaty of Asuncion)宣告成立，該約規定阿根廷與巴西的條約生效日為一九九四年十二月三十一日，巴拉圭與烏拉圭則為一九九五年十二月三十一日。

② 中國時報，八十三年十二月五日。

③ 目前聯合國在前南斯拉夫境內駐有和平部隊為三九五七六人，出兵國家有英國、法國、約旦、巴基斯坦、加拿大、荷蘭、馬來西亞、土耳其、西班牙、俄羅斯、孟加拉十一國。聯合報，八十四年五月二十九日，第九版。

④ 前南斯拉夫區域分裂成五國：
㈠克羅埃西共和國（一九九一年六月廿五日獨立）。
㈡斯洛維亞共和國（一九九一年六月廿五日獨立）。
㈢波士尼亞赫塞哥維納共和國（一九九一年十二月二十日獨立）。
㈣馬其頓共和國（一九九一年十一月二十日獨立）。
㈤南斯拉夫聯邦共和國（包括塞爾維亞、蒙地尼哥羅及科索夫、弗依弗丁納二自治省，一九九二年四月廿七日獨立）。

⑤ 鈕先鍾，「後冷戰時代美國戰略的預測」，國防雜誌，第八卷第十期（八十二年四月五日），頁九——二十。

⑥ 張台航，「從國際趨勢探討美國大戰略」，國防雜誌，第八卷，第五期（八十一年十一月十二日），頁十六——二六。

⑦ 聯合報，八十四年五月廿九日，第九版。

⑧ 聯合報，八十四年三月六日，第九版。

⑨ 魯人也，「合作或撤退——美國在亞洲的未來選擇」，國防雜誌，第八卷，第一期（八十一

年七月七日），頁廿三——卅三。

⑩ 聯合報，八十四年六月三日，第二版。

⑪ 同註⑩。

⑫ 「台灣關係法」，第二條，一九七九年三月二十八——三十九日。

⑬ 中國時報，八十四年元月三十一日，第一版。

# 第2章

# 中國大陸情勢發展預測

# 第2章　中國大陸情勢發展預測

所有影響台海防衛作戰的外環境因素，以中國大陸情勢發展最具決定性的影響力，蓋形成台海防衛的「果」，係來自中共武力犯台的「因」。故後鄧時期大陸的一般情勢、中共擴張軍備、對台政策、未來武力犯台能力等，應有比較客觀、理性的預測，此為規劃台海防衛戰時重要的參考及依據。

## ■後鄧時期大陸一般情勢發展

要瞭解中國大陸在後鄧時期情勢可能的發展，首先要瞭解這個政權的特質。毛澤東走的是絕對專制、獨裁、封閉路線，才有「只要核子、不要褲子」的窮兵黷武政策。鄧小平是毛澤東時代的延續，只是他走的是「改革、開放」路線，但確未突破共產主義和毛澤東思想的框框，就是說鄧小平是在「四個堅持」的先決條件下，推動他的改革開放，預判江澤民仍承續鄧小平的「兩條路線」，繼續走下去，並全力消滅所有可能出現危及現政體的一切變數。

## 一、政治上繼續向左轉

所謂政治上繼續向左轉，就是堅定共產主義、毛澤東思想，堅持共產黨領導，這些基本的意識型態並未因改革開放而動搖。舉一實例，蘇聯及東歐共產陣營的瓦解，從自由世界的觀點來看根本就是共產主義不合人類社會適用。但一份中共的內部文件，一再企圖從共產主義的意識型態來統一幹部與人民的思想：

> 我們堅信，社會主義、共產主義的最後勝利……當前有一種錯誤的論調，認為國際敵對勢力在蘇聯、東歐得手，說明社會主義不行了，甚至說今天的蘇聯、東歐，就是明天的中國。我們應該看到，不是社會主義制度不行了，而是蘇聯長期推行一條反馬克斯主義路線的結果……我們有馬列主義、毛澤東思想指明前進的方向。（註①）

十多年來中共大搞「現代化」，但僅限經濟、農工方面的現代化，這就證明只有政治上必須「向左轉」，其他方向都可以「向右轉」。但是推行馬克斯原來的社會主義實際上已經行不通，搞不下去，所以中共改用「中國式社會主義」一詞。認為現行「堅持工人階級領導，以工農聯盟為基礎的人民民主專政，堅持和完善人民代表大會制度，堅持和完善多黨合作和政治協商制度。」就是中國式社會主義。（註②）中國大陸走上歷史的回頭路——堅持走馬列主義與毛澤東思想的路線，其實共產黨人心知肚明，共產主義已是日薄崦崧，後鄧時代可能「亡黨亡國」，所以中共也已開始「救亡圖存計畫」，在黨內透過意識型態的控制及灌輸，製定一套黨內遊戲規則，經由這些規則使「人民民主專政」能持續運作。黨能不瓦解，國就能不亡。

**二、經濟上繼續向右轉**

中共認為可以「向右轉」，包含「四個現代化」（即農業、工業、國防、科技），及現在正大力推動的市場經濟，這段歷程分為三個發展階段：

第一階段：從一九七八年十二月十一屆三中全會開始，到一九八四年十月十二弟三中全會，基本路線是對地方和企業的放權讓利，實行利潤留成、試行利改稅。

第二階段：從一九八五年到一九九〇年，試圖實施政企分開，所有權和經營權分開，具體的手段是全面推行各型的承包經營制。

第三階段：從一九九一年以後，基本路線是轉換國有企業經營機制為中心，把企業推向市場。具體方法是貫徹落實「企業法」和「全民所有制工業企業轉換經營機制條例」。（註③）

「向右轉」愈來愈澈底，目前經貿上就有八種市場化模式，即股份有限公司、有限責任公司、嫁接外資、仿三資、國有民營、抵貸返租、職工收購、民有民營。（註④）一九九四年以後，則財稅、金融、外匯都逐步邁向市場化。建立現代企業制度是一項長期目標，目前配合沿海特區開放，北方積極推動「圖門江計畫」。（註⑤）中共將繼「軍事大國」之

後，亦成為「世界第一大經濟國」。（註⑥）

**三、軍事上繼續擴張戰力——邁向霸權之路**

中共不顧後冷戰國際秩序，一意擴張軍備，這已是不變的基本政策。從國防預算連年增加，購買俄羅斯K級潛艦、SU-27戰機及積極從事航母建軍的動作看，都使亞洲各國感受到「中國威脅」，造成亞洲各國惡性軍備競爭。擴張戰力的總目標，就是要成為霸權，中國是地球上人最眾、地最大的國家，當然要有舉足輕重的地位。

**其階段戰略目標如下：**

㈠突破地理國境，擴張戰略國境：企圖在廿一世紀前期，將東京、琉磺島、馬里安納、加羅林及所羅門群島範圍內，納入國力有效控制。

㈡戰略部署由「三北」（東北、華北、西北）轉為「四海」（渤海、黃海、東海、南海），公元二千年前在這些地區要組建完成近海作戰能力。

㈢十年之內完成航母建軍。

㈣三軍新武器裝備研發大多在二千年完成，如直昇機母艦、明級潛艦、M族飛彈、東風四十一型飛彈，西元二千年是中共軍事現代化完成的第一階級。

㈤持續發展戰略核武。一九九五年五月十五日進行第四十二次核子試爆，五月二十九日完成「東風三十一」洲際彈道飛彈試射。（註⑦）

為了支持軍備擴張，中共國防預算逐年高漲，一九九五年中共公布為七十億美元。但

依美國國防部最近委託藍德（RAND）公司研究，達一千四百億美元，是中共官方數字的廿倍。（註⑧）

## ■對台政策

中共對台政策在「一國兩制」的基本方針下，有民國八十二年九月的「台灣問題與中國統一」白皮書、八十三年底以來江澤民聲明願與李登輝在適當時機會面的政策性談話。但都不離「和平統一、一國兩制、高度自治」之範圍，了無新意。最近最新而能夠彰顯當前中共對台政策，是一九九五年春節現任中共中央總書記、中共軍委主席、國家主席的江澤民發表**「江八點」**，要點有：

㈠堅持一個中國原則，是實現和平統一的基礎和前提。中國的主權和領土決不容許分割。

㈡對於台灣同外國發展民間性經濟文化關係，我們不持異議。但反對台灣以搞「兩個中國」、「一中一台」為目的的所謂「擴大國際生存空間」活動。

㈢進行海峽兩岸和平統一談判，是我們的一貫主張，並請兩岸各黨派、團體代表參加談判。

㈣努力實現和平統一，中國人不打中國人。不放棄使用武力，是針對外國勢力干預及台獨陰謀。

㈤面對廿一世紀，兩岸大力發展經貿交流與合作，以利兩岸經濟共榮，造福整個中華民族。

㈥中華各族兒女共同創造的五千年燦爛文化，是維繫全體中國人的精神紐帶，是實現和平統一的基礎。

㈦兩千一百萬台灣同胞。不論是台灣省籍還是其他省籍，都是中國人，都是骨肉同胞、手足兄弟。

㈧我們歡迎台灣當局的領導人以適當身份來訪；我們也願意接受台灣方面的邀請，前往台灣。海峽咫尺，殷殷相望，總要有來有往，不能「老死不相往來。」（註⑨）

**江澤民的「八大主張」全文，最大特色是「動之以情」**，例如「骨肉同胞、手足兄弟、中華民族、殷殷相望」，都是非常感性用語，作者確實也受到感動。**但在法理上並未突破「一國兩制」的框架，對統一的解釋則太過僵化而沒有彈性，更欠缺長遠的眼光。「江八點」發表至今半年多，解讀其文意，觀察最近政局形勢，中共對台政策應為：**

㈠堅持「和平統一，一國兩制」，反對台獨。

㈡不放棄武力犯台。

㈢堅持以「中華人民共和國」為主體，反對兩個中國或「一中一台」。

㈣反對兩個對等政治實體，反對我進入聯合國。

話講的動聽誰都會，能否身體力行，實際的行為實踐才是必須詳加觀察與評估的重點。「江八點」提到「中國人不打中國人」、「骨內同胞、手足兄弟」，猶言在耳，但最近中共卻與南韓聯合封殺我國高雄市爭取主辦亞運。接著李總統訪美，中共展開反制，揚言與美國中止外交關係，從這些「表現」來反證「江八點」，則可預判的未來，中共對台政策的特點如下：

㈠堅持「一國兩制」，不放棄武力犯台。

㈡堅持一個中國，就是「中華人民共和國」，反對一中一台或兩個中國，甚至「階段性兩個中國，最終目標一個中國」都不能接受。

㈢反對台灣進入聯合國，開拓國際空間。

㈣從㈠㈡㈢可見中共的對台政策沒有彈性，甚至將「體育政治化」，聯合韓國人打自己「手足兄弟」。這完全是百年前滿清末世王朝「寧給外人，不給家奴」的現代再版，當然也正好表現出馬列思想的封建體質。

㈤對台政策的「知與行」、「說與做」、「文字與執行」、「理論與實踐」，都有很大差距，說的未必去做，做的未必與說的一樣。

後鄧時期到一九九五年六月已過年中，中共對台政策仍停留在「兩手策略」階段，海內外中國人都期望江澤民的領導集團能展現誠意夠、氣度大、眼光遠而有彈性的對台政策，這才是真正的「骨肉同胞，手足兄弟」。目前的「江八點」，一看便知「一手拿糖，一手巴掌」騙小孩，以大吃小，只有「中華人民共和國」，而中華民國是不存在的；「和平統一，一國兩制」，等於叫中華民國降國旗，升白旗，此絕非和平統一之道。

## ■中共武力犯台評估

從「台灣問題與中國統一」白皮書，到「江八點」，中共均未放棄武力犯台之意圖。後鄧時期江澤民以鞏固政權為最高指導原則，視共產黨領導、中華人民共和國政體及主權為神聖不可侵犯，故未來兩岸在「未統未獨」的狀態中互動，武力犯台恐是難以揮去的夢魘，評估武力犯台的時機、方式、能力為台海防衛主要依據。

### 一、武力犯台時機

分析中共發佈、外交人員說詞，及針對主客觀環境判斷，中共最有可能武力犯台時機有：

(一)台灣公然宣佈「台灣××國」獨立。

(二)兩個中國（中華人民共和國、中華民國）經聯合國及多數國家承認，而中華民國明確表示不願意繼續追求中國最後的統一。

(三)台灣內部發生大規模動亂。

(四)國軍戰力明顯趨弱。

㈤我方長期拒絕談判統一問題。

其他時機尚有台灣發展核武、國際情勢對中共極有利、真有外國勢力干預台灣問題、台獨勢力高漲、總統民選產生的變數、加入國際組織而挑戰到中共主權、大陸內部發生分裂或動亂，這些都可能滋生武力犯台時機。

## 二、武力犯台能力

中共為加速軍備現代化，除了自行研發外，也大量對外採購，評估中共目前渡海對台作戰能力為：

㈠兩棲正規輸力：兩棲艦六十艘，裝載二個加強師；近岸艦對岸兩棲艇三百艘，裝載三個師。

㈡兩棲非正規輸力：商船動員裝載四個師，機動武裝漁船一萬三千五百艘，運載廿七萬人。

㈢空降兵力：每一波次為兩千五百人。

㈣M族飛彈、戰略導彈、潛射飛彈均能涵蓋台灣。

㈤可用於封鎖台灣的潛艦約五十艘。

㈥用於對台作戰戰機約二千架。

已獲外購或積極研發者如「九〇坦克」、直昇機母艦、氣墊船（含沖翼艇）、超級殲七戰機、S-300飛彈、K級潛艇、SU-27戰機、米格廿九、卅一，東風卅一與四十一，航母建軍。預判未來五至十年內，中共近海作戰能力必大幅提昇。

## 三、可能行動方式

盱衡中共內部政情、共軍戰力與能力，參酌戰略學家判斷及歷史殷鑒，研判中共現階段可能行動方式，依緊張程度不同，由低向高列舉。

㈠選擇適當時間與地點，實施大規模軍事演習，進行恫嚇，或藉機挑釁。

㈡以現有潛艦、水雷，配合海空戰力進行封鎖，截斷台灣對外一切往來。

㈢宣佈台海為戰區，凡未經共軍核准機艦一律不准進入，否則飛機擊落，船艦擊沉。

㈣先拿金馬，再取澎湖。

㈤海空攻擊，包括飛機、飛彈先期轟炸，瓦解我鐵公路系統及一切作戰指揮系統，摧毀政、軍、經、心等各項設施。

㈥全面攻擊，三棲進犯，不計一切代價拿下台灣，完成中國統一的歷史使命。

現代大型戰爭通常有一定過程，例如以政治、軍事手段升高緊張程度→演習→封鎖→先期作戰或海空攻擊→登陸作戰（地面決戰）→終戰。預判未來若中共發動台海戰爭，可能按此模式，尤其待新一代機艦換裝完畢，航母建軍完成，可能採取另一種方式，跳過金馬，迂迴到台灣東部先發動攻勢，再配合西部登陸作戰，如此東西挾擊的方式也不無可能。

## ■結語

**從政、軍、經、心來觀察大陸情勢發展，預測鄧後時期及可見的未來，雖然改革也在推動，但實在充滿危機與不確定性，變數太大。**其理由：

一、左右矛盾，此路不通

政治向左轉抓緊馬列主義與毛澤東思想意識型態，經濟向右轉勢必走上以市場為導向的社會型態。當人們吃飽了肚子，有了錢，下一步就要自由與民主，到底給或不給？所以說「政治向左轉，經濟向右轉」，是走不通的。

二、共產體制（包含威權、極權）的領導與運作，必須依賴「強人」政治，或許這是歷史原因造成。大陸四十多年來只依賴兩個強人：毛澤東、鄧小平。到了鄧後時期由於改革、開放，及共產主義意識型態不靈了，而江澤民已經不是強人，如何領導這部世界最大的「有生機器」，所以說危機重重。

三、失控與盲動，不像社會轉型

在改革、開放的呼聲下，市場經濟正大力推動，社會秩序出現失控現象，鄉村盲流，城市盲動，就像一個即將解體的朝代，不像一個正在轉型的社會，更像是一個面臨「變天」的社會。

鄧後的不確定性，危機重重，才需要更精心規劃台海防衛作戰。

## 註釋

① 袁啟彤在福建省統戰部長會議上的講話，中國大陸研究，第三十七卷，第四期（八十三年四月），頁八六——八七。

② 同①。

③ 董瑞麒，「中國大陸國有企業市場化之研析」，中國大陸研究，第三十七卷，第十一期（八十三年十一月），頁一六——三一。

④ 同③。

⑤ 聯合國開發總署規劃的圖門江區域開發計畫(TRADP)，於一九九五年五月三十日由中國大陸、北韓、南韓、俄羅斯、蒙古五國，在北京簽訂合作協議後正式運轉。計畫二十年內以圖門江三角洲的琿春市、北韓先鋒、俄羅斯哈桑區為核心，建立東北亞自由貿易區。聯合國估計，該計畫完成後，國民生產毛額達三兆美元，貿易額一兆三千萬美元，此與日本相當，對全球經貿影響很大。見聯合國，八十四年六月五日。

⑥ 中國時報，八十三年十二月五日。

⑦ 聯合報，八十四年五月十六日、六月一日。

⑧ 聯合報，八十四年六月一日。

⑨ 中國時報，八十四年元月三十一日，第一版。

# 第3章

# 台海地緣戰略環境硏析

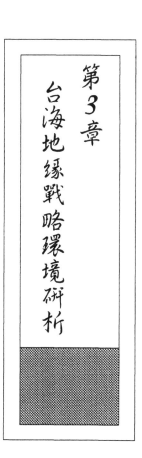

# 第3章　台海地緣戰略環境研析

「地緣戰略」乃指地緣政治學(Geopolitics)方面，研究地表與政治生活及政治發展關係之學。為國家規劃其整體戰略構想首要考量的「先天因素」，國家的「生存競爭就是空間競爭」(A struggle for existence is a struggle for space)。(註①)這句話來描述中華民國在台灣的現況最切貼，空間不能拓開，生存與發展都將受限而逐漸萎謝不振。

國內政治學者華力進認為，地緣政治學是以研究自然環境對一國政治影響為主的學問。(註②)這個政治影響著眼於戰略價值，特別是政、軍、經、心四個戰略價值。美國地緣戰略學家施比克曼(Nicholas J. Spykman)說：「依地理因素設計國家安全政策。」(註③)這就是最高的地緣戰略價值。台灣在當前世界地緣戰略價值，及其對台海防衛戰略之影響與價值，為本文研析重點。

## ■台海在世界地緣戰略上的地位

台海(台灣與台灣海峽範圍)位於太平洋西岸、亞洲大陸外緣花彩列島中段，是東海與南海分界點。對於台海這個「先天的有利環境因素」，從冷戰到後冷戰時代，在地緣戰略上始終有舉足輕重的地位。

地緣政治學的奠定者麥金德(H. J. Makinder, 1861-1947)在其論著中，將歐、亞、非三洲大陸視為擁有廣大土地的世界島(World-Island)，而東歐及西亞則視為「心臟地帶」(Heartland)。他據此理論，提出了有名的世界地緣戰略總結論：

統治歐洲東部者，可號令「心臟地帶」；
統治「心臟地帶」者，可號令「世界島」；
統治「世界島」者，可號令全球。（註④）

環列心臟地帶與世界島的弧形海峽，麥氏稱之「新月形」，包括歐陸、印度、東南亞、中國。惟這個理論到了冷戰時代有了修正，美國施比克曼(Nicholas J. Spykman)稱心臟地帶外圍的西歐、北非、南亞，延伸到東方的歐亞大陸瀕海地帶及外圍島嶼，此即麥氏所稱「內新月形帶」，這才是世界地緣戰略的重心。施氏則稱之為「邊緣地帶」(Rimland)（如附圖1）。認為這是陸權與海權之間一個巨大的緩衝地帶，可以同時對抗心臟地帶和沿海島嶼。施氏修正麥氏理論後，提出新的公式：

附圖一　世界地緣戰略的「內新月形帶」

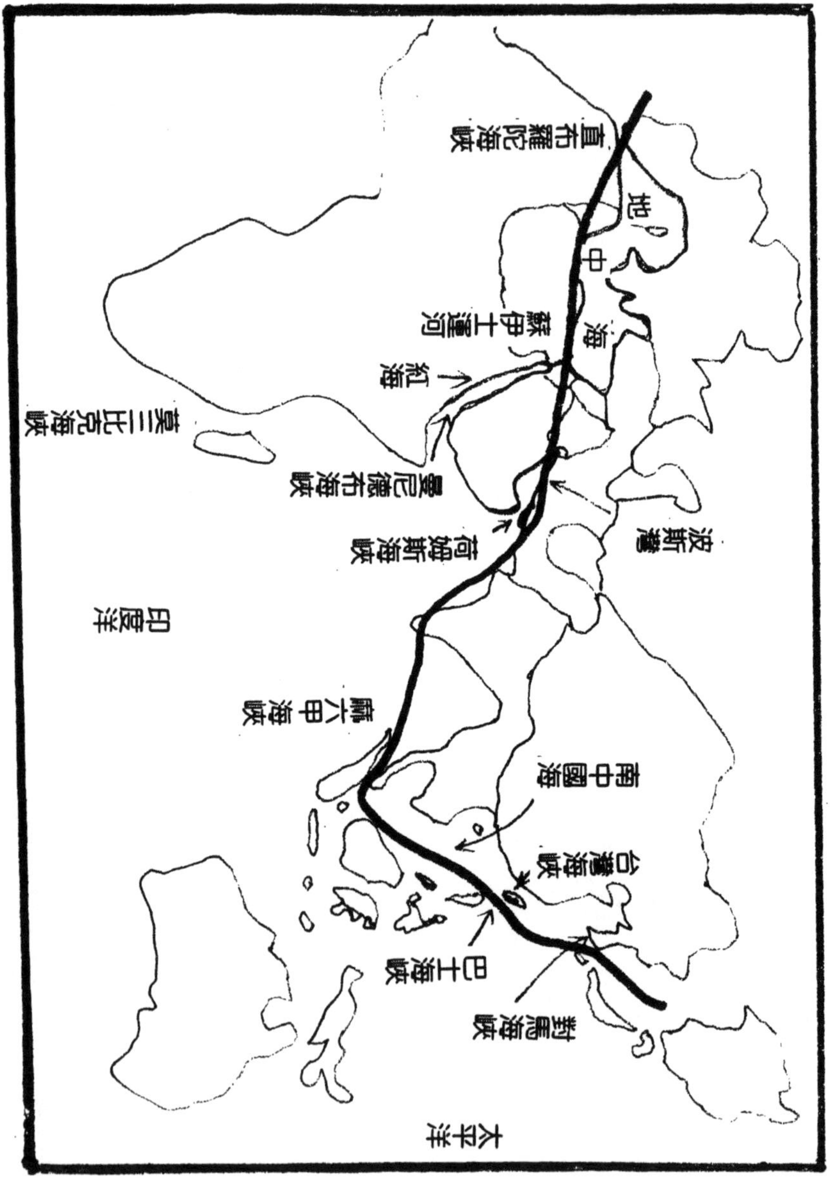

誰控制邊緣地帶，誰便能控制歐亞大陸；誰能控制歐亞大陸，誰便能控制世界的命運。（註⑤）

在冷戰時代美蘇兩強對峙，美國對共產主義的「圍堵政策」(Containment policy)，就是麥金德和施比克曼理論的實際運用，對「內新月形帶」和「邊緣地帶」的國家進行援助或簽訂同盟條約。重要者如：

●援助希臘、土耳其的杜魯門主義(Truman Doctrine)（一九四七年）。

●歐洲重建與復興的馬歐爾計畫(Marshall plan)（一九四七年）。

最重要的，美國與邊緣地帶國家簽訂許多以圍堵中共、俄共為目的的條約。例如北大西洋公約（一九四九）、東南亞公約（一九五四）、中部公約（一九五五）、美日安保條約（一九五一）、美韓安全條約（一九五三）、美澳紐太平洋公約（一九五一）及中美共同防禦條約（一九五四）等。

經過漫長數十年的圍堵，共產陣營終於瓦解，證實「邊緣地帶」和「內新月形帶」確有至高的地緣戰略價值。台海（台灣及台灣海峽）位亞洲大陸外緣，位處邊緣地帶東段，控領中國大陸之進出太平洋。若台灣在民主陣營，則可保持這條「地緣戰略帶」的完整，避免共產主義進一步擴張；若台灣不保（被赤化），地緣戰略帶就成了「斷帶」，共產主義進一步擴張，不知今日是否「後冷戰」？

## ■台海掌控西太平洋政、軍、經、心命脈

雖然美國在菲律賓的海空基地已經撤出，蘇聯瓦解後金蘭灣勢力不再。這些因素都未能阻止太平洋世紀的到來，台灣在西太平洋依然掌握政、軍、經、心之命脈。尤其全世界僅存的四個共產國家，西太平洋居其三，共產主義正置「終結」前的掙扎，後冷戰時代經貿勢力抬頭，都使台灣戰略地位益顯重要。

### 一、瞰制東北亞之要域

台灣、琉球、日本、菲律賓與其他群島，在西太平洋地區構成完整之戰略網，俄羅斯之海參崴、中國北方各要港都受此戰略網控制。故日本與韓國之安全，實與台海之安全息息相關，日本生存的資源均賴外來補給。所以台灣對東北亞的重要性可分兩方面：

㈠對共產國家言：

例如北韓、中共，與歐洲、中東等地區買賣的軍民物資，都從台海進出。一九九五年二月中中共向俄羅斯購買四艘K級潛艦，首艘由歐洲經麻六甲海峽以船塢載運至北海艦隊，二月十八日中午經過台灣海峽澎湖與大陸間的國際水域，國軍嚴密監視。

㈡對非共產國家言：

日本、韓國同是美國的「戰略前緣」，日、韓從中東進口的戰略物資必須經過台灣海

峽，故有「重台灣所以保日本，保日本所以衛美國。」（註⑥）美國目前仍在日、韓駐軍約十萬人，與台灣仍以「台灣關係法」方式維繫，本地區的地緣戰略重要性，未因政治因素而瓦解。台灣目前意圖與東北亞各國加強經貿關係，則地緣政治、經濟重要性，可能逐次高於地緣軍事重要性，蓋「務實外交」必須降低軍事敏感性，才能凸顯政治、經濟的重要地位。

## 二、確保西太平洋航道安全

西太平洋四條重要戰略水道，對馬海峽、台灣海峽、巴士海峽、麻六甲海峽，台灣控制中間兩條，即台灣海峽與巴士海峽。歷史證明，台灣落入侵略者手中，西太平洋就動盪不安。二次大戰時，日本欲西進深入中國內地或南侵奪取東南亞各國資源與要域，都是以台灣為基地。在後冷戰時代國際環境雖然有變，但中共並未放棄武力犯台，且不斷擴張軍備，若台灣被共產勢力控制，則下列明顯危害將立即發生：

㈠「內新月形帶」中斷，中共與俄羅斯勢力將提早進入太平洋，美國的全球戰略提早瓦解。

㈡西太平洋各重要航道將受制於中共，瞰制日、韓生命線，尤其日本是美國亞洲戰略重心，威脅日、韓國家安全，製造朝鮮半島緊張，不合美國利益。

## ■台海與南海

南海（即南中國海），我國最早的史籍記載，是三國時代萬震著「南州異物志」，北宋以後中國海軍已把南海置於巡邏範圍，清乾隆二十年（一七五五年）正式劃為疆域之內，清末與民初之際我國力衰弱，日本與法國強佔南海若干島嶼，抗戰勝利後歸還我國。但因南海的地緣關係與能源發現，如今已成為複雜而敏感的戰略要域。

### 一、地緣政治與海運

東南亞有五個重要海峽：新加坡、麻六甲、巽他、山柏那廸諾、蘇利高海峽，其中最要者是麻六甲海峽，每年約有四萬艘船次通過，包含八千艘油輪及軍事船艦，平均每日有一五〇艘船次通過。因此南海對亞洲國家，尤其依賴能源進口國家如中華民國、日本、韓國及東南亞各國，已經是一條生命線，影響國家安全。日本曾試圖把一千浬防衛線延伸到菲律賓北部，使南沙也在日軍火力射程之內，乃於一九九一年七月在印尼召開國際會議時，爭取與會，因我國及中共反對而未能如願。

一九九二年二月中共全國人大通過「領海法」，將南沙正式列入領海範圍，引起東南亞各國爭議，蓋因南海各國之政治安全與此海上航運有關。

### 二、地緣經濟與能源

南海各島有豐富的自然資源，主要有磷酸礦、石灰礦、錳、銅、鈷、鈦、錫、鎳、鑽石等，魚類海產年產量五百萬公噸。但一九五〇年代發現石油及天然氣，周邊各國紛紛搶佔及開發能源，目前在南海開發石油有中共、越南、菲律賓、馬來西亞、印尼等國。而中共與美國公司合作開採石油，乃在借重美國在本地區的影響力，以減低反對聲浪。中共視南海為廿一世紀「中國命運之海」，因為陸上資源有限，必依賴南海資源。

## 三、地緣軍事與國防

南沙是南海之心臟地帶，以此為海軍基地，則我國國防戰略前緣不僅向前延伸兩千公里，且以南沙為中心，以兩千公里為監控半徑，南洋各國除緬甸外，均在監控範圍內，凡有不利我國之情事，能儘早發現與處理，掌握先機。再者以南沙為海軍基地，可做為南海補給點，且能有效控制南海與印度洋之通道，故其戰略地位，各國莫不高度重視。

民國八十四年二月九日中共與菲律賓發生「美濟礁」事件，引發南海危機。（註⑦）菲國宣稱中共侵犯領土主權，中共宣稱不能容忍。由於近年國防戰略轉守為攻，早在中共取得緬甸莫貴海軍基地開始，中共企圖已不止於確保南海，而是在軍事戰略上意在填補前蘇聯撤出越南金蘭灣，及美國撤出菲律賓蘇比克、克拉克基地後所留下的勢力真空。（註⑧）這才是南海在地緣戰略上重要的軍事價值。

台海位於南海頂端，從歐洲、中東運往東北亞一切物資，經過麻六甲海峽或龍目海峽後，必經南海或菲律賓東側北上（看附圖二），全都要經過台海東西兩側。這是台海在地緣

## 附圖二　南海海域航線圖

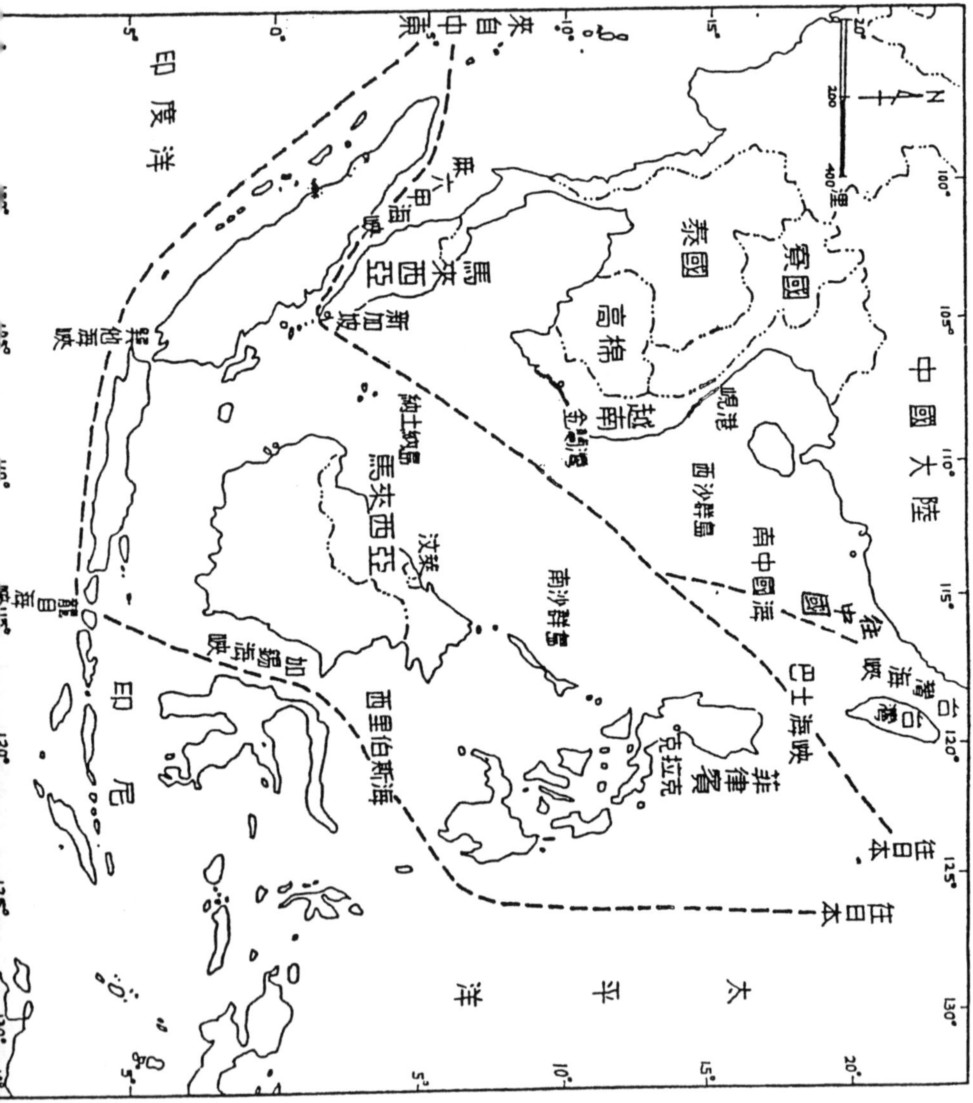
印度洋
來自中東
麻六甲海峽
馬來西亞
新加坡
巽他海峽
龍目海峽
印尼
泰國
寮國
高棉
越南
金蘭灣
峴港
西沙群島
中國大陸
南中國海
往中國
台灣海峽
台灣
巴士海峽
菲律賓
克拉克
往日本
往日本
太平洋
南沙群島
汶萊
馬來西亞
納土納島
西里伯斯海

# 附圖三　南沙群島各國佔島示意圖

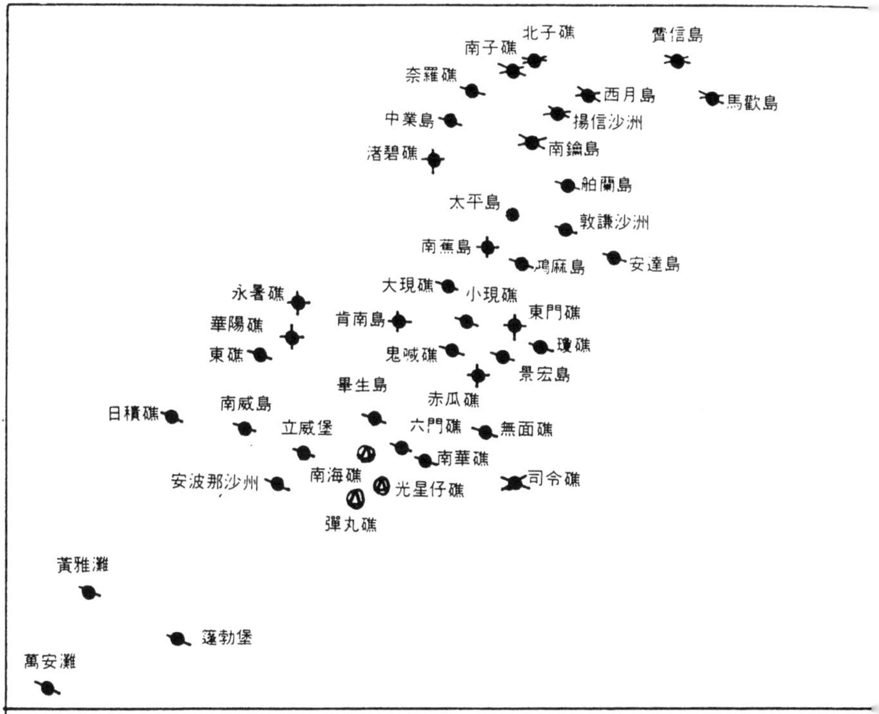


## 各國佔島現況

| 國別 | 中華民國 | 中共 | 越南 | 菲律賓 | 馬來西 |
|---|---|---|---|---|---|
| 佔島數量 | 1 | 7 | 24 | 9 | 3 |
| 符號區分 | ● | ● (十字) | ● (斜線) | ● (雙線) | △ (圓圈) |
| 現駐兵力 | | 260 | 600 | 480 | 70 |
| 現有設施 | 營房數座，五吋砲數門 | 營房兩座、高腳屋五座、25M／M、57M／M各四門<br>直昇機坪一座、雷達站一座 | 直昇機坪四座、機場跑道一處，砲位五處以上 | 直昇機坪一座，兩棲戰車(數量不詳)<br>營房數座 | 直昇機坪一<br>，營房五<br>五吋砲一 |
| 目前活動 | | 續在各佔島擴建中 | 續對各佔島整補 | 1. 石油探鑽<br>2. 計劃興建海空基地<br>3. 通訊預警系統 | 1. 開發觀<br>2. 石油探 |

註：越南所佔領島嶼中「大兜礁」位置不詳

戰略上重要的軍事、政治、經濟價值。

**四、南海現況**（附圖三）（註⑨）

南海因其地緣戰略之重要，且蘊藏大量石油及各種資源，我國雖一再宣示固有主權，周邊各國仍不斷入侵佔島（如附圖三）。目前含我國已共有五國在南海各島駐軍，以越南佔領二十四個島，駐軍六百人為最多；菲律賓佔領九個島，駐軍四百八十人為次；中共佔領七個島，駐軍二百六十人再次；馬來西亞佔領三個島，駐軍七十人最少。我國在太平島除駐軍外，政府成立「南海小組」及「南海突發事件處理小組」，專責處理南海。（註⑩）

## ■結語

世局的旋軸正移向太平洋，而以西太平洋為重心。台海位於「內新月形帶」東段，因其地緣戰略的重要，在台海防衛上地緣戰略的影響力依然很大。

**一、全世界最具威脅的共產勢力在西太平洋**

冷戰結束，世界各共產國家都瓦解，目前尚存四個，亞洲居其三，而以中共的危險性最大。台灣持續冷戰時代反共之堅持，繼續對大陸進行和平轉變，只要台灣堅守民主陣營，共產主義遲早走進歷史。

**二、確保西太平洋之安定**

台海位於南海頂端，可控制南海，瞰制東北亞，只要西太平洋安定，必能維持亞洲安定，進而促進世界和平，這才是人類永遠的福祉。

## 三、海峽兩岸利害一體

台海地緣戰略的重要，不論是對東北、太平洋、南海，乃至全世界，利害是一體的，是故對南海以共同開發為有利。合則兩利，分則兩害，共同開發可建立兩岸合作、互信基礎，消除或緩和雙方敵意——此為最佳之台海防衛方略。

## 註釋

① 馬起華，政治學原理，上冊（台北：大中國圖書公司，七十四年五月初版），頁五一七——五二〇。

② 華力進，政治學（台北：經世書局，七十六年十月增訂一版），頁一四六。

③ G. Etzel Pearcy等著，世界政治地理(World political Geography)，屈彥遠譯，第四版，上冊（台北：教育部，七十三年十月），頁六八。

④ 同註③，頁五九。

⑤ 同註①，頁五二〇。有關地緣戰略參閱「政治學原理」、「世界政治地理」兩書。

⑥ 鈕先鍾，「亞太地區與戰略水道」，海軍學術月刊，七十七年六月十日。

⑦ 中共在美濟礁構建軍事工事，並有軍艦在美濟礁附近出沒。一九九五年二月菲律賓總統羅慕

斯指控中共侵犯菲國領土，引發南海危機及東協不安。詳見二月各報報導。

⑧ 中國時報，八十四年二月二十日，十九版。

⑨ 國防部「國防報告書」編纂小組，中華民國八十二——八十三年國防報告書（台北：黎明文化事業公司，八十三年三月初版），頁三十一圖。

⑩ 因應南海情勢變化，行政院於八十一年十二月成立「南海小組」，由行政院各部會副首長組成，內政部長任召集人，目的在積極協商和擬訂南海政策。八十四年三月中共與菲律賓發生「美濟礁」事件，越員對我抗議南海主權宣告，顯南海情勢緊張，「南海小組」定期會議已無法因應實況變化，內政部乃成立「南海突發事件處理小組」，主要成員有內政部、外交部、國防部和陸委會四部會首長，和行政院秘書長。南海小組是政策性編組，處理例行性、靜態性事務。處理小組是功能性編組，負責突發事件、動態問題。見八十三年國防白皮書，另見中國時報，八十四年六月十一日，第四版。

# 第4章 中華民國的生存與發展

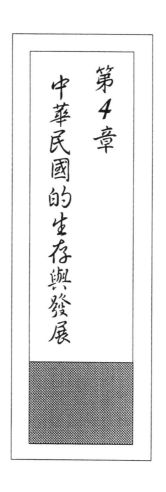

# 第4章　中華民國的生存與發展

中華民國面對後冷戰時代有利的外環境，尤其是中共可能的武力犯台；更在共產主義做最後掙扎的時刻，身為地緣戰略要衝的我國，要何去何從？這是一個必須面對的嚴肅課題，因為這個重要的內環境因素正是思考台海防衛作戰的前提。

放在眼前的路有很多條，哪一條最好、最有利？

## ■台獨——歹路不可行

關於台獨的成因、背景、主張，在國內已有許多專著，本文不多贅言。台獨危險性之評估，作者在「決戰閏八月——中共武力犯台研究」一書亦有詳盡分析，在此不再重述。這裡只從現實環境的實例，說明分離主義（卽台獨）不可行，歹路不要走。

### 一、現在世界各地區搞分離主義的現況

目前世界各地區有少數民族主義(Minority Nationalism)，或種族民族主義(Ethnic Nationalism)抬頭，扛著民族（種族）主義大旗，要求分離(Separation or Secession)、

獨立(Independence)。在許多國家帶來動亂，戰火燎原連年，有些地區已如人間地獄。

在亞洲地區，土耳其和伊拉克有庫德族獨立問題，中國境內有疆獨、藏獨、台獨；在非洲地區、蘇丹、薩伊、莫三鼻克與安哥拉都是一獨立就發生內戰，索馬利亞、盧安達、衣索比亞更為種族問題，內戰打得天怒人怨，餓殍遍野；在歐洲地區，前南斯拉夫瓦解後，依其種族結構分裂成五個國家，戰爭不息，北大西洋公約無力解決，聯合國部隊介入，結果和平部隊被挾持。法國有科西嘉(La Corse)獨立，西班牙有巴斯克(Basgue)分離運動，俄羅斯的車臣獨立，加拿大有魁北克分離運動。

以上所列是目前世界上有種族獨立問題地區，種族獨立問題有如一座火藥庫，最容易引爆戰爭，且分離主義者大多採取毀滅性的屠殺與破壞，英國北愛爾蘭共和軍就曾造成無數傷亡與社會動亂。

## 二、中國境內分離主義的危機

分離主義通常存在一種「浪漫主義」(Romanticism)色彩，對未來有著無限憧憬，以為獨立後「公主與王子從此以後就過著幸福美滿的日子。」殊不知帶來更多戰火、以車臣為例，美國所以將車臣視為俄羅斯內政而不願干涉，就是認為如果車臣獨立，其他共和國亦將紛紛獨立，俄羅斯將陷入「戰國時代」，進行長期內戰，這不合美國的長期安全利益。(註①)中國的分離主義概同，一但某地區獨立，其他可能產生骨牌效想，使中國重回戰國時代，故**對中國境內的分離運動我們必須認知**：

**㈠外環境因素大於內環境因素：**

中國近代許多獨立運動的起落，如「台灣民主國」、「滿州國」、「蒙古人民共和國」、「唐奴烏梁海共和國」、「東土耳其斯坦人民共和國」（註②），及目前台獨，雖然中國本身的落後與貧窮是原因，但外環境則是更大原因。例如日本軍國主義與蘇聯共產主義策動，就是很重要的因素。因此當外環境消除，必有利於解決獨立運動問題，有的甚至「無疾而終」。

**㈡目前不論台獨或藏獨，空有浪漫主義或理想色彩，但與現實環境相背則有待商榷**。其一，台獨人士口口聲聲說中共不犯台，等於把二千萬人生命做賭注。其二，中國歸中國，中共歸中共，我們反對共產主義，反共產政權，但不反對中國。政權是短暫的，身為中國人則是永久的。

台獨必走上永無休止的戰火循環，當亞太營運中心尚未開始運作，海峽烽鼓早已響起。歹路不可行。

## ■統一——是一條遙遠的路

中國統一，目前並非時機，所以這是一條長遠的路。所謂時機不合，至少有下列五項原因：

(一)一邊是共產體制，一邊是民主體制。基本體制完全是矛盾的，在世界上並無先例，除非兩方在體制、國名、國旗、國歌等政治符號(Political Symbol)，各做相當程度妥協。

(二)從基本政策看，到目前的「江八點」均未放棄以武力犯台的企圖，這是「兩手策略」的運用，不能和平、理性解決問題。

(三)從處理兩岸重大政治事件看，完全情緒化到一種「極端的民族主義」，例如李總統登輝先生訪美，中共不斷激化攻擊：「在台獨的深淵裡滾得連泥帶水」、「為中華民族所不齒」、「賣身投靠」、「認賊作父」。(註③)這些非理性言論，幾近歇斯底里狀態，失去了客觀評論的基本態度，模糊了兩岸問題的本質，顯示兩岸的「零和」狀態。

(四)從能否接受現實狀態看，現況是一個事實的存在，必須先承認，否則鴕鳥心態不能排除，決定政策就很難務實。兩岸統一要從相互承認現況為起點，台灣已能做到，大陸仍不能承認我們的存在，如此下一步就邁不出去，談統一就談不下去，除非用「併吞」。

(五)從兩岸差距看，目前兩岸政治上體制不同，社會開放程度相差太遠，國民所得差距極大（一九九五年時台灣是一萬一千美元，大陸約六百美元）。尤其許多問題沒有共識，都顯示各種距離要拉近才能談統一。

## ■兩岸未來趨勢判斷（附圖四）

中國未來統一方式，近來海內外提出多種模式。計有邦聯(Confederation)、聯邦(Federation)、中華國協(Chinese Commanwealth)、歐洲漸近統一模式。（註④）而中共一貫堅持「一國兩制」，中華民國主張統一原則是和平、民主、均富。依作者之見邦聯、國協、歐洲漸近模式，較和緩、漸近，較有實驗價值。但關鍵還是誠意、理性、務實、共識更需要，這些條件具備後，要用何種模式統一，都能談判得出結果。

兩岸政局演變到一九九五年的現在，尚看不出有明確的未來。但預判可能趨勢，不外有三個可能的方向（如附圖四——ABC圖）。說明如後

**圖A「統一趨勢」**：這種情況有兩種，第一種良性統一，兩岸理性、務實談判，距離逐漸拉近，開始運用邦聯、國協或其漸近模式，試驗統一之運作。經過長期試用，進入統一階段，不論最後是聯邦、大一統，或如我國目前所期望的和平、民主、均富原則的統一，這是兩岸最佳的發展模式。第二種是惡性的統一，如果目前這種「零和局面」持續惡化下去，兩岸都失去耐性，甚至都覺得統一無望，台灣宣佈獨立，用戰爭解決統一必然發生。但從此兩岸陷入獨立與統一的長期惡性循環爭戰，這種趨勢最差，應避免發生。

**圖B「獨立趨勢」**：這種情況也有兩種，第一種是零和局面持續下去，兩岸距離不再

## 附圖四　海峽兩岸未來可能趨勢判斷圖

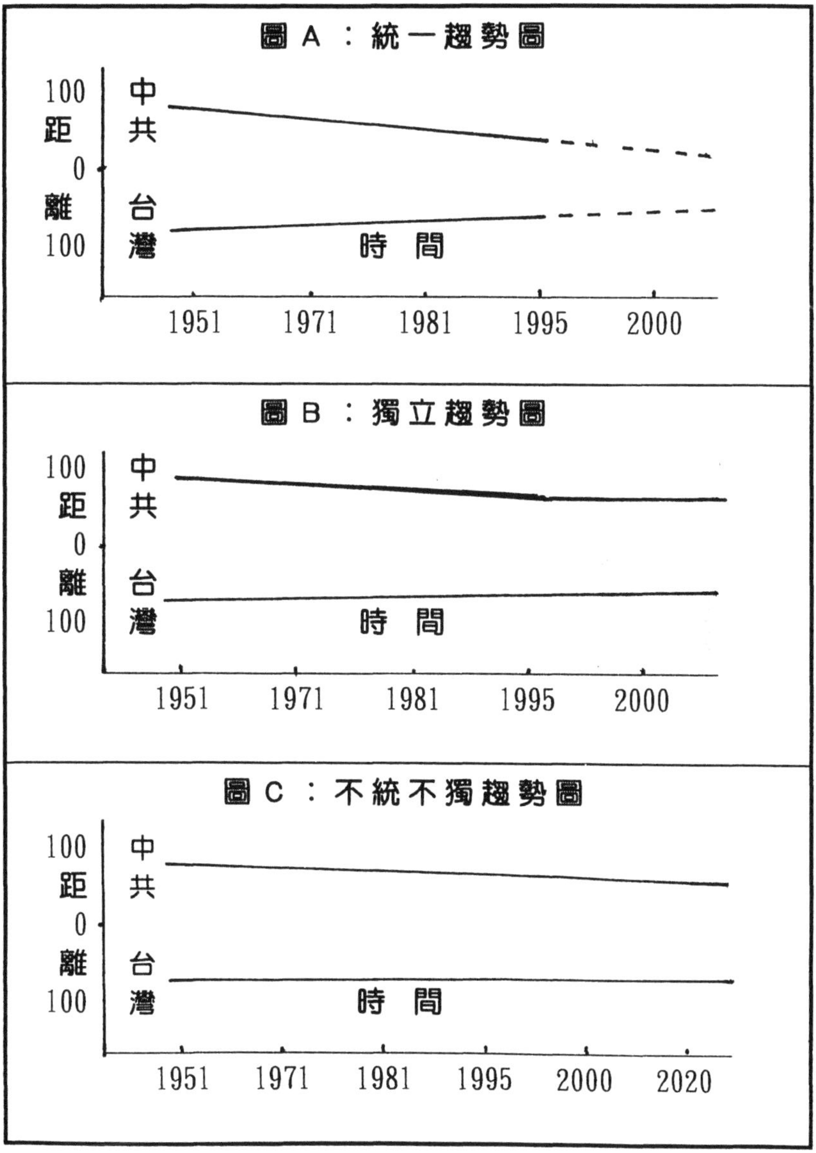

拉近或愈來愈遠，終於爆發戰爭，但台灣防衛意志堅強，中共拿不下來，台灣於是有了獨立的理由，但「大野狼還會再來」。第二種是長期不統的情況下，經數十年後我們的子輩或孫輩，他們的民族情感淡了，或觀念變了，中國成為一個歷史詞。大家不要戰爭，台灣（或中華民國）藉機獨立於中國之外，在國際上成為正式而合法的兩個國家。

**圖C「不統不獨」**：兩岸距離長期沒有大幅接近的情況下，事情始終在「拖」。大陸和平轉變速度極慢，台灣不會走上獨立，即不願脫離中國，兩岸接近速度極慢。一個是中華人民共和國，一個是中華民國，統一只是遙遠的夢想。此種局面應不至於維持太久，總要找出一個方向，或尋求出一個定位。

## ■影響中華民國生存與發展的變數

目前獨立與統一雖都不可行，但中華民國依然要生存下去、發展下去。在生存與發展的過程中，必須掌握可能的變數，使國家在穩定中成長，這才是一個良好的發展策略。

### 一、廣拓國際關係，但不能過於依賴「台灣關係法」

想要生存與發展，必須積極開拓國際關係，這絕對是正確的方向，但中共武力犯台卻不能依賴美國能夠出兵來阻止共軍，這是很危險的做法和想法，其理由至少有下列各端：

㈠美國對台海的戰略，頂多只是一種「含糊式嚇阻」(Deterrence by Ambiguity)，幫不幫忙都是一種「不確定」，讓大家去猜。而當台海戰爭成為事實時，美國決定干預程度的強弱完全以美國的國家利益為標準，所考慮的絕非中華民國的國家利益。

㈡「台灣關係法」不可靠：本法對西太平洋的和平穩定雖訴諸文字，但只是單方面的期望，該法第二條申項「美國之政策」說：

> 維護並促進美國人民與在台灣人民以及中國大陸人民暨西太平洋地區所有其他人民間廣泛、密切與友好之商業、文化、及其他關係。（註⑤）

台灣關係法止於商業、文化關係，真正涉及台海安全或台灣防衛時，該法並無規範力，能否協助台海防衛？取決於當時美國政局情勢。

## 二、穩定兩岸關係

兩岸到目前為止，最不樂觀的是政治層面上的「零和局面」，及「江八點」中仍未放棄武力犯台。較樂觀的地方是海基、海協兩會保持交流狀態，「江八點」也有部份似比兩年前的「台灣問題與中國統一」白皮書進步。「江八點」的第三條提到「政治談判的名義、地點、方式等問題，只要早日進行平等協商，總可以找出雙方都可以接受的解決辦法。」（註⑥）這裡提到的「平等協商」應該是可以著力之處。所謂「穩定兩岸關係」是指避免情緒性的激化，避開零和，避免引爆，而從比較容易的地方著力。故可能對穩定產生的變數有：

㈠找到「打開國際關係」與大陸關係的平衡點，縱使進了聯合國也不是搞分離、獨立，而是為了中國統一。這就是要讓中共接受的平衡點，顯然要找到這個平衡點是非常困難的，現階段可能還找不到。

㈡台灣縱使民選總統也不會搞台獨，這是要讓中共很明確清楚知道的訊息。中共一直認為總統民選幾乎等同台獨，現在總統民選不搞台獨，而且關於兩岸交流及統一談判也在進行中，則兩岸穩定交流成長可期。

### 三、避免引爆大炸彈——台獨

兩岸關係最大的變數，在我方應該是台獨，換言之，台獨是引爆島內族群鬥爭、社會動亂、國家再分裂（註⑦）及台海大戰的「巨型炸彈」。八十四年元月七日，民進黨召開黨綱、黨章研修會議，決定不刪台獨條文，實在是最大的不智與無知。與會人員如台大教授李永熾、台獨聯盟主席張燦鍙及台獨黨綱起草人林濁水，一致認為台獨未被民眾接受，是民進黨講的不清楚、宣傳不足，今後要從包裝著手。（註⑧）這是很大的可疑，「是甚麼，便是甚麼。」要把最真實的真相告訴選民，才是負責任的政黨，外表用美麗的文詞，把一顆炸彈「包裝」起來，完全是一種欺騙手段。或許政治權力欲望很高的時候，人的良知良能就開始腐化、惡化，二者成正比。但我相信有智慧與良知的人可以突破。

再者，二千一百萬人最關心的是台獨造成的中共武力犯台，民進黨未經有系統、客觀的分析、研究、評估、比較，就先下結論「不會犯台」。把二千一百萬條人命當賭本，亂下賭注，是既危險又可怕的做法。

## ■結語

八十四年元月七日，聯合國經濟及社會理事會(ECOSOC)所屬科技發展委員會主席賽拉德大使(AM. Oscar Serrate)抵華訪問，他堅定表示目前世界主流趨勢是民主、自由、資訊無遠弗屆的傳播。有了資訊人就能判斷，有了判斷就能有所抉擇，巴西、秘魯、阿根廷都曾經獨裁統治，最後都在人民抉擇後一一垮台，東歐共產主義瓦解，資訊傳播扮演很大的催化作用。這樣的趨勢對中華民國的生存與發展是有利的，因為我國目前的內環境就具備了民主、自由、資訊這三大現代開放社會的特質。

從中華民國的生存與發展，展望中國的統一，眼前確實是荊天棘地，但世界正在一天天縮小，「可是國家的身份認同問題却依然神聖不可侵犯。」(註⑨)這也意味著「不統不獨」局面不會維持太久，總要找到一個方向。如同江澤民說：「只要早日進行平等協商，總可找出雙方都可以接受的解決辦法。」(註⑩)因應這些有利環境的到來，中華民國將更有尊嚴的生存，更穩定蓬勃的發展，奠定台海防衛及統一談判的良好條件。

## 註釋

①俄羅斯有二十個自治共和國，可能分離獨立的共和國除車臣外，尚有阿治亞、般古什、達吉斯坦、卡巴爾達。巴爾卡爾、卡拉柴、捷爾克斯、巴希喀爾、楚瓦什、馬里、莫爾多瓦、戈那·阿爾泰、韃靼、中國時報，八十三年十二月二十八日，第十版。

②新疆的分離主義較早的有民國三十二年，俄共策動獨立「東土耳其斯坦人民共和國」，後經國民政府派軍救平。目前又有推動維吾爾獨立運動的組織有二：一為「東土耳其斯坦人民聯合民族革命戰線」，屬激進派，領袖是穆赫里西(Yucubek Mukhlisi)，主張用大暴動解決。另一為「自由維吾爾斯坦黨」，領袖是瓦西多夫(Ashir Vakhidov)，為穩健派。新疆也是一顆民族炸彈，因為穩健派也日漸激進。見中國時報，八十三年八月五日。另見前國防部長郭寄嶠上將口述，救平新疆偽「東土耳其斯坦人民共和國」經過紀要（台北：國防部史政編譯局，七十一年十一月一日）

③聯合報，八十四年六月九日，第三版。

④邦聯模式是立法委員魏鏞、前美國在台協會理事主席丁大衛提出，中華國協是國策顧問陶百川提出。

⑤台灣關係法，一九七九年三月二十八日——二十九日。

⑥中國時報，八十四年元月三十一日，第一版。

⑦ 中國目前處於分裂狀態，這是民國三十八年造成的第一次分裂，使中華民國現在主權受限於金馬台澎，民進黨的台獨是放棄金馬而獨立，等於是再一次分裂。

⑧ 中國時報，八十四年元月八日，第二版。

⑨ 賽拉德(AM. Oscar Serrate)訪華時曾提到，聯合國在辯論馬其頓問題時，真正考量就是「身份認同」。摩納哥與厄立垂亞也都同時加入聯合國，摩納哥富足，厄立垂亞赤貧，但熱烈追求自己身份認同的精神是一致的。所以賽拉德認為國家認同依然神聖不可侵犯，這與「國家衰落論」者看法完全不同。中國時報，八十四年元月八日，第二版。

⑩ 「江八點」第三條，中國時報，八十四年元月三十一日，第一版。

## 《結論》
# 環境評估

一、國際環境政局趨勢及地緣戰略，已經從一九七一年的趨勢又逆轉回來，一九九五年以來潮流又從大陸轉向島嶼。整個大環境對台灣有利，為能蓄積更多能力，以便因勢「力」導，台灣必須有一支強大的國防武力。

二、面對中共不放棄武力犯台，且最近因李登輝總統訪美一事，不斷升高兩岸溫度，頗有武力示威之傾向。為避免中共蠢動，更為生存與發展的尊嚴，必須用心規劃台海防衛問題。

三、台海地緣戰略位處「一夫當關，萬夫莫敵」之要衝，地緣戰略之有利乃先天環境及國際政治環境相推移而成。但若無強大武力做支撐，戰略要地也會在一夜之間成為俎上肉。

四、中華民國未來要生存、要發展，要與中共談判，要走入國際社會，若無力防衛台海，則各「要」都免談，且談判未果，和平演變未成之前，先已被中共吃掉。

# 第二篇

# 影響台海防衛作戰成敗的七大因素

這七大因素是：

台灣本島地略形勢

台海防衛作戰特質

建軍備戰的基礎是否深厚？

動員程度有多少？

後勤補給能力能支持多久？

國際資源開拓——大戰略經營

台海防衛作戰最大殺手——國家認同

# 第5章

# 台灣本島地理形勢之影響

# 第5章　台灣本島地理形勢之影響

科威特為何一夜淪陷?以色列為何要確保戈蘭高地(Golan Piateau)?二次大戰美軍為何要犧牲數萬人生命,拿下一座荒島—硫磺島?這其間地理形勢佔很大的因素,試想科威特只要與伊拉克中間有一道一百公里的海峽隔離,伊拉克能在一夜之間拿下科威特嗎?可要大費週章了。

台灣本島四面環海,東濱太平洋,西臨台灣海峽,與大陸平均距離大約是二百公里。山脈南北綿延,山地佔全島百分之五十四,河川都東西流向,將台灣切割成許多塊狀區域。這樣的地理形勢,已經是先天註定對防衛作戰有很大的影響。

## ■海峽屏障是有利的防衛因素

台灣海峽是一道軍事障礙,可以使敵軍兵力造成分割,確保金馬就能掌控海峽,可以增加台灣的縱深深度,是為最大的戰略利益。早在四十多年前美國強迫國軍棄守金馬,先總統　蔣公堅決保住金馬,就是着眼於控領台灣海峽,增加台灣防衛縱深。吾人試想,四十多年前若棄守金馬，台海已在中共掌握之中，今天中華民國安在否？盤算台灣海峽對防衛的利點至少有：

**一、增加防衛縱深與作戰面積**

台灣北回歸線附近的東西寬度約一四四公里，通過花蓮縣瑞穗和嘉義市南側，縱深太短使防衛作戰失去彈性與先機。若加上台灣海峽（海峽北窄南寬，平均寬度二百公里，最狹一百三十公里，最寬二百五十公里），則縱深可達三四四公里。若再加上金馬前哨可向前搜索二百五十公里範圍，則台海防衛縱深可達六百公里，既有廻旋彈性，又能掌控先機。

論作戰面積，若無台灣海峽，作戰面積就是三萬六千平方公里。若海峽在我軍掌控之中，則作戰面積大約增加成為十二萬平方公里，守勢作戰必須爭取縱深迂迴，才能誘敵深入而伺機殲滅之。

**二、海峽深度較淺，有利守勢作戰**

台灣海峽水深約八十公尺，近台灣沿海水深較淺，距岸十五公里內水深約四十公尺之內，水底坡度平緩，這表示不利潛艦活動，但對守勢作戰部隊言，則有利於部署水中防禦工事或障礙，增加灘頭的防禦縱深。對攻勢登陸作戰部隊而言，必須泊地於離海岸較遠的水面，會提高換乘與輸送的難度，並增加傷亡。

天下聞名的英吉利海峽最窄只有三十三公里，却是英國最大的安全保障。拿破崙與希特勒都曾想盡一切辦法，以武力進犯英國本土，最後都是自取滅亡。

## ■本島內陸地理形勢（附圖五）

台灣本島地勢，南北狹長，東高西低，島內山地面積佔三分之二，平原狹窄。但對防衛作戰影響最大的是山系和水系，尤其兵力轉用，軍勤運輸受限最大，為影響內陸決戰成敗的關鍵因素。

**一、水系：南北數十條河川切割台灣島**

台灣本島河川多成東西流向，短小、急流、多峽谷、無利是本島河川特色，全島大小河川數十條，以濁水溪一百八十六公里最長。重要河川由北到南在西部有淡水河、南崁溪、頭前溪、大安溪、大甲溪、大肚溪、北港溪、曾文溪、高屏溪；在東部有蘭陽溪、立霧溪、花蓮溪、秀姑巒溪、鹿野溪。無數河川將本島地形切割成獨立塊狀區，各塊狀況區間有無數橋樑連接。

本島國道、省道等交通動脈多成南北走向，與河川成垂直狀態，由無數大小橋樑連接而成。

**二、山系：高山把台灣區隔成東西兩部**

台灣多山，屬「新褶曲山地」，主要山脈有中央山脈，為本島山脈主幹及分水嶺，北起蘇澳，南迄鵝鑾鼻，稍偏東側；玉山山脈，主峯三千九百五十二公尺，是我國東南最高

## 附圖五　台灣水系及附近島嶼戰略價值

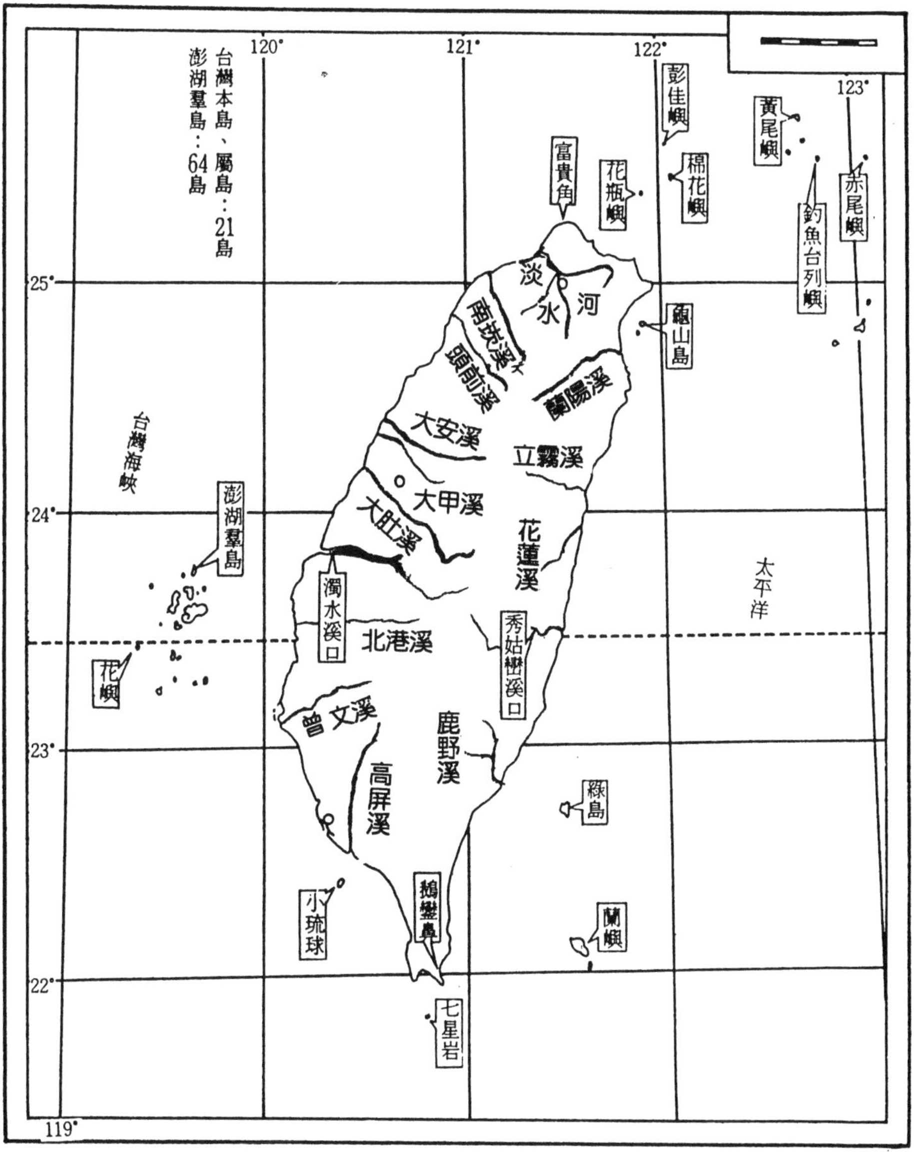

峯；雪山山脈在中央山脈西北，由東北斜向西南；阿里山山脈，在玉山之西，高度一千至二千五百公尺之間；海岸山脈，在東部海岸，概與中央山脈平行，平均高度一千公尺以下。

台灣山脈多在中央位置，成南北走向，將台灣區隔成東西兩部份，宜蘭與花蓮間又有南湖大山、中央尖山之餘脈阻隔，交通運輸困難。目前台灣東西部賴以交通道路有台②號道、台⑨號道、北橫、南橫、中橫公路、北迴鐵路、南迴鐵路，惟路面、隧道狹窄，運輸量有限，其他尙有若干產業道路，路況大多不良。（註①）

## ■本島地理形勢對防衛作戰影響

本島地形受到天然山系與水系分割，東部呈帶狀走廊，西部為獨立塊狀，山多平原少，一旦台海戰爭爆發，對防衛作戰影響甚大，評估其要者多項如後。

### 一、西部海岸平原受害較大

台灣城鎮開發多集中在西部海岸平原，輕重工業區、政經要域、指揮中樞及軍事要地，大多集中於這一帶地區。當戰爭開始，中共的欺敵、先期、先遣作戰（註②），必然以西部地區為主要目標，動員其長程轟炸機、陸基飛彈、潛射飛彈，一舉殲滅西部軍經設施。故西部地區易損性、受害性均較大。

東部因有中央山脈及其他各山脈阻隔，不易受到直接攻擊，戰力易於保存。這是「佳山基地」設在東部的理由，乃着眼於高山的自然保護作用。

## 二、正面廣、縱深淺，難守易攻

本島地形南北長約四百公里，東西最寬處約一百四十公里，長度為寬度的三倍弱，地形走向與作戰正面概成平行。對我軍而言，形成兵力部署上的不定性與難度增加，蓋「處處設防即無防」，但各部隊防禦正面寬廣，又不得不防守，是謂兩難。對共軍則較有利，通常登陸部隊必須以優勢（約五倍於守勢部隊）兵力，才能完成強行登陸，正面寬廣的好處是有利於「多點登陸」。中共現階段的對台登陸作戰，在策略上就是以「萬船齊發，多點登陸」的概念來設計。（註③）以因應台灣地形狹長的有利條件，發揮優勢兵力的長處。

縱深淺的問題，使內陸決戰失去彈性。解決「正面廣、縱深淺」的難題，端在「固守西部正面地形要點、保持機動打擊能力」二者，西部地形要點如林口台地、新竹尖山、台中大肚山、彰化八卦山、高雄壽山等，部署強大的機動打擊部隊。這些地區都瞰制西部重要機場、港口、交通動脈，一旦失守，敵將可「反客為主」，建立堅強攻擊基地，本島將危也。

## 三、河川切割，不利反擊

河川多形成橋樑多，山多形成隧道多，此種情形對防衛作戰有明顯之弊，尤其當海空戰力無力阻止共軍登陸，灘岸決戰失利，內陸決戰成為台海防衛最後一步棋。最大顧慮為：

(一)先期、先遣作戰中，橋樑已遭破壞，隧道堵塞，所有鐵公路運輸中斷，戰略預備隊增援不到。

㈡隨着地形被河川切割，道路中斷，兵力也被分散成為許多獨立的小型作戰地區，各部隊都要獨立作戰，友軍、援軍都難以支援。

㈢隨着橋樑中斷、河川阻絕及敵火破壞，所有各類管路（油管、電線大多沿橋架設），也完全中斷，造成後勤補給中斷，上下失去連絡與指揮，則是否可能各個小型作戰區導至「彈盡援絕」，為台海防衛在事前準備時，應預為評估並謀解決。

㈣就共軍而言，則有利於「圍點打援」與「各個擊滅」。國軍處於分割、孤立狀態，共軍正好以其優勢兵力，一個個吃掉。

針對河川切割，易於形成兵力分割，外援中斷，還是有謀救之道。惟所謂「謀救之道」，不是臨到作戰前才來謀救，而是平時戰場經營、作戰計畫與演習，就要準備或演練此種謀救之道。以下各點就是謀救之道。

㈠預備隊區分戰略與戰術預備隊，不能置於一地或兩地，至少要置於三—四地區。

㈡後勤補給採「分散地區補給」，使各小型作戰區具備獨立作戰之條件。

㈢提高部隊機動力（當橋樑、道路被破壞後，所有戰車、輪車都必須涉水、越河、過山。）才能克服河川切割，遂行任務。

㈣所有瞰制交通線的地形要點，戰略要域應早期規劃，平時經營、戰時固守。

## 四、山脈區隔，東西部兵力轉用困難

花東、宜蘭受到山脈阻隔，成為獨立、封閉之地區，稱之「台灣後花園」。但在台海防衛作戰上，有深厚的影響，共軍推演登陸作戰及我軍反登陸作戰演習，都已經警覺到東部的利點與弊點，條列如次：

㈠台海防衛原為一個整體的防衛架構，但東部的區隔形成一種顧慮，「西部顧慮東部，東部也顧慮西部」。西部是顧慮東部失守，東部顧慮西部援軍不來。

㈡兵力轉用困難，目前的鐵公路系統很難把西部大部隊，重裝備，在必要時能立即投入東部戰場。

㈢目前東部守備兵力約一個師，但東部作戰地區南北長約二百五十公里，東西寬約四十公里，可謂地廣兵少。

㈣因應東部特性，必須使其成為一個完全獨立戰區，在後勤補給上在花東建立獨立廠庫，無論平時與戰時都要把對西部的支援依賴降到最低。在戰力（兵力與火力）上，應具備成為陸、海、空三軍聯合作戰之能力，「佳山基地」才能成為潛藏台灣空軍戰力的寶庫。

## ■台灣附近島嶼的戰略價值

台灣附近有許多小島，到底在戰略上有無價值？對防衛作戰關係如何？首先來看兩個戰史。附圖六印證小島與其本國關係。

附圖六：小島與其本國領土關係

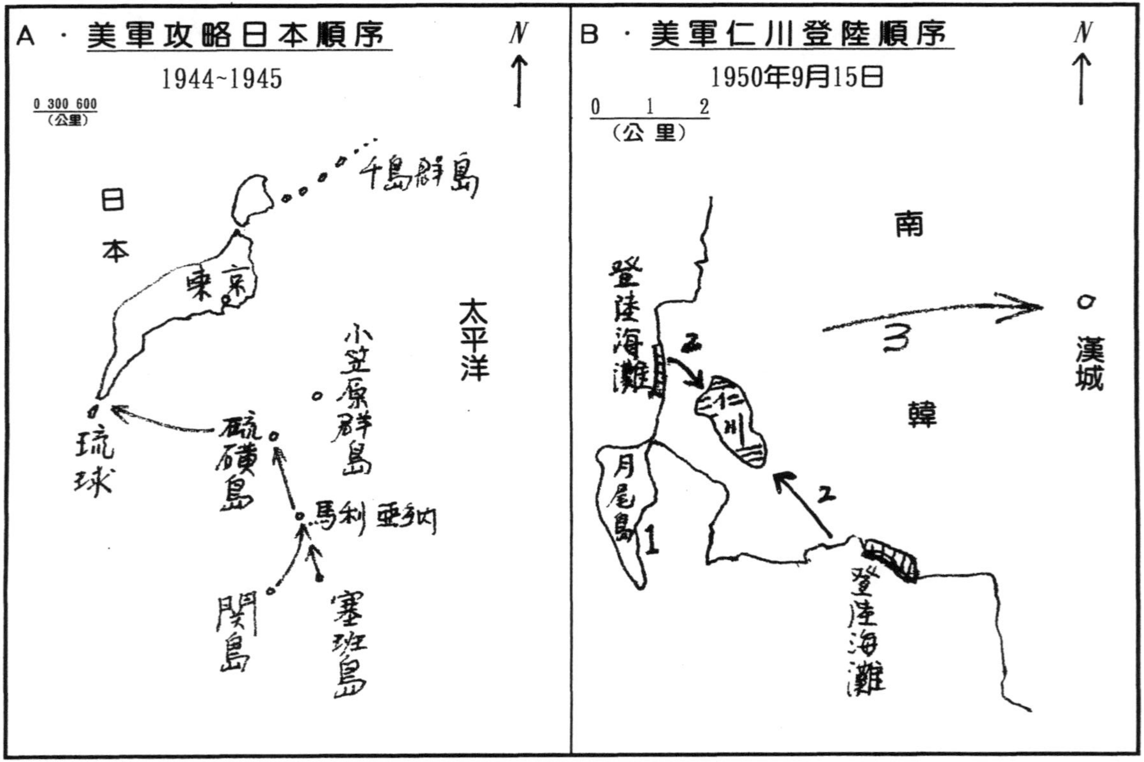

**A圖**：是二次大戰末期到一九四四年初，美軍已有攻擊日本本土的能力，但必須先奪下當時日本國防前緣的戰略要點。美軍當時攻略順序就是關島(Guam)、塞班島(Saipan)→馬利亞納(Marianas)→硫磺島(Volcano Islands)→硫球→日本本土。為何優先攻略這些小島？都有其戰略上重要的意義，就日本而言，這些小島雖遠在一千多公里之外，但確是當時日本的國防戰略前緣，為防衛本土必守的戰略要點，同時可以做為日本太平洋艦隊的支援基地。就美軍而言，可以利用這些小島做攻擊日本的海空基地，同時若不能先奪下這些小島，亦不能攻擊日本本土。

**B圖**：是一九五〇年九月十五日韓國仁川登陸戰，當時聯軍統帥麥克阿瑟將軍決定的登陸作戰三階段，即第一階段先以陸戰第一師奪取月尾島，第二階段從左右登陸海灘登陸奪取仁川，第三階段奪取漢城。月尾島的戰略意義何在？就北韓與中共聯軍而言，月尾島是仁川的前哨，有掩護與瞰制的功能。就美軍而言，月尾島是攻略仁川、漢城的跳板，若不先攻月尾島，亦無法奪取仁川。

從附圖六的兩個戰史，說明國家領土周邊地區的島嶼，通常有很高的戰略價值，亦與本土安全息息相關，可為攻勢作戰的前進基地，或為守勢作戰的防衛前哨。此類小島平時或許沒有經濟價值，但戰時常成為防者必守，攻者必取的戰略要點。台灣本島附近島嶼頗多，對台海防衛作戰關係如何？

## 一、台灣附近島嶼（附圖5）

台灣附近島嶼共有八十五個，包含台灣屬島二十一個，澎湖群島六十四個，極北是宜蘭縣黃尾嶼(25°56'N)，極南是鵝鑾鼻南方十四公里的七星岩(21°45'N)，極西是澎湖群島的花嶼(119°18'E)，極東是宜蘭縣的赤尾嶼(124°34'E)。其較大島嶼有綠島、蘭嶼、小琉球、澎湖本島、西嶼、白沙島、望安島、七美嶼。

金門、馬祖、烏邱等島群，雖不是台灣屬島，但在台海防衛體系上則為一個整體防衛網。前述列舉的硫磺島、塞班島、關島等，距離日本本土都在一千二百公里至二千多公里之間，日軍都列為戰略要點必須死守。金馬就台海防衛上是台灣的戰略要地，早已無可質疑。

## 二、台灣附近島嶼的戰略價值

台灣附近島嶼戰略價值最高者應為澎湖群島，其位置正在台灣海峽中線偏東，處於「內新月形帶」上，所以在地緣戰略有瞰制台灣海峽的功能。若澎湖為中共奪取，至少有下列利益：（註④）

㈠可進可守：進可直接進犯台灣，以戰逼和，或就地進行政治談判，迫我接受不利條件。

㈡轉變戰爭態勢：澎湖被中共佔領後，台海成為中共的「內海」，台灣西部地區直接遭受短射程戰術武器攻擊，敵我優勢戰略態勢完全易位。

㈢可成為攻台中間站：直升機、氣墊船及中小型登陸艇均可以澎湖為基地，直接進犯台灣。

㈣迫我在不利狀況下決戰：使台灣海空軍被迫或被誘先期投入決戰，逐次消耗國軍戰力。

㈤有利於用和平手段取得台灣：澎湖失守，顯示中共有奪取台灣的決心，若能因而逼和，則可和平統一，保住台灣政經文教建設。

其他有小琉球，對大高雄地區有掩護、瞰制作用，可做為南部地區的防禦前緣。東部各島嶼與花東戰區前哨站，北部各島嶼為北部作戰區之前哨站，屏衛北部政經要域不可少。

**台灣附近八十五個島嶼中，以澎湖本島等數個大島戰略價值最高。中共會評估優先奪取澎湖的作戰方案分析，其優點有四：**

㈠打蛇打七寸，正統的挖心戰術。

㈡灘岸平廣適合兩棲登陸，地勢平坦適合空降。

㈢政佔澎湖，扼住台灣，掐住金、馬。

㈣良好的深港、灘岸、機場，可做前進基地。

**本案缺點也有：**

㈠必須爭取制空、制海權。

㈡尚無法對台灣形成全面封鎖。（註⑤）

依本案推論，從空間立場來看，攻略澎湖是最佳方案，因為只要奪取澎湖就能使金門和馬祖成為無用之地，進而瓦解台灣防衛的戰略空間、心理空間。

## ■結語

台灣海峽是敵我戰略態勢易位的關鍵區，若中共控領台海，對我「極不利」，為我控領，對防衛作戰「極有利」。金馬與台灣周邊島嶼，都是整體防衛體系之一環，任何失守，都足以造成無可挽回的「戰略缺口」。本島內陸雖受到山系與水系分割，使兵力轉用困難，但只有提昇獨立作戰及機動能力，還是可以反敗為勝。

如何鞏固台海地略上的有利，克服不利，將是影響台海防衛作戰成敗的第一因。

## 註釋

① 台②號道：台北—基隆—福隆—宜蘭。
台⑨號道：台北市—坪林—宜蘭—花蓮—台東。
北橫公路：桃園大溪—復興—巴陵—宜蘭。
中橫公部：台中東勢—梨山—大禹嶺、霧社—花蓮。
南橫公部：台南玉井—天池—利稻—台東海端。

② 所謂「欺敵、先期、先遣作戰」，是登陸前作戰的三階段，就中共言，欺敵作戰由實施兩棲

登陸作戰的上級指揮官（總參謀長），負責統籌行之。先期作戰由海空軍及地面部隊行之，如空中攻擊、飛彈攻擊、潛射飛彈攻擊、先遣作戰由登陸部隊自行發起，如艦砲攻擊。這三階段作戰的唯一目的，就是讓登陸部隊成功的完成登陸作戰。

③ 詳見作者前著「決戰閏八月——後鄧時代中共武力犯台研究」一書，第十章（台北：金台灣出版公司，八十四年七月十日）。

④ 同註③，第九章。

⑤ 于昇華，戰計畫—附件一攻略澎湖（台北：書華出版事業有限公司，一九九四年十月初版），頁七二。本書以「戰爭預言」體裁方式寫作，其優缺點只能當參考。

# 第6章

# 台海防衛作戰特質

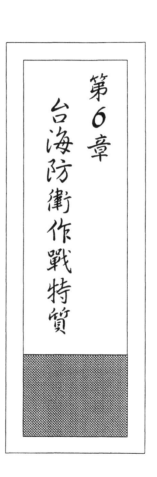

# 第6章 台海防衛作戰特質

「台海防衛」者，顧名思義是一種守勢作戰性質。但台海戰略地位及地理形勢上的特殊，凸顯出台海防衛除了有一般守勢作戰性質外，更有其獨特的特質，這些特質在人類古今戰史上尚無同型。這也意味着台海防衛作戰已突破一般戰爭通則，而是一種「特種作戰」。若不能精確、週密、全程的掌握這些特質，要打這場仗就如同沒有羅盤在大海中航行，死路一條。

台海防衛特質是：預警短、縱深淺、決戰快、外援難、守勢作戰、以小博大。

## ■預警短—敵機來襲，時間短促（附圖七）

中共若以現有戰機對台灣進行攻擊，預判以二百五十浬線內之戰機首先發動（即以台北為中心四百六十公里範圍內戰機，殲六、殲七為主力），台灣可獲空中預警時間為七至十分鐘。（註①）東部地區預警時間，預判應比西部海岸地區多三分鐘。惟中共若以SU27對我攻擊，我方預警時間概約五分鐘。勿論何種機型，若從五百浬線範圍內對我攻擊，我方預警時間增加一倍。

預警時間短促原因，一方面是中共使用機種不同而有差異，台灣的偵測能力也有關係。按國防部計畫採購四架E—二T空中預警機，於八十四年九月可逐次返國服役，可將空中預警時間從現在的五分鐘加長為二十五分鐘。E—二T配備AN／APS—一四五預警雷達，與美軍海軍現有E—2C配備相同，偵測飛機有效距離四百八十公里。(註②）即二百五十浬預警線內之敵機動靜，將可在掌握之中。

五分鐘與二十五分鐘，只差別二十分鐘。但代表着更重大的意義，國軍武器裝備、兵員，及所有台海地區居民的「存活率」提高五倍，防衛作戰成功公算當然也應有倍數增加。

## ■縱深淺—容易被貫穿分割（附圖七）

台灣東西距離約一百四十四公里，中間有山脈阻隔，政經軍心要域集中西部海岸地帶，無法改變的地理因素對防衛作戰明顯之弊如次：

㈠預警時間短（已如前述）。

㈡容易被突穿分割，進而被各個擊滅。

㈢台灣維持南北交通動脈，戰時用來兵力轉用的重要鐵、公路，如台①號道、台③號道、台⑰號道及高速公路等，都在西部距海岸線二十五公里以內，敵稍加突穿分割，不但

附圖七　台灣防衛預警線與縱深線

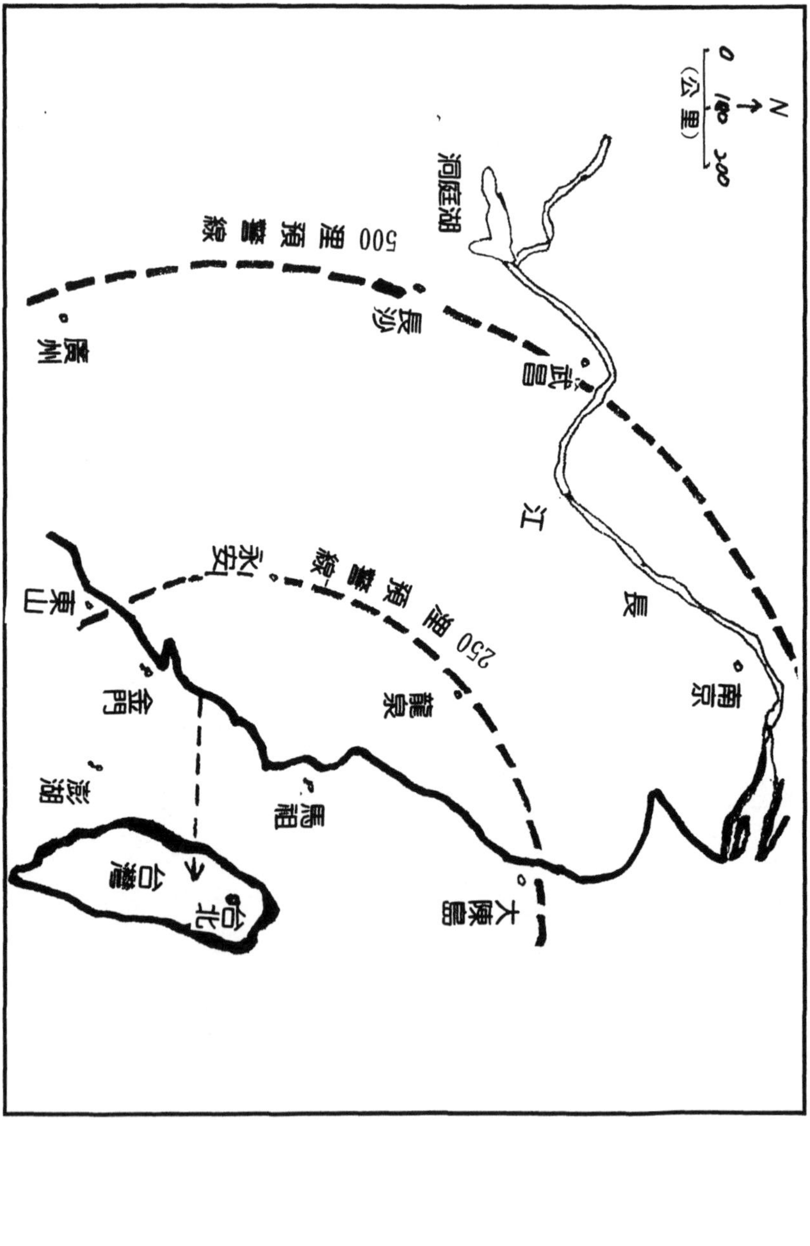

全島交通中斷，所有「指管通情」系統均可能導至瓦解。

㈣補給線與作戰正面成平行是戰略上的不利，自然地理因素使台灣交通線成南北線，且交通線即補給線，即軍隊生命線。但補給線與作戰正面平行，容易被截斷。反觀敵軍輸給線與作戰正面垂直則最有利。

如何增加縱深？成為台海防衛作戰重要的「前題」，以下幾項應為今後努力方向，避免遭受突穿分割而「彈盡援絕」。

㈠保持台灣海峽的海空優勢，可以使縱深增加一倍。若不能優勢，也要保持均勢，或局部優勢，絕不可落到劣勢。

㈡經營花東戰場，保持戰力，可以在感覺上增加縱深，有伺機反擊戰力，可使已淪陷的縱深再恢復。

㈢掌控二百五十浬（四百六十公里）預警線內所有敵軍動靜，則作戰縱深可超越台灣海峽。

㈣未來應積極加強建軍備戰，設法掌控五百浬（九百三十公里）預警線，縱深增加表示國力增加，更表示台海防衛的勝算與安全提高。

## ■決戰快──兩三下清潔溜溜

海島型態與大陸型態作戰，在時間上最大不同就是決戰時間長短。大陸型態作戰，如中日八年之戰、兩伊戰爭、越戰等，都是經過無數次大小戰役、會戰、決戰，一拖數年，蓋因大陸型態作戰依賴「地大、物博、人多」，資源用之不盡，故可行長期作戰。海島型態作戰，英阿福克蘭島之戰、硫磺島血戰、古寧頭大戰、八二三砲戰，都在數日或數月之內結束。海島資源有限，縱深太淺，沒有廻旋餘地，都是主要原因。

台海防衛作戰到底是「速戰速決」好？或持久戰較佳？似乎是個難題。處境與台灣相似的以色列，在戰爭指導上採速戰，並在一週之內必須解決戰事，但台海防衛若採速戰指導，可能面臨的局面是：

㈠速戰可能被迫決戰。共軍有機會運用「多波次決戰」消耗台灣戰力，尤其海空機艦有限，必須保存最後決戰戰力，故不能有過早或過多的決戰。

㈡台海防衛本質是守勢作戰，「人不打我，我不打人」，故速戰或久戰之主動權掌握在攻勢之一方，隨時可快可久做戰略上調整。防衛部隊只能做消極迎戰，主動發起攻擊機會，或盡早結束戰局之能力均有限。

台海防衛作戰應避免陷落在「決戰快」的穽中，造成戰力的迅速瓦解。在戰爭指導應採「不決戰」主張，永遠保存一批足以進行最後決戰之戰力。但這並非採持久戰，而是做持久戰的準備，以因應共軍可能的長期封鎖。久戰之弊是資源有限，但也有可能之利，有更多時間尋找致勝機會，期待外力支援或共軍內部的變數；再者，能持久也表示不被殲滅，談判籌碼還掌握在手上。

## ■外援難──國際現實使你心寒害怕

回想民國三十八年，中華民國撤守台灣，美國總統杜魯門就在一九五〇年元月五日發表宣言：明確承認中國對台灣享有宗主權，不再軍援台灣的國軍部隊。（註④）英國最先與我國斷絕外交關係，他們的理論是：誰住在這裡，便與誰交朋友，屋主換人，交友對象也換人。正好說明英國人的名言：「國際上沒有永久的朋友。」這就是國際現實的可怕，堅強盟友可以一夜之間把你「賣掉」。台海防衛作戰「外援難」的因素頗複雜，大體有：

㈠在聯合國沒有合法地位，與有能力支援台灣的大國沒有正式邦交，尤其與美、英、法、日本等國沒有邦交，想要得到支援很困難。

㈡目前國際上認為台灣是中國之一部，因此屬中國內政問題，採「不干預主義」。如同俄羅斯打車臣，各國都認為是俄國內政問題，車臣便得不到應有外援。

㈢台灣四面臨海，若中共採取海空封鎖，所有內外海空運輸必完全中斷。所有物資流通，戰略軍品（石油、武器、裝備）也都斷絕，當然國軍必須進行「反封鎖」，但可預判外援是相當困難的。

## ■守勢作戰—不是守着挨打

台海防衛作戰的特質之一是守勢作戰，古今對守勢作戰的指導常陷於被動，總是守着挨打，例如我國古代楚國防守吳國進攻，二次大戰時法國防守德軍入侵，日軍死守硫磺島，最後都失守或淪亡。守的一方不管守的多強固，攻的一方通常不惜以五倍，甚至十倍以上兵力，以澈底殲滅守軍。國軍在剿共時期也都採守勢作戰，但通常都被共軍以十倍以上兵力吃掉。守勢作戰為何總是守着挨打，「孫子兵法」如是說：

> 不可勝者，守也；可勝者，攻也。守則不足，攻則有餘。善守者，藏于九地之下；善攻者，動于九天之上，故能自保而全勝也。（註⑤）

故台海防衛作戰本質上雖是守勢作戰，但要避免被動挨打、被殲、淪亡，仍須着眼於以下各點：

㈠按孫子「善守者，藏于九地之下」策略，應把防衛主力及重要武器裝備地下化，但並非藏着不出來。（波灣戰爭中伊拉克戰力就是地下化，但藏着不出來，等於守着挨打。）

㈡守勢作戰也有攻勢行為，依野戰戰略之用，戰略守勢在保衛國家重要地區及資源，以便待機採取攻勢。

㈢在戰術上依地形之利及戰場經營，避免決戰，逐次消耗敵戰力，尋找敵之弱點，伺機反擊。

最重要是心理上避免悲觀、被動，目前世界上有些國家在國防上也都採明顯的守勢作戰，如瑞典、以色列、南韓、日本，但有膽敢入侵者，必叫他「死無葬身之地」。

## ■以小搏大—以弱擊強

台海防衛就整體戰力來比較，國軍「以小搏大、以弱擊強」是不能改變的現狀。如何從整體的不利，找到部份有利，使「小的變成厲害的」，古今軍事家都在研究這個問題並且不斷在戰場上實證之。這就是「集中與節約」的戰爭原則，「內線作戰」指導最重要的是「集中與節約」。孫子兵法說：

形人而我無形，則我專而敵分，我專為一，敵分為十，是以十攻其一也⋯善用兵者，能使敵人前後不相及，眾寡不相恃，貴賤不相救，上下不相收，卒離而不集，兵

合而不齊。（註⑥）

這是孫子兵法關於「以小博大，以弱擊強」而能不敗的理論根據。但用於台海防衛作戰，國軍部隊如何在現況的「小而弱」環境中，爭取到「大而強」的局部地位，以下兩點應該是努力的方向。

㈠把握天時、地利，創造局部優勢：台灣海峽是造成武力犯台部隊兵力分離的「軍事障礙」，但必須用我海空戰力來擴大入侵敵軍的兵力分離，當敵人波次攻擊時間拉長，就表示國軍有機會「以十攻其一」。局部優勢就這樣創造出來的，絕非神話。

㈡「以質勝量較保險」：中共中央軍委副主席張震，於八十三年十二月表示：共軍現代化離西方軍隊還有很大差距，機動性不夠，還要以數量代替質量，所以要保持三百萬大軍。（註⑦）這就是台海防衛要從「以質勝量」的方向發展的道理，台灣不論建軍多少，絕不可能以量去制衡共軍的量，只有以質來勝量。

## ■結語

台海防衛作戰的六個特質，似多屬「先天之相」，每一特質似乎都是防衛作戰上的致命傷，但若有心經營，全民戮力同心，依然可以「相隨心轉」，從劣勢環境中創造較佳戰果。戰爭原本沒有先天註定的成敗，更沒有單獨對某一方有絕對利弊，如果有，以色列人今天還在否？

## 註釋

① 樊有謙，「中共發展航母之戰略涵義及對台海防衛之影響」，國防雜誌，第八卷，第十期（八十二年四月五日），頁三三—四二。

② 聯合報，八十四年五月二十二日，第六版。

③ 作戰時最好的補給路線是與作戰正面垂直，可以得到自然保護，避免兩者成平行為戰略上最不利。但一九九一年美軍在波灣戰爭中，補給線却與作戰正面平行而沒有顧慮，因為戰力相差懸殊，伊拉克已無反擊能力，故美軍可以無顧慮，國軍在台海防衛中，這種顧慮却很大。

④ 狄縱橫，透視台海戰史（台北：群倫出版社，七十四年七月二十五日），頁七一。

⑤ 魏汝霜，孫子今註今譯，修訂三版（台北：商務印書館，七十六年四月），頁一〇六。

⑥ 孫子兵法，虛實篇、九地篇，同註⑤書。

⑦ 中國時報，八十三年十二月七日，第九版。

# 第7章

# 建軍備戰基礎之影響

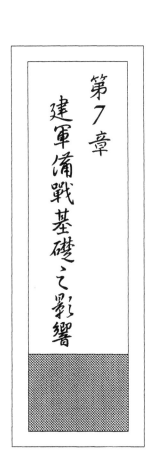

# 第7章　建軍備戰基礎之影響

「建軍備戰」就是建立戰力，「戰力」即武力，準備為遂行軍事作戰時的力量。各國建軍備戰之目的，不外鞏固國防安全、確保國家安定及維護世界和平。（註①）何者為重？端視各國戰力及國家政策而定，例如我國當前建軍備戰之目的，在阻止共軍武力犯台，確保台海地區安全，為促進中國未來和平統一之後盾。故建軍備戰實牽涉廣泛，事涉複雜。從戰略層面來看，包含有大戰略、國家戰略、軍事戰略及野戰戰略等四方面之建構；從內容上來看，則包含政治、經濟、軍事及心理等四種力量的經營。

惟本文並非研究建軍備戰之內容或方法，蓋中華民國建軍備戰已有七十多年（民國十三年黃埔建軍開始），各階段都依國家需要而有不同建軍構想。本文置重點於戰力建構方向、兵力整建、面臨問題等，探討建軍備戰基礎是否堅實，對台海防衛作戰之影響評估。

## ■有形戰力建構評估（附表1）（註②）

根據中共武力犯台的既定目標，且認定台灣海峽是未來局部戰爭可能地區，國軍有形戰力建構方向為「制空、制海、反登陸」，並加速建立獨立自主之國防能力。避免武器裝備受制於人，這才是建軍備戰最堅實的基礎。當一九九〇年時，號稱世界第四大強國的伊拉克，未幾不戰而潰敗，因其武器裝備幾全外購，戰爭爆發後外援全遭阻斷，零附件供應不上，戰力乃在數月之間被殲滅而瓦解。

## 一、「制空、制海、反登陸」

按「八十三年國防白皮書」，規劃國軍未來五年建軍構想的指導方向。制空作戰方面達到「戰管自動化、防空整體化目標」；制海方面達到「艦艇武器飛彈化、指揮管制自動化、反潛作戰立體化、強化反封鎖作戰能力之目標」；反登陸作戰方面達到「機動、立體、自動之目標」。（註③）

建軍構想付諸執行，可從立法院於八十四年二月審訂「八十五年度國防預算重要武器裝備購置」（如附表1）看出。制空武裝有經國號戰機、空中預警機及各式防空飛彈等約二百三十餘億；制海武器有成功級飛彈巡防艦、拉法葉級巡防艦、巡邏艦、掃雷艦、戰車登陸艦等約二百五十餘億；反登陸武器有攻擊直昇機、自走砲、戰車等約六十億。從建立有形戰力方向觀之，「制空、制海、反登陸」應屬正確，但從國防預算分配運用則有待商榷，以八十五年度為例人員維持費佔約五成，作業維持費近二成，軍事投資三成多。按國防預算較佳分配比率軍事投資應有五成，其餘五成分別用於人員與作業維持。（註④）

## 二、建立獨立自主的國防工業能力

## 附表1 八十五年度國防預算重要武器裝備整備購置一覽表

| 概分 | 科目 | 經費(元) | 備註 |
|---|---|---|---|
| 飛機 | 陸用直升機 | 40億9110萬 | 分年編列，美製AH-1W攻擊直升機及OH-58D戰搜直升機，已服役。 |
| | 反潛直升機 | 8080萬 | 後續採購經費再加150萬元，分年編列。美製S-70C(M)-1 |
| | 經國號戰機換裝 | 64億3481萬 | 分年編列，航空工業發展中心產製，已成立一測試評估隊，成軍一作戰中隊。 |
| | 空運機 | 2億8698萬 | 分年編列，美製C-130H力士型運輸機。 |
| | 專機 | 5億9800萬 | 新購專機一架，今年增列。 |
| | 偵照機 | 4億9561萬 | 新購偵照設備，改裝現役戰機為偵照機，今年增列。 |
| | 空中預警機 | 36億9853萬 | 四架E-2T空中預警機，分年編列。美製。 |
| | 經國號戰機生產 | 59億6361萬 | 分年編列。 |
| 艦艇 | PFG-2艦 | 79億7226萬 | 成功級導引飛彈巡防艦，分年編列。 |
| | PFG-3艦 | 152億7476萬 | 法國拉法葉級巡防艦，分年編列。 |
| | 諾克斯艦租借 | 8666萬 | 首三艘租借經費，分年編列。 |
| | 諾克斯艦後續六艘 | 24億0342萬 | 四至九艘租借經費，分年編列，今年增列，四至六艘正進行接艦訓練。 |
| | 近岸巡邏艦 | 1億4850萬 | 錦江級五百噸級PG，分年編列。國內設計、建造。 |
| | 新港級戰車登陸艦 | 1億4726萬 | 美國過剩兩艘，分年編列；海軍擬再添購。 |
| | 遠洋掃雷艦 | 2億5284萬 | 美國過剩MSO艦四艘，分年編列；84年3月1日已成軍服役。 |
| 反登陸裝備 | 40公厘榴彈槍 | 2億3943萬 | 外購，供陸軍部隊使用，分年編列。 |
| | M109自走砲 | 7億6147萬 | 美製155公厘自走砲，分年編列。 |
| | CM21系列甲車 | 4億8920萬 | 陸軍兵整中心產製，動力包件等外購，分年編列。 |
| | CM27高速牽引裝甲車 | 1億0730萬 | 陸軍兵整中心產製，動力包件等外購，分年編列。 |
| | M60A3戰車 | 19億0390萬 | 美國過剩裝備，分批採購，分年編列。具優良夜視系統，可行進間射擊。 |
| 飛彈及武器系統 | 拖式飛彈系統改良 | 1億0285萬 | 反戰車飛彈換裝威力更大的探針彈頭，可剋制反應裝甲。美製。 |
| | 鷹式飛彈系統改良 | 5億2501萬 | 第三階段改良，分年編列，美製。 |
| | 天弓飛彈 | 16億8084萬 | 天弓防空飛彈，分年編列，中科院製。 |
| | 改良型防空飛彈系統 | 21億8235萬 | 愛國者飛彈PAC2修改型，具部分反飛彈能力，分年編列，美製。 |
| | 攜行式防空飛彈 | 12億6241萬 | 新購法國西北風防空飛彈，部署陸軍野戰部隊，分年編列，今年增列。 |
| | 槲樹防空飛彈 | 1億2570萬 | 續購，分年編列，美製。 |
| | 雄風二型飛彈系統 | 2億7600萬 | 巡航攻艦飛彈，中科院生產及能量籌建經費，分年編列。 |
| | 魚叉飛彈 | 6億1006萬 | 美製巡航攻艦飛彈，供諾克斯巡防艦用，分年編列。 |
| | 天劍一型飛彈 | 4億7209萬 | 中科院生產經費，短程紅外線導引空對空飛彈，與響尾蛇AIM-9M同級，分年編列。 |
| | 經國號戰機後續運作測試評估 | 7539萬 | 天劍二型主動雷達導引中程空對空飛彈及各式空對面武器之測試評估。 |

我國的國防武器裝備數十年來始終受制於人，這是婦孺皆知的事，經常為購買一種裝備，動員無數人力、金錢、外交關係，歷經數年尚無法得到。為甚麼八十四年、八十五年是海峽兩岸戰力相差最懸殊時段？為甚麼這兩年會是中共武力犯台良機？就是好裝備買不到造成的，自己又不會造，只有受制於出售國的政府官員、廠商、經手的中間商，而中華民國全體國民則當世界級「寃大頭」。把國家安全（尤其是有形戰力的來源）寄託在外國，是很危險的事，伊拉克提供我們「錯誤示範」，以色列提供我們「正確示範」，然而朝野不論決策者或使用者似未有警覺者，舉二例說明如後。

### (一)決策階層現象：尚未警覺

從八十五年度國防預算重要武器裝備購置（附表1）分析，所有購置三十個科目，有十七個科目是向國外購買或租借，國內自製才十三項，而美國F—十六及法國幻象戰機均尚未計入，顯示外購比例偏高。國防重要武器裝備採購，由國防部提出需求，行政院編列預算，立法院審查，但只聞這些決策階層人員討論「如何買」的問題，少聞有自行研發之主張。

### (二)使用階層心態：短視近利

決策階層既無建立獨立自主國防的眼光與決心，使用階層人員當然方便就好，最好如同買香烟，一手交錢一手交貨，當八十四年四月二十二日，我國向美國採購一批中古戰車，第一批二十輛裝船海運時，陸軍高層官員對新聞界發表談話說：

我國計畫向美國購買的一百六十輛M六〇A三戰車，雖然不是新品，但是經過美軍檢整之後，連同後勤補給維修，每輛單價約台幣一千五百萬元，還可繼續使用十五年，而裝備一個機械化師約台幣二十五億，一個機械化師相當於兩架F—十六戰車，這種便宜的事去那裡找？（註⑤）

就是這種撿便宜的心態，造成數十年來國防武器裝備不能獨立自主，凡事只顧眼前近利，欠缺長遠研發的決心、智慧與共識。是故從有形戰力建構來評估對台海防衛之影響，決定防衛作戰之成敗者，恐不止於高性能武器裝備，更大的決定因素在戰爭爆發後，台海已是戰區的情況下，國外原廠商的零件、配件及彈藥能否突破封鎖線，供應國內這批外購武器裝備之用。若其不能，則不論多高級的武器裝備，使用數次後「妥善率」開始下降，零件不能及時供給，短期間之內將成為一堆廢鐵，台海防衛作戰之結局已可預知。

## ■無形戰力建構評估

戰爭成敗與無形戰力有直接關係，任何軍事學家無不重視。越戰時美國以五十萬大軍，挾其強大的有形戰力，最後落敗而歸，美軍整整二十年抬不起頭，就是敗在無形戰力。近年國軍的無形戰力頗受外界質疑，以下依現況、問題與策進來研析。

## 一、現階段國軍無形戰力之來源

無形（精神）戰力構成要素是思想、武德、武藝。思想是指建立三民主義的中心思想，堅定「主義、領袖、國家、責任、榮譽」五大信念，認清「為何而戰，為誰而戰」。

武德是從固有的四維八德中，歸納出「智、信、仁、勇、嚴」五種德性，這也是孫子在他的兵法所說的一個職業軍人（孫子特指將領），最高的道德標準。

武藝由智慧、學術與體能三者構成，彙結而成卓越的指揮才能與戰鬥技能。

## 二、無形戰力來源面臨的問題

有形戰力可經由購買行為而獲得，無形戰力卻不能由購買（加薪）來解決難題，觀察當前國軍無形戰力面臨的問題應有：

㈠三民主義思想信仰問題：在威權體制時代原本沒有問題，但近年社會變遷加速，逐漸趨向現代民主開放與多元，三民主義的信仰與存棄，乃飽受各界質疑。國民大會、立法院、教育部都對三民主義存廢做調整。朝野黨派因泛政治化關係，陷於現代意識型態之爭，已完全模糊三民主義之本質。這種趨勢下國軍官兵對三民主義信仰產生危機乃無可避免，蓋大環境對「次環境」產生影響為必然。只有期望未來大家能跳出意識型態之爭，國軍的思想信仰才能有新的定位。

㈡領袖定位的調整：國軍傳統教育中所指的「領袖」就是先總統　蔣公。但他已經走了，現任李總統登輝先生已就任五年，依憲法規定是三軍統帥，理應是三軍官兵效忠的領袖，可惜多年來國軍官兵心態似尚在調整中。尤其近年一批「忠黨愛國」（指新黨）人士強力質疑李總統的統獨立場，也再度引起軍人對「領袖」定位的疑惑。長此下去就是對整體戰力的傷害，孫子曰：

三軍既惑且疑，則諸侯之難至矣，是謂亂軍引勝。（註⑥）

國軍要找尋一個可以效忠的領袖，憲法是唯一依據與途徑，不論現在或未來，憲法都是國家根本大法。誰是依照憲法程序就任總統，誰就是三軍統帥，國軍官兵的領袖，就是效忠的對象。這才是長治久安、鞏固戰力之道。

㈢武德危機問題：

近年國軍部隊爆發若干弊案（如採購弊案、尹清楓命案），飽受媒體批評及學術界批評，認為是國軍武德蕩然不存。「一九九五閏八月」一書形容，台灣無形戰力陷於癱瘓狀態，上級軍官好大喜功，下級軍官敷衍塞責，軍中黑幕重重，上下交相賊。（註⑦）一竹竿打翻全船固然不公平，但也凸顯部份實況現象。國軍武德危機的產生，還是有其根本原因。

1.大環境德育教育（社會道德教育）已先瓦解，次環境（軍隊）武德只是大環境德育系統之一環，能不瓦解嗎？能保住一點兒已算不錯。

2.整個教育系統，從義務教育到高等教育，都不重視德育，好壞都以智育為標準。軍事教育是國家教育體系之一環，何能例外？

3.軍隊是社會的一部份，社會有甚麼案件，軍中就會有甚麼案件。社會有何種人，軍中就有何種人。近年社會腐化、惡化，治安敗壞，軍隊當然受影響。

## ■兵力整建之商榷（附表2）（註⑨）

按八十三年「國防報告書」兵力整建目標，規劃未來十年（八十三年至九十二年）兵力目標約四十萬人，預判民國九十二年人口總數為二千二百萬人，兵力佔總人口百分之一·七，將與一般先進民主國家不超過百分之二標準相同。（註⑧）惟民進黨主張再大幅裁軍，並裁掉「大陸軍」。到底總兵力與結構應如何？先看附表2。

### 一、從人口比看

大多數國家都希望「平時養兵少，戰時用兵多」，各民主國家對現役軍人要維持多少人，並無固定標準，一般認為維持在總人口百分之二之內為常態。按此觀之，附表2各國現役總兵力佔全國總人口比率，以中共千分之三，日本千分之二為最低，以色列百分之三·一最高，韓國百分之一·五，我國百分之二為中等。各國並無一致的百分比，而用總人口的百分比來評估是否正確，此種方式實有待商榷。分析附表2顯示的特別情況有：

㈠中共人口多，日本有美軍替代保護，故現役總兵力中共雖有三百二十萬，日本有二十四萬六千人，但佔人口比率同樣很低。

㈡南韓雖有美軍駐守，但北韓有百萬大軍，隨時有南侵可能，故南韓三軍總兵力六十五萬，佔總人口比率是百分之一．五。

㈢以色列和我國都是小國寡民，而大敵當前，故以色列三軍總兵力佔人口比率百分之三．一，我國百分之二。

現役兵力維持多大，不應以人口比率為依據，應權衡國家受威脅的程度而定。南韓為對抗北韓南侵，已有美軍協防，都還要保持六十五萬正規軍。我國獨立防衛，阻止中共武力入侵，保持四十萬軍隊應屬勉強。

## 二、陸、海、空三軍兵力結構分析

從各國三軍兵力結構分析（如附表2），並沒有共同可以遵守的規則，惟各國依其敵情

**附表2　各國兵力及結構比**

| 中華民國 | 以色列 | 美國 | 中共 | 南韓 | 日本 | 法國 | 德國 | 國名 |
|---|---|---|---|---|---|---|---|---|
| 42萬5000 | 14萬 | 202萬8000 | 320萬 | 65萬8000 | 24萬6000 | 43萬1700 | 40萬8200 | 總兵力（人） |
| 28萬9000 | 7萬 | 83萬7000 | 220萬 | 52萬 | 15萬6000 | 26萬900 | 28萬7000 | 陸（人） |
| 6萬8000 | 3萬 | 66萬6000 | 35萬 | 6萬 | 4萬4000 | 6萬4900 | 3萬1200 | 海（人） |
| 6萬8000 | 4萬 | 52萬 | 37萬 | 5萬3000 | 4萬6000 | 9萬1700 | 9萬 | 空（人） |
| 6.8:1.6:1.6 | 5:2:3 | 4.1:3.3:2.5 | 6.8:1:1.1 | 8:0.9:0.8 | 6.3:1.7:1.8 | 6:1.5:2.1 | 7:0.7:2.2 | 三軍比 |
| 2% | 3.1% | 0.8% | 0.3% | 1.5% | 0.2% | 0.8% | 0.6% | 佔總人口百分比 |

環境、地略形勢及建軍思想而有不同比率。

㈠三軍兵力結構概等國家：中華民國是6.8:1.6:1.6，中共是6.8:1.0:1.0，日本是6.3:1.7:1.8。

㈡海空軍兵力比偏低國家：南韓8:0.9:0.8，德國則海軍特少。

㈢海空軍特強國家：如美國，為全球領導之構想，須有強大海空軍，三軍比是4.1:3.3:2.5。

我國三軍兵力結構以陸軍仍保持「大陸軍」結構，受到批判較多。按八十四年元月八日，國策中心舉行「國軍兵力結構與台海安全」研討會，目前外界質疑的「大陸軍主義」是指編制龐大，計有二十二個師級單位、八位獨立裝甲旅及空特旅、五個軍級司令部（馬、澎、花防部、空特、救指部）、五個軍團級（金防部、六、十、八軍團、陸勤部）。（註⑩）按此觀之，陸軍兵力二十六萬餘，組織龐大不僅缺乏效率，指揮不靈，且辦業務的人佔很大比率，可投入反登陸戰力相對減少。故未來三軍聯屬辦公，以機械化旅為基本戰略單位，使防衛作戰之組織架構靈活、合理，應從現有「十年兵力整建」縮短為五年兵力整建，加速完成。

## ■結語

就建軍備戰之方向而言，「制空、制海、反登陸」之方向為正確，但基礎並不深厚，尤其近年社會轉型，政治變遷，我國建軍備戰之基礎已受動搖。以下為厚植基礎的做法。

㈠有形戰力建構必須本土化，即國防武器裝備應自力研發，不可以都用買的，不僅平日，戰時都受制於人。一但戰爭爆發，台海封鎖，零件供給不及，戰力必將快速瓦解，中共武力犯台成為事實，二千一百萬台灣人那裡跑？美國不會全部收留。

㈡無形戰力的源頭乾枯，應盡早完成自我調整轉型，避免陷於意識型態之爭，走出傳統，走向現代，讓職業軍人在現代社會中得到他的尊嚴與定位，建立公正公平公開有效的制度，這才是鞏固無形戰力之道，這絕對比主義、領袖來的重要，這是現代社會的特質。

㈢大社會環境調整，有助於次環境系統的轉變。故在國家整體教育體系上要從人文教育着手，人文教育中的德育、群育，就是整體戰力的源頭。

㈣建軍備戰的基礎除了建立強大三軍武力外，後備戰力動員（第八章論述）更是台海防衛作戰最堅實的後盾，必須長期妥善經營，才能「平時養兵少，戰時全國皆兵」。

## 註釋

①蔣緯國，軍制基本原理，第七版（台北：黎明文化出版公司，七十七年八月），頁七〇。

②聯合報，八十四年三月十三日

③國防部「國防報告書」編纂小組，中華民國八十二—八十三年國防報告書，初版（台北：黎明文化出版公司，八十三年三月），頁七五。

④同註②。

⑤中時晚報，八十四年四月二十三日。

⑥魏汝霖，孫子今註今譯，三版（台北：商務印書館，七十六年四月），頁九九。

⑦鄭浪平，一九九五閏八月（台北：商周文化公司，八十三年八月一日），頁一九六—一九七。

⑧同註③書，頁七四。

⑨附表已依下列資料編：

㈠八十三年「國防白皮書」。

㈡役政特刊第五期（內政部：八十四年三月一日）。

⑩中國時報，八十四年元月八日，第十一版。

# 第8章

# 總動員程度影響

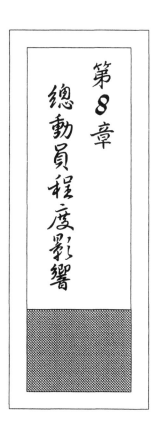

# 第8章　總動員程度影響

現代戰爭是一種政治、軍事、經濟及國民意志，都必須參與的總體戰爭型態。故能否徹底總動員，為戰爭勝敗之關鍵。軍人及後備軍人動員只是極小的一部份，還有國民理念、意志，各黨派政治團體，都要有動員共識，一致團結共同抵抗外來侵略。

但觀察台灣政局現況，一旦中共武力犯台，台灣能否整體動員，確保台海防衛作戰之勝利，使台海免於赤色魔掌，是為本文析論重點。

## ■中國人對戰爭動員的迷惑

當國家民族陷於危亡之際，政府依法律程序發佈總動員令，並不意味全體國民都能總動員。中國近代有兩次關係國家存亡的戰爭，兩次都發佈總動員令，一次是真的全體動員。另一次總動員令下後，一般國民普遍是「三分動員，七分扯後腿」。第一次是對日八年抗戰，當時　蔣公不僅透過一切黨政軍系統發佈總動員令，並且在民國三十一年三月二十九日由國民政府公布「國家總動員法」（同年五月五日施行）。其第一條說：

國民政府於戰時為集中運用全國之人力、物力，加強國防力量，貫徹抗戰目的，制定國家總動員法。（註①）

中國對日抗戰的總動員，確實是「地不分東西南北，人不分男女老幼」整體動員，才能在極度困境之中得到最後勝利。另一次也是面臨國家存亡的戰爭，是抗戰勝利後的戡亂戰爭，政府為戡亂與行憲並行，特發布「動員戡亂時期臨時條款」及「動員戡亂完成憲政實施綱要」，綱要第一條說：

本綱要依國務會議通過，厲行全國總動員，以戡平共匪叛亂，如期實施憲政案及國家總動員法之規定，制定之。（註②）

戡亂動員依法實施，但當時各黨派及一般國民並沒有依令動員，甚至政府官員和軍隊動員都很勉強，可以用「三分動員，七分扯後腿」來形容，註定這場戰爭是要失敗。為甚麼前後兩次動員程度落差很大，恐怕要瞭解一些更深層的原因，以下數點深值做為台海防衛作戰時，進行社會動員參考。

## 一、打日本是對外戰爭，戡亂是自己人的內戰

八年抗戰是抵抗外來侵略，目標明顯，敵我分明，沒有理念、認知上的迷惑。戡亂戰爭兩方同是中國人，目標不明，敵我難分，加上一般國民中了中共「中國人不打中國人」的統戰宣傳。動員令成了一張廢紙，絕大多數人不僅沒有動員，而且進行「反動員」，中國之被赤化，有諸多原因造成動員不起來。

## 二、國民是否接受動員，情理比法更重要

中國人對法的認知普遍不足與分歧，大家都明白的現象。國家下達一個總動員令，只不過對「動員」二字完成法律程序，但大家是否守這個法？依令行事，這個存疑很大。通常中國人要守的法有選擇性的，首先看看那是那一個黨派政府的法，再看看合不合他所認知的「理」，以及是否合乎他的「情」。所以在我國一般國民是否接受動員，可能不僅僅是一個法律問題。

## 三、中國人對「國」的迷惑

傳統中國人對「國家」與「朝廷」是不分的，中國脫離帝王時代，建立並向現代國家發展已有八十多年，但中國人對「國」依然迷惑。「中國」有時是政治名詞，有時是文化名詞，有時只是地理或歷史名詞。尤其現在中國境內「各國」併立，誰的動員令才算數，真是叫一般國民大惑不解。

目前兩岸唯一共識是一個中國，那麼「中國人民解放軍」是那一國軍隊？國內現在又有統獨之爭，要效忠那一國？未來台海戰爭爆發，若要徹底動員以防衛台海安全，以上問

題都不能忽略。當八十三年八月「一九九五閏八月」一書出版，立即帶動所謂「第二波移民潮」，不僅本省籍，外省籍及中產階級移民也在增加。據移民公司調查，十個移民之中有三位看過這本書。（註③）這些現象表示有不少中國人，對國家認同是有選擇與彈性的。

當台海防衛戰爭成為不能避免，總動員成為勢在必行。應從情、理、法各層面進行動員，並須把握現代民主政治之特質，暫時使「國家」得到應有定位，才能徹底動員，確保防衛作戰之成功。

## ■總統動員，人民不動員——越戰實例

越戰失敗是美國史及許多美國人心中永遠的痛，戰後美國陸軍戰爭學院在一本叫做「論戰略」(On Strategy)的書上檢討，責備美國大眾，是不對的。其主要理由是詹森總統故意作了一個決定：不動員美國人民——即喚起國家意志——去參加越戰。按照詹森總統的自傳記載，不動員美國人民的決定，是因為他唯恐動員將會損害到他的「大社會」計畫。他自己說：

> 歷史上的例證甚多，每當戰爭的號角吹響時，最卓越的改革者的希望和夢想，往往立刻變成泡影。西美戰爭淹沒了人民黨的精神；第一次世界大戰使威爾遜總統的

「新自由」運動落幕；第二次世界大戰使「新政」結束。一旦戰爭爆發，國會所有保守分子將用它作為一種武器，來對抗「大社會」。（註④）

詹森總統自一九六四年八月東京灣事件發生，兩艘美國驅逐艦被北越巡邏艇襲擊之後，照理便可獲得國會同意，對北越宣戰。但詹森不作如是想，他不要求正式宣戰，却請國會做成決議案，授權他「採取一切必要措施，驅逐任何對美國部隊發起的武裝攻擊，和阻止敵人進一步的侵略。」（註⑤）由於未經正式宣戰，美國民眾對越戰的合法性始終存疑。現在從社會動員角度來分析詹森總統為何想打越戰，又不想動員國民意志力量以一舉解決戰爭，應有下列原因：

㈠東京灣事件只是個「小狀況」，只須派一部兵力便能解決，不必大費周章的動員。

㈡美國在當時已是世界強權，北越不過一個蕞爾小國，若正式宣戰，發布動員，難免貽笑大方。

㈢最重要的是詹森正想推行「大社會」計畫，若進行動員，可能影響到該計畫施行，因而成為泡影。

美國在不動員前提下打越戰，此與我國抗戰勝利後的戡亂實「同工異曲」，美國是不動員——卽只有總統動員，國民和議會都未動員。中國是想動員而動不起來，動員令下了，國民却不接受動員。所以民間形容謂之「前方吃緊，後方緊吃」，這些都是寶貴的歷史「遺產」，台海防衛作戰之動員方式，應從歷史得到啟示。

## ■台海防衛作戰之動員現況

按「國防白皮書」所述，目前我國後備軍人約三七五萬餘人，可動員數超過人口百分之十以上。其中陸軍約三〇一萬人，海軍十九萬四千餘人，陸戰隊約二三萬三千餘人，空軍約三三萬二千餘人。應召率以八十一、八十二年度為準，平均在百分之九十九以上。（註⑥）可謂後備兵源堅實。

對於戰爭之權責，總統、立法院與行政院均各有權限。總統統率全國陸海空軍，依憲法規定行使宣戰、媾和之權；行政院院長、各部會首長，須將應提出於立法院之宣戰案、媾和案，提出於行政院會議議決之；立法院有議決宣戰案、媾和案之權。總統亦可隨著海峽局勢緊張程度升高，先依法宣布戒嚴，但須經立法院通過或追認。（註⑦）

在動員業務的行政系統上，役政劃歸地方政府和軍師團管部主辦，並從八十一年起，台澎地區總動員協調會報召集人改由軍管區兼海岸巡防司令部兼任，並配合省縣組織，區分五級；台澎地區會報、作戰區（院轄市）會報、縣（市）會報、基層會報、鄉鎮區市會報。村里設總動員協調工作組，均為任務編組，平時負責動員業務連繫，戰時轉化為「總動員協調中心」。各級動員會報之任務，為運用後備軍人組織，推展精神動員、全民組織、全民情報、全面後勤、全民作戰等五大工作，用以支援軍事作戰，爭取台海防衛作戰之勝利。

我國役政歷史久遠，從行政院系統、後備兵力及中央政府組織架構，來看我國動員現況，一旦台海戰爭爆發，動員整體國力支持防衛作戰均無大礙，但若干問題可能會影響動員程度。

## ■可能影響動員之若干因素

就法論法，台海防衛作戰之動員應無大礙。但政治是現實的，有時候形勢比人強，自然環境之不易克服，可能使總動員在程度上打了折扣，若不能徹底動員，全民一致抵抗入侵者，防衛作戰將受到影響，預判可能因素應有下列各項。

㈠目前執政的國民黨仍稍居優勢，但對某些法案動員已顯困難。未來「三黨不過半」若成為事實，一旦台海風雲日緊，仗打不打?中共條件是否接受?是否發布總動員?都會成為爭論焦點。當各黨派意見分歧，找不到交集時，按現在政治文化推論，執政黨動員，在野黨必進行強力「反動員」。

㈡動員業務已流於形式。目前有關後備戰力之編組、召訓及民防組織大多流於形式，其要者有：一百多種關於役政、動員法令都是沿襲戒嚴時期之用，過時條文尚未修訂；各種召集（動員、臨時、教育、勤務、點閱召集）報到率雖高，許多單位都讓應召員看看電視、吃個便當，動員就算結束了。

㈢台灣地形受山系水系切割，到時中共在先期作戰階段已破壞所有交通設施，後備兵力很難在二十四小時之內報到，就地動員可能是比較好的辦法。

㈣若中共武力犯台，「第三波移民潮」再起，勢必影響總動員程度。當然就法論法沒問題，但是美國打越戰，我國的戡亂，為甚麼很多人寧願當逃兵，就是不願被徵兵？

## ■結語

台海戰爭爆發後，防衛作戰能否獲得最後的勝利，決定在二千一百萬人有沒有動員作戰的決心。如果大家能警覺台灣處境的困難，感受同舟一命的歷史意義，或許這就是所謂「生命共同體」。各族群黨派都能共識到，台灣防衛作戰勝則共生，敗則共亡，榮辱一體，那麼總動員就是最佳自救之道。

## 註釋

① 總動員法，第一條，陶百川，最新六法全書（台北：三民書局，六十六年九月），頁三〇五。

② 「動員戡亂完成憲政實施綱要」於三十六年七月十九日國民政府公布。「動員戡亂時期臨時條款」於三十七年五月十日公布。見註①書，頁七。

③ 中國時報，八十三年十一月十日，二十三版。

④ Harry G. Summers，論戰略：對越戰的重要評析(On Strategy: A Critical Analysis of the Vietnam War)，李長浩譯（台北：國防部史政編譯局，七十五年八月），頁三。

⑤ 同註④書，頁一五。

⑥ 八十三年國防白皮書，頁一六九—一七一。

⑦ 中華民國憲法，第三十六、三十八、三十九、五十八、六十三條。

# 第9章 後勤補給能力影響

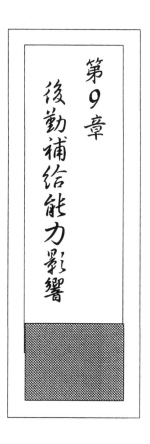

# 第9章 後勤補給能力影響

讀中國近代史最常看到，而且最肅然起敬，感人肺腑的情節，就是悲劇英雄最後「彈盡援絕」或「彈盡糧絕」而殉國那一幕，成人以後深入瞭解國防軍事科學，才發現那根本是一種「錯誤崇拜」。

孫子兵法說：「軍無輜重則亡，無糧食則亡，無委積則亡。」（註①）直接道破古今戰爭通則，沒有後勤補給，沒有糧食，沒有長期儲存補給品，戰爭不僅打不下去，最後也只有「彈盡援絕」而敗亡。台灣資源貧乏，數十年來許多人擔心戰爭爆發，台灣到底能支持多久，這確實是一個敏感而嚴肅的課題。本文除討論軍隊後勤補給外，亦同時着眼於整體國力的持續補給。蓋軍隊補給體系與民間，在台海防衛全程上是一個整體系統。

## ■一場較量後勤能力的戰爭——1991年波斯灣戰爭

後勤補給能力不僅決定一場戰爭的持續力，也決定戰爭的勝敗，一九九一年波斯灣戰爭最足以做註解，當一九九〇年八月二日伊拉克入侵科威特，聯合國、美國、伊拉克三方面最先動員的就是後勤。故所謂「後勤」，其實就是「先勤」，該三方面後勤動員如下。

## 一、聯合國決議斷絕伊拉克所有後勤補給能力

聯合國通過的十二項制裁伊拉克決議，有六項就是為斷絕伊拉克所有輸入或輸出的物資，其目的在截斷伊軍及該國整體後勤補給能力。該六個決議案如後。

㈠六六一號決議案（八月六日）：嚴格實施經濟禁運，任何貨物均不得輸往伊拉克，或從伊拉克輸出，僅藥品和基於人道立場所輸入的食物不在此限。

㈡六六五號決議案（八月廿五日）：授權各國使用有限的海軍武力檢查波斯灣海域船隻，以確保經濟禁運的決議貫徹無誤。

㈢六六六號決議案：同意基於人道立場輸入食物至伊拉克和科威特境內，條件是必須經由授權的國際組織分派。

㈣六六九號決議案（九月廿四日）：委託安理會的制裁委員會評估因伊拉克遭經濟禁運而遭受波及，且需要援助的國家。

㈤六七〇號決議案（九月廿五日）：禁止與伊拉克及被佔領的科威特空運往來，基於人道立場者例外。

㈥六七四號決議案（十月廿九日）：要求各國紀錄伊拉克侵略科威特所造成的財務損失和違反人權的紀錄。（註②）

## 二、遭徹底封鎖斷絕後伊拉克後勤潛力

伊拉克在遭受聯合國封鎖後，所有輸入資源全部斷絕，雖有石油而不能輸出，重要武器裝備幾全數對外採購（與台灣相同）。故民間經濟及軍事後勤都極為貧乏，據可靠資料研究伊拉克整體後勤潛力能支持期限為：

生存持續力（存糧），大約一年。

地下庫存油料，一八〇天（不能持續煉油狀況下）。

地對地飛彈、戰車，四個月（節省使用狀況）。

彈藥可支持廿五天（若激戰可支持十五天）。

在科威特戰區存量四十五天（入侵後半年內建立）。（註③）

以上為伊拉克尚未受攻擊前的後勤補給潛力，惟遭受聯軍十萬架次飛機攻擊後，伊拉克所能支持戰爭的後勤持續力已不及一半，尤其海空戰力、戰車、火砲、基地、廠庫，在地面決戰前已被殲滅。

**三、聯軍後勤潛力**

聯軍後勤潛力除美國可源源不斷供應外，英、法、義、德、沙、日也都不斷提供支援，所花軍費每日約五億美元。（註④）各國亦同意均攤，故聯軍之後勤潛力相較於伊拉克，幾乎可稱「無限」。各國潛力若不計算，僅計算已運到波灣戰區，或已經動員運用支援作戰者，以美軍為準，其後勤能力如次。

戰區存量為四十日份（依消耗狀況補充）。

下達動員令徵召民間運輸工具。第一階段徵召商船四十艘，客機十七架，貨機二十一架；第二階段徵召客機七十九架，貨船一〇八艘；第三階段徵召客機二五八架，貨船二一七艘，醫療後送專用波音七六七機三十一架。

布希總統下達動員令後兩週內，已運送二十億磅補給品到中東。（註⑤）

## ■台海防衛作戰後勤補給潛力評估

若中共武力犯台，台海防衛作戰爆發，則如同伊拉克的情勢可能立即面臨，中共以其優勢海空戰力封鎖台灣四週海域，阻斷一切進出物資，同時島內生產軍品之工廠也將受到重創，產量大減。評估台灣防衛作戰後勤潛力，可從軍隊後勤補給、國家資源運用兩方面研究。

### 一、軍隊後勤補給

軍隊之後勤補給在確保其生存與戰鬥持續力。「生存持續力」，為對部隊平戰時，人員維持生活與武器裝備維持堪用狀態，具有持續生存之能力。「戰鬥持續力」，為對部隊作戰時，武器裝備及作戰部隊維持補充支援，使部隊具有持續戰鬥之能力。我們一般常聽到的「彈盡糧絕」，就是指這兩種力沒有了，也就是指「戰力」。維持軍隊戰力的補給品區分十大類：糧秣、編裝表內次要及主要裝備、石油產品、建材、彈藥、個人用品、醫療軍品、保修零件及其他軍品（臨時採購的農經產品）。

國軍部隊按各級攜行存量能力不同，師級單位最多可維持十五天，軍團約二十天，後勤基地庫房存量約可維持兩個月。也就是說國軍部隊在中斷一切後勤補給，還能夠持續作戰約三個月。若包含「國家存量」，約可維持一年（國家存量以油料、糧秣、武器彈藥、主要裝備為主）。換言之，中共封鎖台海後，在完全沒有外援狀況下可能維持一年，若中共對我進行連續決戰或激戰，可能維持時間應縮短至八個月左右。

## 二、台灣資源潛力評估

台灣是一個天然資源奇缺的地方，以最重要的能源為例，歷年來對進口依存度都很高，尤其二次能源危機及一九九一年波灣戰爭，再度提醒我們能源是台灣的「生命資源」。台灣對能源進口的依存度概為：

進口能源依存度：百分之九十二。

進口石油依存度：百分之九十九。

進口煤炭依存度：百分之九十六。

中東石油進口依存度：百分之八十二。（註⑥）

台灣自然資源有限，戰略資源尤其缺乏。這種天然條件還是有其利弊，國力要素不完整，可能是防衛作戰中致命的傷害，蓋整體國力的後勤補給仰賴於不確定性的進口方式，容易受到外力干預而中斷，如中共對出口國施壓或進行海空封鎖。但缺乏戰略物資免除外來干預，也是國家安全的另一種保障。如同南海地區，原本是平靜的海面，但發現了石油後，週邊各國紛爭、衝突乃至戰爭均已無可避免。

## ■提昇後勤補給潛力之道

從傳統農業社會觀點一甲地所能生產的產品，勿論地瓜或稻米是有限的，絕難突破平均產量上限。但從現代社會科技來看，同樣一甲地可能可以生產千倍萬倍價值的東西，這就是後勤補給潛力可以提昇的道理。若想全面厚植國力以對抗台海遭受全面封鎖時，延長生存及作戰持續力，應有若干必須長期經營之措施。

### 一、民營化是厚植國力潛力最好辦法

通常我們所謂厚植後勤補給潛力，就是指植基於民間的經濟潛力。（註⑦）卽現在所謂

「民營化」，政治上的民主是「還政於民」，讓人民來投票決定；經濟上的民營化是「還權於民」，讓人民擁有所有權和經營權。民營化通常採取三種方式進行：

㈠出售所有權給民間，全部由私人經營。

㈡准許民間參與競爭，打破政府壟斷。

㈢出售經營權給民間，公開招標，交由民間經營，惟政府仍握有所有權。（註⑧）

經濟上的民營化如同政治上的民主化，是一股擋不住的潮流。民營化也不止於公營事業，包含國防軍事上的武器裝備、零件保修、軍品補給、彈藥、糧秣及官兵生活必須品等，均全部在一定的制度運作之下，由民間來提供及負責永續經營。目前英、美、日等先進國家，無不把後勤補給潛力深植在民間的企業組織，軍方只是一個提出需求的使用者。

我國國防事業的民營化，目前可能僅止於「探索」階段。八十四年元月十四日，經建會與國防部討論國防事業民營化的可行性。（註⑨）可見我國民營化落後甚多，這是一條必須走的不歸路，何須再評估可行性？所要做的就是法令規章制訂，研究技術轉移方法和進度，確保國家安全條款的訂定等。

## 二、科技發展

天然資源雖是定量，但科技可以改變定量，補充天然資源不足，提昇國力。傳統煤鐵出強國的觀念已經改變，光纖、雷射、電腦、自動化、化學工業、遺傳工程及半導體等精密科技，改變了國家的國力要素，這是新的「國力組合」。（註⑩）國防軍事工業與一般基礎科技其實是整體的，美國的軍事工業基礎完全建基於民間科技基礎，日本民營車、船重工業到戰時，都能立卽轉換成軍火工業，生產軍事裝備用品，這是大家都知道的事。一位著名的德國教授說：「因為我們有良好的工業基礎，才造出優良的坦克車；不是因為造坦克車帶來了良好的工業水準。」（註⑪）這是因果關係，深值國內決策者重視。如何打好科技發展基礎應為當前急務。

㈠對外採購應包含技術合作和技術移轉。

㈡研究發展，須要投入研究經費，目前我國科技發展經費平均只有美、日先進國家的三分之一。

㈢穩定的政治環境及良好的制度配合。有一個實例顯示台灣在這方面可能已亮起「紅燈」，過去三年美國的五十家跨國企業亞洲總部撤離香港，但沒有一家願意到台灣設廠投資。（註⑫）

## 三、人力資源提昇

人力是根本的生產因素，也是提昇後勤補給潛力最根本的國力要素。到底「人口」要成為國家社會發展的「家累」或「功臣」？則完全看人力品質有多高。例如非洲有些國家，空有人多，但因貧窮落後缺乏教育、訓練機會，都成為社會「累堆」。這就是人力資源的開發可以提昇整體國力，厚植國力潛力的道理。重要措施有：

㈠長遠人口政策的推行：包含家庭計畫、優生保健、醫療系統建立。

㈡人力資源運用：隨著產業結構變動及社會轉型，進行有系統的職業教育與訓練，例如職業軍人的退伍走入社會，應暢通軍隊與社會管道。

㈢教育機會的增加是提高人力素質之要道，台灣未來教育環境將會走上多元、自由、創新，甚有利於厚植國力潛力。

## 四、軍隊提昇後勤補給能力之道

軍隊後勤補給能力要提昇，前述的民營化、國防基礎科技、人力資源提昇外，還有下列各項：

㈠突破採購障礙，分散採購源。台灣這方面努力近年稍有進展，如向法國購買幻象機，美國眾院國際關係委員會通過「台灣國際法」修正案，軍售條款優於「八一七」公報。（註⑬）德國開放軍民用高科技產品銷售台灣，協助我科技轉移，放寬軍火採購條件。（註⑭）但就整體而言還是很「膚淺」，光採購硬體是不足的，更重要的是技術、維修、零件供應或生產。

㈡守勢作戰後勤補給型態之調整。以往攻勢作戰型態，補給單位為隨軍機動，但防衛作戰應採地區補給最為方便可行。當前國軍後勤最大垢病是補給管道不通，基層部隊許多軍品不是缺，就是空有一張「憑單」算數，迫使連隊必須變相私下去買，以車材最嚴重。平時沒有，戰時會有嗎？平時補給管道不通，戰時會通嗎？

㈢增加儲存量及攜行量。以往攻勢作戰為求機動，故國軍軍團以下戰力持續只有一個月，加上基地廠庫約可維持三個月戰力。今後防衛作戰應在各地區建立完整的地區補給制度，增加儲存量達到斷絕補給後，還能維持一年戰力。

## ■結語

後勤補給是台海防衛作戰的「生命線」，戰史證明，後勤補給潛力或能力不足，軍隊最後大多「彈盡援絕」而亡。台灣地區資源又貧乏，如何增加後勤潛力及能力，實在考驗同胞的智慧、決心及團結力。

傳統的資源定量觀可以突破，用科技、教育、人力素質，可使定量資源無限增加，厚植補給潛力，這是新的國力要素。

## 註釋

① 孫子兵法，軍爭篇，魏汝霖，孫子今註今譯（台北：商務印書館，七十六年四月修訂三版），頁一四五。

② 國防部，波灣戰爭心理戰研究叢書之七（八十二年四月再版），附錄，頁三九三—三九四。

③ 同註②書，頁一四七—一五六。

④ 同註②書，頁二六九。

⑤ 同註②書，頁一五三—一五四。
⑥ 高希均，經濟學的世界，上篇（台北：天下文化出版公司，一九九一年元月三十一日，第一版），頁四五七，該表百分比取四捨五入。
⑦ 同註②書，頁一四八。
⑧ 同註⑥書，頁五一。
⑨ 聯合報，八十四年元月十五日，十九版。
⑩ 田弘茂等著，國防外交白皮書（台北：業強出版社，一九九二年三月），頁五四。
⑪ 同註⑥書，頁二四一。
⑫ 聯合報，八十四年六月二十日，第二版。
⑬ 聯合報，八十四年五月十一日，第一版。
⑭ 聯合報，八十四年六月三日，第一版。

# 第10章

# 國際助力爭取——大戰略經營

# 第10章 國際助力爭取

## ——大戰略經營

早期防衛作戰思想大多建立在「死守」決心基礎上，例如目前金、馬及其各離島，仍有許多「死守×島」的標語，若屬完全孤立而無資源的小島，不得已只好死守防衛。二次大戰日本守硫磺島等，都必須死守防衛，因為外援斷絕已可預知。早期中共戰略構想是要血洗台灣（約在民國六十年以前），台灣不得已喊出死守防衛口號，且影響台灣防衛思想數十年。

所謂死守防衛，並不是關起門來死守台灣，與島共存亡，如此就成了大戰略的失誤。蓋台灣並非孤立無援的孤島，亦非資源全無的荒島，若以「死守防衛」為戰爭指導，結局多半又是「彈盡援絕」。正確的台海防衛思想，除了全民團結一致防衛台海外，也必須爭取國際助力，此即大戰略經營。台海防衛作戰若無國際助力支援，就會成為「孤軍」，所以大戰略經營是影響台海防衛作戰成敗的第六個因素。

## ■大戰略經營之要義

戰略的最高層次便是大戰略，其下有國家戰略、軍事戰略、野戰戰略。惟大戰略通常以國家利益和目標為基礎，故大戰略也受國家戰略指導，大戰略目標完成，國家戰略目標亦同時達成。經營大戰略重要措施有：

㈠權衡當前國際情勢，預判將來可能之發展，尋找對國家最有利之方向或塑造對國家有利之環境。

㈡選定對國家有利之各國，決定可以聯盟、建交或提昇外交關係之國家，並決定其優先順序，全力赴之。

㈢選定對國家安全最有利，必須加入之重要國際、區域組織，決定優先順序，全力赴之。

㈣大戰略應着眼於長遠利益，眼前雖暫時取得大利，但隨後遭來更大之害，尤其危害國家安全者，大戰略不為也。

㈤大戰略指導為與各國保持良好關係，以利於必要時能獲得最多資源之幫助，各國大戰略皆然。

大戰略因影響國家安全至鉅，故通常國家元首親自出馬，才能決定大戰略之目標、構想和政策。當代如美俄高峯會議，七大工業國高峯會議，莫不是國家元首親自出席。平時如此，戰時國家元首更須率領負責大戰略設計規劃的高級軍事人員，共同參與計畫及執行。回顧歷史，二次大戰一九四一年十二月八日，日本偷襲珍珠港後，英國首相邱吉爾率同他的三軍總司令到達華盛頓，與美國總統羅斯福會商兩國大戰略之設計，參與會議成員：

◉美國方面：

艦隊總司令兼陸海軍參謀長李海(William D. Leahy)（相當我國參謀總長，當時美國沒有獨立空軍）。

馬歇爾將軍(George C. Marshll)，陸軍參謀長。

艦隊司令金氏(Ernest J. King)。

安諾德將軍(Henry H. Arnold)，航空隊司令。

◉英國方面：

布魯克元帥(Sir Alan F. Brooke)，英帝國參謀總長。

艦隊司令龐德(Sir Dudley Pound)。

空軍元帥波達爵士(Sir Charles F. A. Portal)，空軍參謀長。（註①）

可見國家大戰略是元首與高級軍事首長重要職責，國家元首運用其至大之權力、威望與卓越的政治眼光，軍事首長運用其優秀的大戰略智慧及戰略專業長才，才能推動大戰略施行。**故所謂「大戰略」，以能維持相當時期長治久安的整體性策略，不能以單一戰場勝負做考量。**（註②）平時與最多國家維持良好關係，確保國家利益與安全；一旦國家安全遭受重大危害（如日本偷襲珍珠港），或戰時，則以獲得最多國際資源之協助，仍以確保國家安全與利益，為大戰略最大之要義。

## ■我國大戰略經營現況

我國目前處境特殊而難困，故大戰略推動顯得困難重重，且不易有整體性的進行。惟按大戰略理論，我國必須依「兩條線」來規劃進行，第一條是對國際的大戰略，第二條是對大陸的「準大戰略」，且兩條線必須找到「平衡點」，否則均有國家安全之顧慮。

### 一、國際大戰略經營現況

我國為突破數十年外交困境，近年以打「總統牌」方式行務實外交。以李總統登輝先生最近六年出國訪問經過，可以看出我國大戰略經營概況，計有「新加坡之旅」、「南向破冰之旅」、「中南美及南非之旅」、「中東之旅」、「美國世紀之旅」（附表3）（註③）。繼李總統美國之行後，行政院院長連戰先生有歐洲之旅，均屬這個大戰略架構之一環。

觀察我國大戰略現況，未來可能仍按此模式繼續經營，其目標為拓展國際生存空間，爭取更多建交國，並加入國際重要組織。以李總統為主導的大戰略模式，在國內雖引發「統獨定位」、「選舉造勢」等爭論，惟就大戰略理論而言，此為必要之經營。從李總統近年的五次出國訪問（附表3），很難評估一旦台海防衛作戰爆發，我們能夠得到多少國際資源可用，或從外交關係上得到多少幫助，但可以肯定的是「會有幫助」。而若不去經營，也可以肯定是「甚麼都得不到」。何況無論那一個國家，大戰略不管平時、戰時，都是必須全力經營的國家大事。（此處無意為任

## 附表3　李總統登輝先生大戰略經營概況

| 時間 | 訪問國家 | 訪問目的與成果 |
|---|---|---|
| 78年3月6日至9日 | 新加坡 | 總統任內首度出國，首創赴無邦交國家之度假外交模式。會晤新加坡代總統黃金輝及總理李光耀。 |
| 83年2月9日至16日 | 菲律賓、印尼、泰國 | 以和平、合作、繁榮為宗旨的非正式訪問，是我南向政策的一大具體表徵。分別與菲律賓總統羅慕斯、印尼總統蘇哈托及泰皇蒲美蓬會面。 |
| 83年5月4日至16日 | 尼加拉瓜、哥斯大黎加、南非、史瓦濟蘭 | 標榜「增進友好合作關係，廣結進步繁榮夥伴」參加哥國及南非新任總統大典，與尼國、哥國、史國簽署聯合公報。 |
| 84年4月1日至4日 | 阿拉伯聯合大公國、約旦 | 隔絕多年首次以元首身份赴中東作私人訪問，會晤阿聯外務大臣及約旦王儲。 |
| 84年6月7日至12日 | 美國 | 返回母校康乃爾大學作私人訪問，並在歐林講座發表演講，為八十年來我國第一位訪美的現任國家元首，引起中外各界的高度重視。 |

何政治人物做註解，純就事論事）台灣經營大戰略所要注意的一點，就是如何與大陸「準大戰略」保持平衡。因為面對中共，台灣沒有「失衡」的本錢，國際政治有一句老名言：

小國沒有經得起政策錯誤的本錢，小國本身政策的錯誤固然是自己要扛責任，然而大國政策如果出現錯誤，那承擔後果責任的還是小國。（註④）

顯見小國經營大戰略之不易，維護國家安全之艱難，國際環境之現實險惡，似乎已說明了不管小國、大國，誰的政策失誤，反正都是小國倒霉。但畢竟台灣在這方面已經逐漸經營出一些成績，無論對中國統一或台海防衛，應均屬有利。

## 二、對大陸「準大戰略」經營現況

大戰略經營之對象，原是以國際（指國家、國際組織、成員及國際環境）為目標。按現況海峽兩岸均認同一個中國，並非大戰略適用對象。稱「國家戰略」則層級太低，不能規範（台灣只能經營自己的政、經、軍、心，不能規範大陸的政、軍、經、心），故目前我國對中共的戰略經營，以稱呼「準大戰略」較適宜，近年經營之情況與變遷頗大。

㈠我國對大陸「準大戰略」指導原則

可以稱為對大陸「準大戰略基本架構」者，是民國八十年二月二十三日由國家統一委員會第三次會議，所通過的「國家統一綱領」，要旨有：

目標：建立民主、自由、均富的中國。
原則：理性、和平、對等、互惠。
進程：分三階段完成。
近程：交流互惠階段。
中程：互信合作階段。
遠程：協商統一階段。（註⑤）

本綱領言簡意賅，跳出意識型態之外，不談黨派，不設時間表，做為指導「準大戰略」，並成為長久性的指導綱領，未來應仍有甚多適用空間。

㈡準大戰略執行情形

現行大陸政策指導下，執行準大戰略機構在總統府設有「國家統一委員會」（任務編組），負責統一大政方針諮詢與研究；行政院各部會設「大陸委員會」，負責政策之規劃、審議、協調與執行；「海峽交流基金會」為民間團體，接受「陸委會」之委託，處理兩岸民間事務性問題。四年多來，海基、海協兩會運作正常，為兩岸溝通交流的「準官方組織」。此應為現階段對大陸「準大戰略」運作較佳模式（附表4）。（註⑥）

政治性問題，大陸於八十四年春節前提出「江八點」，我方以「李六條」回應，如此

## 附表4　「準大戰略」運作模式

| 功能 | 組織 | 工作重點 |
| --- | --- | --- |
| 諮詢研究 | 總　統<br>國家統一委員會（任務編組） | 國家統一大政方針之諮詢與研究 |
| 決　策 | 行政院 | 大陸政策之決策與大陸工作之推動 |
| 決策規劃與執行 | 行政院大陸委員會<br>行政院其他各部會 | 陸委會：統籌大陸政策之研究、規劃、審議、協調與部分執行<br>各部會：各就主管業務有關大陸政策之研究、規劃與執行 |
| 執　行（現階段與中共接洽或執行必須在大陸地區辦理之工作） | 財團法人海峽交流基金會（民間團體） | 海基會：接受政府委託辦理有關兩岸民間交流涉及公權力之事務性、技術性服務事項 |

註：------- 表示協調關係
——— 表示督導關係

一來一往，交流頻繁而無交集，兩岸關係似乎「在穩定中成長」，給人很不滿意，但只好接受的印象，一絲希望總是還存在的樣子。準大戰略執行情形，似乎暫時看不出有突破跡象。

八十四年六月李總統訪美，中共不能容忍，召回駐美大使李道豫，大陸「海協會」函我方「海基會」表示：

鑑於台灣方面近期採取的一系列破壞兩岸關係的行動，舉行第二次辜汪會談及其預備性磋商的氣氛已受到嚴重影響。舉行會談及其預備性磋商的時間不得不予推遲，我會將於適當時機與貴會再行聯繫。（註⑦）

據新華社公開發表聲明，已首次把李總統的政治企圖「定位」在「一中一台」和「兩個中國」劃上等號，同時透過民族主義之動員，對李總統有許多情緒性攻擊之文字。（註⑧）再度突顯兩岸的「零和狀態」，這也是準大戰略經營的困難。經過一個經驗，我國必須重新檢討，我國大戰略何在？準大戰略何在？兩者的平衡點才是我國最佳戰略方案。而平衡點的基礎卻不在我方，而在中共，此謂之「北京的善意」。若兩岸始終走不上這個平衡點的位置，導至武力解決，無疑是台海防衛作戰經過中，最不願見到的狀況。

## ■我國未來大戰略發展方針

當前我國推動大戰略方式以經貿實力為後盾，以務實外交為手段，企圖達成四項目標：與大陸建立良好關係並期能共同參與國際組織、進入亞太安全體系、外交升級增加邦交國，最後重返聯合國，這是大戰略架構下的一個先後順序安排。以大陸關係為最優先，畢竟與台海安全最有直接關係的是中共，最大的危險源自中共，若台灣安全不能確保，其他方面難能突破。

### 一、大陸「信心、誠意」建構計畫

對大陸的戰略運用並非孤立與打敗對方（傳統的兵法理論為一輸一贏，你輸我贏，在此不適用），最佳戰略方案是「雙贏」，即相互信任、共同參與國際組織、共同進入國際社會。然而現階段之所以不可能，關鍵都在信心、誠意，信心不夠就會有顧慮，有了顧慮就沒有誠意。到底中共顧慮甚麼？答案很簡單，顧慮台灣搞「兩個中國」、「一中一台」或「台獨」。所以當前我國要做的就是一個對大陸的「信心建構」，如何讓大陸瞭解台灣不在搞分裂，務實外交最終目標也是為中國統一。這須要適當管道與時機，逐次談判、溝通，建立共識，以下為可行之途徑。

㈠在文教上交流，傳達善意訊息。

㈡海基、海協兩會會談時表達，並透過正式文件向海內外中國人表達統一之決心及階段做法。

㈢高層會談：中共國家主席江澤民先生、李總統登輝先生已多次表示願意相互往訪會面，應盡早促成。假如江澤民能到台北發表談話，李登輝能到北京演講，把意見直接告訴對方，相信對兩岸「信心建構」會有幫助。

## 二、共同進入亞太安全體系

亞太區域組織除經貿性質的「亞洲開發銀行」、「亞洲經濟合作會議」外，我國正在努力加入的是「東協區域論壇」(ASEAN Regional Forum, ARF)，為純官方組織。另一是「亞太安全合作理事會」(Council for Security Cooperation in Asia Pacific, CSCAP)，為全面性非官方安全機制。（註⑨）阻撓我國加入的原因，當然是中共反對。大陸立場是亞洲集體安全體系問題，為各主權國家之間的事，台灣是中國的一部份，沒有資格參加。而中共尚未加入原因可能有三：

㈠懷疑亞太多邊安全合作體系，可能是亞太各國團結對付「中國威脅」的機制。

㈡中共為獲取更多談判籌碼，策略上強調「雙邊談判」，而非「多邊合作」，以利「個個擊破」。

㈢中共在亞太地區長程戰略目標尚未定位，對亞太安全問題尚不知如何是從。（註⑩）八十三年十二月十三、十四兩天，亞太安全理事會(CSCAP)的指導委員會，提案以大陸為正會員，台灣為副會員(Associate Member)，因大陸反對，台灣不滿，再擱置到下次會議。而目前正研議的妥協方案有「候補會員」(Candidate Membership)、「準會員」(Associate Membership)或「國家與區域」(Countries and Territories)等。據澳洲CSCAP主席鮑爾所述，這些妥協案就是為海峽兩岸共同加入而設計。台灣與中共若不能同時入會，就表示「中國威脅」的存在。亞太安全必將增加難以掌握的變數。

在台灣與中共遲遲不能入會，「中國威脅論」又引起東協緊張情況下，亞太安全體系面臨定位爭議。越來越多的聲音主張把亞太安全體系朝「亞太防衛體系」發展，意味著成立亞洲的NATO，圍堵對抗中共的威脅。最近在台北召開一場亞太集體安全國際會議，美國華盛頓戰略與國際研究中心亞洲部主任江漢文(Gerrit Gong)警告：

> 如果我們（亞太各國）不團結一致（Hang together），我們將來會個別遭殃(Hanged Seperately)。（註⑪）

情況似乎不很樂觀，「中國威脅論」不止於亞太地區，西方國家也感受到中國威脅氣氛，並出現了西方對中共的「新冷戰」、「新圍堵」策略。勿論台灣加入那一邊為「護身符」與另一方對抗，相信這並不合我國的國家利益，畢竟冷戰時代已經過去，現代應以合作取代對抗，不要讓歷史開倒車。

**三、提升外交關係層級，增加邦交國**

我國目前只有二十九個邦交國，與多數國家維持非官方關係，近年在務實外交政策指導下，尤其李總統訪美與連戰院長訪歐後，預判未來有較大發展空間。按我國提升外交關係層級，以增加邦交國有下列途徑：

㈠持續在現有經貿基礎上擴張實力，透過外交談判與溝通，把現在非邦交國的「辦事處」、「交流協會」或「商貿中心」等逐次升級。

㈡依務實外交指導，以美國為「主戰場」，「先大後小，先近後遠」，「重點突破」，不放棄一切可能建立外交關係的機會。（註⑫）

㈢建立雙重承認新模式。早晚必須要讓中共瞭解當初兩韓、兩德共同參與國際組織的意義，中國為何不行？經我國不斷努力，目前已有兩例，巴布亞紐幾內亞與萬那杜，都是南太平洋島國。該兩國與中共建交，與我國相互承認而不建交，外交關係定位在「政府承認」的位階上。這是一種雙重承認新模式，代表我國尋找外交空間與兩岸關係平衡點，已有突破。（註⑬）

**四、重返聯合國之路**

我國重返聯合國的目標，朝野已有共識。但通往聯合國之路滿佈荆棘，目前有兩條路可走。

第一條為迴避中共否決權封殺，須繞道安理會，把申請案移到聯合國大會，以大會議事規則來推翻或修改一九七一年十月二十五日第二七五八號「排我容納中共案」。但與我邦交二十九國中僅二十五國是聯合國會員國，在聯合國一百八十四個成員中，占七分之一弱。（註⑭）票數相差太多，此路在現階段顯然不通。

第二條路是經由聯合國體系下的專門機構，尋求重點突破。目前聯合國體系下有十六個政府間組織專門機構和三個銀行集團的專門機構。（附表5、6）（註⑮）這條路障礙較少，如加入「關貿總協」（GATT）已可預期。我國現在是第十四大貿易國，經貿實力強大，正是進入國際財經機構的優勢籌碼。

## ■結語

本文從大戰略經營觀點，台海防衛作戰並非「死守」，一旦戰爭爆發持久不停，國際資源（包含一切財力、物力、政軍經心支援）之援助，仍是防衛作戰最後成敗之關鍵，所以國際空間必須打開，這個道理頗為明顯。但另一方面兩岸應維持良好關係，並進行「信心工程」，對國際，對大陸，先後順序何在？

依大戰略整體性思考，以大陸為主，國際為從。

## 附表5　政府間組織之專門機關
## Inter-governmental Agencies

| | | |
|---|---|---|
| FAO | Food and Agriculture Organization | 農糧組織 |
| GATT | General Agreement on Tariffs and Trade | 關稅暨貿易總協定 |
| ITC | International Trade Centre | 國際貿易中心 |
| IAEA | International Atomic Energy Agency | 國際原子能總署 |
| ICAO | International Civil Aviation Organization | 國際民航組織 |
| IFAD | International Fund for Agricultural Development | 國際農業發展基金 |
| ILO | International Labour Organization | 國際勞工組織 |
| IMO | International Maritime Organzation | 國際海事組織 |
| IMF | International Monetary Fund | 國際貨幣基金 |
| ITU | International Telecommunication Union | 國際電信聯盟 |
| UNESCO | UN Educational, Scientific and Cultural Organization | 聯合國教育科學暨文化組織 |
| UNIDO | UN Industrial Development Organzation | 聯合國工業發展組織 |
| UPOV | International Union for the Protection of New Varieties of Plants | 國際新品種植物保護聯盟 |
| UPU | Universal Postal Union | 萬國郵政聯盟 |
| WHO | World Health Organization | 世界衛生組織 |
| WIPO | World Intellectual Property Organization | 世界智慧財產權組織 |
| WMO | World Meteorological Organization | 世界氣象組織 |
| WTO | World Tourism Organization | 世界旅遊組織 |

## 附表6　世界銀行集團之專門機關
## World Bank Group

| | | |
|---|---|---|
| IBRD | International Bank for Reconstruction and Development | 國際復興開發銀行(現通稱世界銀行/World Bank) |
| IDA | International Development Association | 國際發展協會 |
| IFC | International Finance Corporation | 國際財務公司 |

## 註釋

①丁肇強，軍事戰略（台北：中央文物供應社，七十三年三月），頁一二六——一二八。

②聯合報，八十四年六月二十二日，第三十九版。

③中國時報，八十四年六月八日，第五版。

④同註②。

⑤詳見「國家統一綱領」。

⑥張濤、金千里等著，江八點的迷惑（台北：瑞興圖書公司，八十四年三月，初版），頁四九。

⑦聯合報，八十四年六月十七日，第一版。

⑧同註②。

⑨「東協區域論壇」（ARF）於一九九三年七月，東協後部長會議上，由東協六國與美、日、中共、南韓、澳洲、加拿大等國外交部長成立。「亞太安全理事會」（CSCAP）於一九九三年六月，在馬來西亞吉隆坡成立，台灣與中共均尚未加入。中國時報，八十四年六月二十二日，第十一版。

⑩中國時報，八十四年六月二十二日，第十一版。

⑪中國時報，八十四年六月十三日，第二十三版。

⑫美國目前仍為世界超強，無論經貿、科技、軍事都居世界領導地位，故海峽兩岸都以美國為

主戰場。美國國務院抱怨中共只釘美國，且釘的太緊，中共人員回答說：我們才不管那些不三不四的國家(Banana Republics)，我們只管美國。」聯合報，八十四年六月二十二日，第三十九版。

⑬ 按國際法，兩個政治實體的相互承認，不外「國家承認」與「政府承認」。聯合報，八十四年五月二十七日，第四版。

⑭ 蘇秀法，「我國重返聯合國體系下金融組織研析」，問題與研究，第三十三卷，第一期（八十三年元月十日），頁一——十。聯合國目前已有一百八十五個會員，見聯合報，八十四年六月二十三日，第九版。

⑮ 同註⑭，問題與研究。本文討論大戰略，可參考聯合報，八十四年六月二十二日及中國時報八十三年十二月十七日、八十四年六月十三日、六月二十二日有關報導。我國對戰略之認識，向來止於軍事層面上，但對於建構國家長治久安的大戰略朝野政治人物所知均有限，故有大陸旅美學者稱台灣是「戰略文盲」，法國當代戰略大師薄當爾斷言：「戰略無知是致命的錯誤」。本文試以台海防衛作戰為基礎，建構我國「大戰略構想」之概念，希能引起國人對戰略之重視。（聯合報，八十四年六月二十六日，第十一版。）

# 第11章

## 台海防衛最大致命傷——國家認同問題

# 第11章 台海防衛作戰最大的致命傷
## ——國家認同問題

「國家認同」(National Identity)乃國家建立的基礎，在心理上對國家產生歸屬的狀態。據學者研究分析，共同的地理、歷史、語言和公共意志，乃是國家認同成長的主要條件。當國家處於存亡關頭，國家認同感可以激發全民意志力，擊退入侵犯敵。但依經驗研究顯示，第三世界或發展中國家，由於國家認同感程度不足，常因共同的外敵消滅後，自己內部不能妥協，處於四分五裂或內戰狀態中。(註①)

中國本身就是一個實例，　國父建國以後軍閥長期內戰、袁氏帝制，都屬國家認同感不足現象。中共於民國二十五年在江西成立「中華蘇維埃聯邦共和國」，三十八年建立「中華人民共和國」，這雖是國際共黨陰謀計畫，但另一方面也表示當時國家認同嚴重分歧的結果，才導至中國長期內戰與分裂。追查這段歷史，搞「兩個中國」的原來就是中共。

不知是歷史的宿命還是戲弄?中華民國在台灣又面臨台海防衛作戰的關頭，內部再度出現國家認同的危機——台獨問題。不論是政治理論或經驗研究，都已證明國家認同程度不足時，就會導至國家分裂動亂，遭致外敵入侵，就是台海防衛最大致命傷，也是二千一百萬人必須要深切思考、正視的問題。

## ■我國當前國家認同問題之現況解析

從海峽兩岸政局現況觀察，與台海防衛作戰有直接關係的國家認同問題，有四種情況（西藏、新疆也有國家認同問題，但與台灣，尤其台海防衛並無直接關係）。

### 一、中華民國與中華人民共和國

兩岸所認同的「一個中國」涵義不同，按國統會在八十一年八月一日第八次會議通過「一個中國」涵義，指一九一二年成立迄今之中華民國。中共認為「一個中國」即為「中華人民共和國」。但在政治環境中，民國三十八年以前中華民國可以等同中國，之後則是中華民國加上中華人民共和國才等於中國。所以在法律意義上，中國境內有三個國家存在——中國、中華民國、中華人民共和國。三者關係有必要加以分析。

㈠「中國」仍是法人，並不是一個概念

從法律意義來解析，民國三十八年以後兩岸憲法仍都明示其主權擴及全中國，等於為中國不可走向永久分裂，提出默示性合意，使「中國」藉由兩岸憲法支撐，不會成為僅是血緣或歷史的概念，中國仍是一個法人，一個沒有行為能力的法人。

㈡中華民國與中華人民共和國與「中國」只有「代表關係」，而不是「同一」「同一」(Identity)並不等於「代表」(Representative, or Legal government)，兩者在法律意義上不同，前者表示兩者本一物，後者表示兩者間的相互關係。這與德國經驗相似，兩岸現況在對各自內部事務時，是完整的國際法人，行使完整的國家權力。但對整個中國（一個中國）而言，雙方都不是完整的國際法人，也沒有資格代表對方。

㈢中華民國與中華人民共和國共同享有國家人格，並不會造成「中國」永久分裂兩岸都堅持「一個中國」，反對永久分裂，這是兩岸內部主觀的認定。若有第三個分別與兩岸國家承認或建交，這僅是一種客觀認定，與兩岸統一政策並不影響，也不會造成中國永久分裂。（註②）

以上三點是兩岸在國家認同方面的真相，但中共一口咬定我方務實外交就是搞「兩個中國」，又主觀認定只有中華人民共和國才是中國。這是對法律意義弄不清楚，也是對現實環境與歷史背景不敢正視的結果。

## 二、中華民國與島內台獨問題

按「國家安全法」第二條規定：「人民集會、結社，不得主張共產主義，或主張分裂國土。」（註③）這裡要對「主張」二字有個精確的認定，表示使用言論（含文字）表達企圖或方針。「不得主張」是強烈從嚴認定，分裂國土連言論層次都不行，何況是行為。但島內台獨現況如何？例舉要旨如次。

㈠民進黨以台灣獨立為其建黨目標，並將獨立建國納入黨綱，為全黨黨員奮鬥總目標，針對新國家進行幹部組訓、製訂外交政策、草擬新憲法，目前只欠建立一支正式的「台灣××軍」，這是否言論自由？明顯的超出言論自由範圍。

㈡民進黨執政的縣市已開始運用其現有權力資源宣揚「台灣共和國」理念。以台北市為例，八十四年五月十七日台北市副市長陳師孟在答覆新黨市議員璩美鳳質詢時，表示將來希望效忠台灣共和國，引發議員反彈。市長陳水扁同時表示「沒有那一條法律說不可以用台獨人士擔任公務員。」（註④）陳水扁以迴避台獨理念，又逢國民黨分裂（指新黨建黨），因而當選市長。就任之初一再宣稱自己是中華民國體制下的台北市長，在市長任內不談統獨問題。現在椅子未坐熱，市長與副市長兩人開始在議會宣揚台獨理念，副市長台獨言論已經超出「國家安全法」第二條「主張」分裂國土範圍，而市長陳水扁的「誠信原則」應受質疑。

㈢民進黨為深入基層宣揚獨立建國理念，開始以社區為對象，設立地區性電台為「區域作戰目標」，以電台做為建國運動中的基層據點。（註⑤）這些都是超越了言論範圍，以有組織、有行動的從事分裂國土行為，難道我國推行民主政治能容忍分裂國土嗎？全世界推行民主政治國家似無此例。

㈣廣設台獨外圍組織。例如以電台為據點的「聽友會」，文教性質的「開拓文教基金會」，大學校園以學生社團名義成立的「建國俱樂部」（台大已設立），都是為台獨建國而設立的組織。當兩年前國民黨全面退出校園時，民進黨以不到一年多工夫全面佔領進駐校園。

以上不僅是台獨現況，已經違反國安法，但司法單位不處理，若非決策階層別有用心，故意縱容，就是司法人員執法不力或有顧慮。本書旨在批判現狀，凸顯問題，就事論事，提供大家深思之。

## 三、國民黨與新黨的「中華民國」意涵不同

國民黨的建黨目標，就是建設一個「三民主義的中華民國」，即貫徹三民主義，維護中華民國。然而新黨成員早在「新國民黨連線」時期，就開始嚴厲批判國民黨已開始偏離三民主義，明的是「中華民國」暗搞「台獨」，因而認定國民黨的中華民國已經變質，乃另組新黨以維護中華民國。歸納新黨所持緣由歷年來有：

㈠八十二年四月「新連線」提出政團綱領：「驅逐獨台、反對獨裁、打倒金權、平均地權」，此卽「新三民主義」。(註⑥)

㈡李總統對司馬遼太郎說：「台灣地位未定、台灣是無主之島、國民黨是外來政權、國民黨只有兩歲」；對民進黨人說：「統一只是說說的，其實我心裡想的跟你們是一樣的！」；對世台會台獨的人士說「不要衝的太快，慢慢來」，又說「任內不能變更中華民國國號」。(註⑦)不僅新黨，連許多國民都在質疑總統的治國理念，「忽統忽獨」、「疑統疑獨」。

㈢台北市長選舉棄黃保陳說、考試院廢考三民主義、陸委會主委蕭萬長「放棄法統、正統和代表權」，及李總統經營「大台灣」。以上就新黨看來，都已偏離　國父建黨建國

的基本理念，是一種台獨或「獨台」路線，中華民國已非原來中華民國。

李總統登輝先生在許多場合都堅持一個中國，反對台獨、獨台或一中一台等各種型式的分離主義，如八十三年有「台海兩岸關係說明書」、「挑戰與重生——中國國民黨在台灣的奮鬥志業」，八十四年六月訪美在康乃爾大學歐林講座演說「民之所欲，長在我心」。但總統的忠誠度仍受到太多質疑，這到底是權利鬥爭呢？還是元首的領導方式（指獨裁領導）有問題？或是溝通協調不良？

## 四、中國國民黨內部對「中華民國」認知也不同

政黨，原本是一群政治理念相同人員的結合體，按理說國民黨內部對黨主席的治國理念應有共識，內部黨員同志對李總統的「中華民國」應無疑慮。但事實不然，許多高層黨員對李總統治國、治黨理念都有疑慮，頗似民國八十二年「新國民黨連線」的態勢，是否這家百年老店再次分裂？實在要請國民黨高層人員深思。歸納國民黨內部之疑慮有：

### ㈠郝柏村嚴批國民黨領導者「走偏了方向」：

國民黨副主席郝伯村已多次嚴厲批判李總統治國理念的偏失，並參與新黨重要活動，但郝伯村認為參加新黨不能解決問題，應留在黨裡進行改革。最近參加「榮民子弟北區大專及高中教師聯誼會」時，嚴批國民黨領導者「走偏了方向」，要旨說：

目前國民黨的領導者「走偏了方向」，台獨縱使不是李主席造成，也是李所縱容、

維護出來的；李與民進黨裡應外合，迫郝辭去行政院院長職務；李任由三民主義被廢掉；中華民國憲法的修訂，完全是李主席個人配合民進黨的要求進行。（註⑧）

㈡國民黨高層黨員參加新黨活動回批國民黨：

除了郝伯村以國民黨副主席之尊參加新黨活動外，還有總統府資政蔣緯國、李煥、梁肅戎。最近成立的「全國各軍警院校校友聯誼會」強烈批判國民黨當局，該會由新黨義工許歷農任會長，蔣緯國任榮譽會長，郝伯村任精神會長。（註⑨）

㈢成立救黨組織：

國民黨黨員為「救黨救國」，已成立「救黨改革委員會」，召集人孫安廸，副召集人曲兆祥。郝伯村呼籲眷村第二代、知識青年加入「救黨會」，救國民黨就是救中華民國。（註⑩）頗有聯合新黨，從內外兩個方向進行救黨之態勢，預判對國民黨內部將形成強大衝擊，是福是禍看未來一年內，國民黨是否穩住政局，廣獲支持。

## ■國家認同問題對台海防衛作戰之影響

台海防衛作戰為以國家戰略為基本架構之整體防衛構想，但兵法之用乃以國家為基礎，故孫子曰：「兵者，國之大事，死生之地，存亡之道，不可不察也。」（註⑪）自古以來國之大事，卽國防戰略之問題。以目前我國國家認同之混亂、嚴重、複雜，外有中共虎視眈眈，從戰略上來看對台海防衛之影響，可區分大戰略、國家戰略、軍事戰略及野戰戰略四個層次析論。

## 一、國家認同問題對大戰略影響

大戰略之對象為國際組織及各國，當國家對國際組織或有關對象（國家）提出訴求，原是政策一致，目標明確而齊一。但當國家認同發生問題時，則對外政策可能不一致，形成多個目標相衝突，大戰略目標便難以達成。表現在我國情況是民進黨對外訴求與執政黨相衝突，造成力量抵消：

㈠我國現在努力的目標是以「中華民國」之名重返聯合國，但民進黨也同時派出宣達團到美國，提出以「台灣共和國」之名進入聯合國。

㈡我國在美國已設有「辦事處」，按國際常規就是代表中華民國處理昔日大使館部份業務，有邦交時曰「大使館」，無邦交時曰「辦事處」。但民進黨可能為「台灣共和國」駐美大使館做準備，目前在美國也設有辦事處。

凡此不僅導致國家資源、力量的分散與抵消，也造成國際友人困擾，台灣到底要甚麼？應該先自行協商一致後才提出訴求。

## 二、國家認同問題對國家戰略之影響

國家戰略為建立並運用國力，爭取國家目標，國力包含政治、軍事、經濟與心理四種力量的組合。（註⑫）當國家認同發生問題，國內各黨派政爭無常，各項政策難有一致，政策分歧，國力乃趨分散。表現於國內情況如下：

㈠泛政治化嚴重，許多事情模糊了事務之本質，原本單純的事變成複雜，不是窒礙難行，就是停擺。

㈡經濟、文化、教育也受泛政治化影響，許多法案擱置在立法院，受傷害的是整個社會。

㈢各黨派不能妥協的結果，便是各行其是。目前各縣市不同黨派執政者，行「一國兩制」，中央無力規範，未來「三黨不過半」成型，則「一國三制」，更加速混亂與分裂。

㈣最大問題是「向那一國效忠？」按目前國內政治版圖，以台北市為例正好「三分天下」。於是必有一批人向民進黨所定義的國家效忠，一批向新黨所定義的國家效忠，一批向國民黨所定義的國家效忠。

## 三、國家認同問題對軍事戰略及野戰戰略之影響

軍事戰略與野戰戰略，分別為建立國防軍事武力，並運用戰力爭取軍事及野戰目標。（註⑬）當國家認同有了問題，在這方面的傷害，以我國現況有以下各點：

㈠台灣獨立造成國家分裂，遭致中共武力犯台，這與台海防衛的戰略思考完全違背；民進黨聲稱台灣獨立，中共不致犯台，由這個思考方向而主張裁減國防預算，是一種「未經戰略態勢評估」的冒險，已經破壞台海防衛架構。

㈡民進黨曾有「金馬撤軍論」，蓋有金馬，才能控領台海，以增加台灣縱深。若金馬撤軍成真，則原本對我有利的戰略態勢立即轉成對中共有利。

㈢民進黨亦主張大幅裁減陸軍，蓋我陸軍是反登陸作戰最重要一支武力。台海防衛「制空、制海、反登陸」策略因而受到破壞。

## ■結語

目前國家認同問題嚴重，此為台海防衛作戰最大致命之處。尤以民進黨總統初選已經辦完，未來可能有一場統派與獨派大對決，若過度激化造成社會秩序全面失控，則中共揚言「台灣內部動亂」將用武力完成統一，到時敵人不攻而我們自己先瓦解，此即「肉腐蟲生，魚枯生蠹」的道理。

「宜未雨而綢繆，毋臨渴而掘井」，在台海大戰未來之前解決國家認同問題，實為上上之策，這似乎是不可能的夢話。只好寄望於政治人物都以國家安全為重，或大戰爆發政黨休戰，多少也有利於台海防衛作戰之進行。

## 註釋

① 彭堅汶，孫中山三民主義建國與政治發展理論之研究（台北：時英出版社，七十六年十二

月），頁一三一——一三三。

② 以上三點詳見張亞中，「中國主權歸屬與兩岸國家人格的再詮釋」，問題與研究，第三十三卷，第十期，八十三年十月，頁二二——三三。

③ 國家安全法，八十一年八月一日施行。

④ 中央日報，八十四年五月十八日，第四版，另見當日國內各報。

⑤ 自立晚報，八十四年五月七日，第二版。

⑥ 中國時報，八十二年四月十一日。

⑦ 聯合報，八十三年十一月二十五日，第二版。

⑧ 聯合報，八十四年四月二十三日，第四版。

⑨ 聯合報，八十四年六月十九日，第五版。

⑩ 聯合報，八十四年四月二十三日，第四版。

⑪ 孫子兵法，始計篇，魏汝霖，孫子今註今譯（台北：商務印書館，七十六年四月，三版），頁六三。

⑫ 丁肇強，軍事戰略（台北：中央文物供應社，七十三年三月），頁六二。

⑬ 同註⑫。

《結論》

# 影響台海防衛作戰成敗的七大因素

台海防衛是一個整體、長期的防衛作戰經營，增大成功公算就是這具有影響力的七大因素，也是尅制不利因素的七個途徑：

- 克服本島地理形勢先天上的不利；
- 精確掌握防衛作戰特質，並力求改善；
- 深化建軍備戰基礎；
- 作戰動員程度要澈底；
- 厚植後勤補給潛力；
- 開拓國際助力，以備戰時獲得支援；
- 國家認同問題的解決或淡化；

守勢防衛作戰容易陷於消極被動，第一次世界大戰以後，法國人依賴「馬奇諾防線」（固守防衛主義），以為固守可成，從此對攻勢武器開發趨於冷淡，先制與機動作戰教義擱置一邊。終於一九四〇年，號稱世界陸軍大國的法國，只維持六週就消失了。

法國迅速潰敗的另一原因，是當時政爭引起的分裂，軍備成了政治派系抗爭對象，煽動反軍情緒，防衛作戰的專業領域完全被政治化，乃加速敗亡。

今天的台海防衛情勢，頗似當時的法國，足為殷鑑。

# 第三篇 空中防衛作戰

海戰與地面作戰在人類歷史上都有數千年經驗，空戰與空權概念演進至今尚未滿百年，所以空軍是一全新軍種，也是最具科技印象之軍種，未來若台海防衛作戰爆發，最早與中共空中武力接觸者就是空軍。

然而，中共空軍兵力三十七萬，編成四十多個飛行戰鬥師，含戰略飛彈部隊計四十七萬兵力。我空軍兵力六萬八千人，有六個戰鬥機聯隊，一個反潛聯隊，相較之下對於這樣相差懸殊的空中戰力，我們如何依賴現有空軍來確保台海空權？

執行空軍任務的先後順序選擇；

終極兵器比較——敵我主力戰機較量，

空軍戰略、戰術之運用。

此三者決定空軍防衛作戰之成敗。

# 第12章 我國空軍任務分析

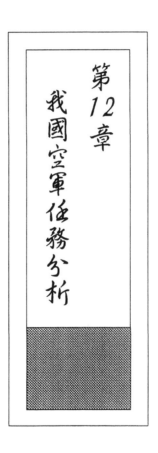

# 第12章　我國空軍任務分析

空軍基本任務在運用現有空軍部隊戰力，維護國家領空，聯合陸、海軍確保國家領土與主權完整。惟因時代趨向立體發展，確保空優、制空作戰已是各國空軍的第一優先，空優不能確保（至少局部空優），海陸戰力都不能發揮，且有遭受不意攻擊之虞。我國空軍現階段任務在維護台海地區領空安全與領土完整，不受中共武力侵犯，但確保領空不能光靠空軍戰力，地面防空飛彈，防空火砲，行多層攔截，逐次擊滅敵機，為不可缺少之一部。

我國空軍任務依其規模與作戰型態之不同，區分戰術、戰略兩方面，本文僅針對空軍部份析論之，海陸另有專章研究。

## ■空軍戰略任務

指導空軍全般作戰者為空軍戰略，通常以制空作戰，爭取空優為優先，按敵我戰力優劣比較，空軍戰力優勢時，主動對敵攻擊，迫敵決戰。但今天台灣空軍處於劣勢，如何保存一支永遠可以反擊的「空軍戰力」，並能永遠免於被殲滅的命運，應為我國現階段執行空軍戰略任務時，必須的戰略指導。

## 一、劣勢空軍戰略指導

㈠按戰略持久指導，避免與中共空軍決戰，尤其避免被迫或被誘決戰，以保存永久可戰的戰力。

㈡分散機場、基地，避免於敵機大舉轟炸、空襲時，形成大型目標而被殲滅。

㈢以質勝量改變優劣情勢，「質」包含人的素質和武器裝備的品質。

㈣喪失全面反制，但須保持有限反制；喪失全面空優，但要盡可能爭取局部空優。

㈤以飛彈、飛機、地面防砲，行遠程、中程、近程多層次攔截反擊，摧毀來犯敵機。

㈥提高指揮、管制、通訊、情報系統素質（即$C^3I$），加強電子戰效果。

㈦提高飛機生產量，彌補戰毀之消耗；提高地下化程度，以利戰力保存。

## 二、戰略攻擊任務

台海防衛雖屬守勢作戰，空軍戰力也居於劣勢，但並不表示沒有戰略攻擊任務。首先着重遠程監控，早期預警，才能掌握戰機，按八十三年「國防報告書」空中防衛構想曰：

當開始防衛作戰時，空軍須藉其迅速反擊能力，防止敵人空軍進入我領空對我破壞，同時亦要對敵人地面或海上部隊予以牽制與削弱，以及對我在戰場上之海、陸軍部隊予以密切支援，以保持控空優勢。（註①）

又曰：

若狀況需要時，將派遣必要兵力，配合其他特攻部隊，選擇對我危害最大的敵人第一線機場或戰管設施，實施反制作戰。（註②）

「國防報告書」所述，前者屬守勢戰略攻擊任務，後者屬「局部攻擊戰略任務」。**惟不論攻、守勢之戰略攻擊，應本主動先機，選擇敵之戰略要害並對我危害最大之目標，運用戰機、飛彈，迅速癱瘓敵之攻擊能力，確保不被殲滅**。對於如何在「必要時對中共沿海第一線機場或戰管設施一舉殲滅，使其暫時喪失攻擊我之能力。」這是一個不易權衡的時機，再者考量我國現有空軍戰力，行攻勢作戰戰略攻擊任務機會可能不多。惟對於如何解決「大陸沿海第一線對我危害最大的敵軍戰力」，空軍及飛彈部隊並未提出辦法，但民間卻有。

民國七十八年舉辦民間國建會，提出民間版的「國防外交白皮書」，認為台灣不能完全不發展核子武器，應該具有近核試爆階段的能力，以備必要時在最短時間內擁有核子武器，對台海防衛作戰作用很大，該書說：

台灣發展核武器之目的，不是對付大陸同胞，而是要對付具有侵台企圖，並已經在東南沿海集結的中共軍隊。台灣發展短程（五百哩之內）核武器就足以嚇阻中共。上海、廣州、汕頭、廈門將是地對地彈道飛彈的目標。（註③）

核子武器確實可以更有力量完成戰略攻擊，這是空軍所辦不到，但所得反效果可能更大。例如二次大戰時，日本有能力一舉殲滅美國太平洋地區戰力，但因美國戰爭潛力大於日本很多，故反擊力更大（使日本無條件投降）。從擁有核武提高戰略攻擊能力，這個途徑雖然可行，但欠缺有力的風險評估。還是以提升空軍戰力，執行戰略攻擊任務為可行之正道。

## ■空軍戰術任務

**我國空軍戰術任務舉其要者，按任務優先順序為反制、阻絕、密支作戰三種，其目的都為爭取空中優勢，或局部優勢，確保空權，並為海、陸軍創造有利作戰環境；配合海、陸軍達成其地面、海上之作戰任務。**

### 一、反制作戰

反制作戰之要旨，以摧毀或癱瘓敵空軍作戰系統，爭取空優。其作戰目標與戰略攻擊任務相似，惟規模較小。其指導及目標選定如次：

㈠台海防衛空軍反制作戰指導：

1.依戰略持久指導，避免決戰。

2.有限反擊，逐次消耗敵戰力，對我危害最大者實施先制攻擊。

3.戰力分存，避免與敵大規模作戰，積小勝為大勝。

4.避免與敵正面作戰：例如以戰鬪機攻其回航的轟炸機；躡隨敵機，猝然突擊使其不能安全降落。

㈡反制作戰主要目標：包含敵軍戰機、機場滑道、戰管系統、油庫、彈庫、飛機製造廠、修護與補給中心、空軍基地、防砲陣地、飛彈。

## 二、阻絕作戰

阻絕作戰之目的，在切斷敵一切海、陸、空交通線，使其戰力不能投入台海戰場，造成敵軍之分離與孤立，削弱其生存與持續作戰力，創造我海、陸軍有利之作戰環境。其指導及目標如次：

㈠台海防衛空軍阻絕作戰指導：

1.阻絕敵之後續戰力投入台灣戰場。預判敵仍以「人海、船海、機海」戰術，以大吃小，不斷將後續戰力投入戰場，故須阻絕其後續增援之戰力。

2.製造敵前後分離，使敵兵力、火力分離，以利我空軍、海軍各個擊滅。

3.削弱敵軍戰力，不克支援其主作戰方向部隊，俾我軍能獲較充裕整備時間，有利作戰遂行。

4.節約兵力，避免被誘，或因阻絕作戰變成小規模決戰，使我空軍戰力被「反削弱」。

㈡阻絕作戰主要目標：以增援作戰部隊的交通系統為主，按任務重要性的優先順序：

1.各種交通設施，包含鐵公路之橋樑、隧道、調車場、港區設施、指管通情系統。

2.補給線，後勤設施。

3.集結部隊，海上船團。

## 三、密支作戰

密接支援作戰（簡稱：密支作戰），旨在配合海陸軍作戰構想及臨機狀況，密接支援友軍作戰，以發揮三軍聯合及空地整體作戰（專章論述）。台海防衛作戰無論如何打，三軍聯合作戰為現代典型之戰爭型態，益顯密支作戰之重要。其指導與作戰範圍如次：

㈠台海防衛作戰空軍密支作戰範圍：

1.支援地面部隊作戰（地面決戰）。

2.反制兩棲作戰，反登陸作戰。

3.反空降作戰。

4.支援海面作戰。（以上均專章討論）

㈡台海防衛密支作戰指導：重點放在敵主作戰方面，或對我海、陸軍危害最大之戰艦，協助友軍發起反擊及轉移攻勢。

㈢密支作戰主要目標：敵機動部隊、海上船團、港區集結部隊、沿海飛彈陣地、運輸系統。

## ■結語

本文按我國空軍現有戰力，防衛政策及空戰理論之分析，我國空軍執行任務之優先順序，戰術任務方面，反制作戰為先，阻絕作戰為次，密支作戰再次。戰略任務方面，確保具有執行戰略攻擊之能力，及不斷補充戰力之潛力，原則上「備而不行」。

雖然中共空軍有大於台灣的十倍戰力，確實可以掌控台海地區全面空優，但這並不意味台灣沒有機會獲取局部空優。換言之我空軍最重要之任務，應為爭取局部空優，只要我英勇空軍做到這一步，三軍戰力得以保存而適時發揮之。

## 註釋

① 國防部國防報告書編纂小組，中華民國八十二年—八十三年國防報告書，初版（台北：黎明文化出版公司，八十三年三月），頁七九。

② 同註①書，頁一六二。

③田弘茂等，民間國建會特輯③—國防外交白皮書（台北：業強出版社，一九九二年三月），頁二二六。

④本章重要參考資料：

㈠貫祈昭，「空軍攻擊目標選擇之研究」，國防雜誌，第八卷，第三期（八十一年九月三日），頁三九—四五。

㈡空軍概要（台北：幼獅文化事業公司，八十一年七月），頁一—五二。

# 第13章
# 敵我主力戰機比較

# 第13章 敵我主力戰機比較

一般軍事學家比較交戰双方整體戰力，針對某類兵器提出單獨比較者並不多，惟空軍例外，因空軍為高度科技軍種，且制空是制海、制陸的先決條件，例如一九九一年波灣戰爭，F-117隱形戰機在空戰過程為最凸出之「明星」。國防部官員曾一再表示，民國八十四、八十五兩年，海峽兩岸戰力差距最懸殊，「國軍戰力明顯趨弱」，中共對台動武時機這兩年較佳，所據以做這樣判斷評估的，就是這兩年外購的F—16、幻象2000戰機尚未完全成軍備戰。（註①）說明了好的戰機是確保兩岸戰力均勢的重要兵器，更證明精良戰機在現代作戰的關鍵地位。

本文特比較敵我主力戰機，並評估對台海防衛作戰可能之影響。

## ■當前兩岸主力戰機比較

目前海峽兩岸均進行主力機種換裝，中共已有二十餘架SU-27戰機，我方也有三十多架IDF戰機，但目前都不是參與空戰主力機種，均列入「未來主力戰機」比較。

我國目前空戰主力仍為F-5E和F-104兩種。F-104我國先後擁有A、B、D、J、DJ等型，使用已超過三十年，早已停產多年，零件均自報廢同型機取得，目前可用約百餘架，正逐年除役中。F-5E戰機目前有二五〇架，全由我國航發中心組裝，國防部已計畫將部份此類機種改裝成RF-5E，改裝性能包含座艙儀表、抬頭顯示器，電子反制裝置、雷達系統、偵照設備，提高續航力等，為專供偵察任務使用。（註②）相較中共現有主力戰機，我國質量均顯不足，才造成兩岸戰力懸殊。

中共現行使用中機種有殲五、殲六、殲七、殲八、轟五、轟六、轟七，惟面臨汰除機種有殲五、轟五、轟六等。其藉軍事合作改良性能，為目前空戰主力機種，主要性能如附表7。（註③）殲六最多有三千架，殲七有五〇〇架，殲八有二五〇架。論航程、速度、升限及武器等性能，均以殲八為最佳。

## ■未來敵我主力戰機比較

目前我國第一個IDF中隊已經成軍，加入全天候戰備行列，F—16與幻象二〇〇〇戰機預定一九九七年開始交機，二〇〇〇年以前全部完成交機，此三型戰機共有四六〇架，為我國二十一世紀初期空戰主力機種。

中共方面正在研發及辦理外購的新戰機有超級殲七、MIG-29、MIG-31、SU-27，預

## 附表7 中共現行主力戰機性能諸元表

| 性能／裝備名稱 | 最大航程 | 最大速度 | 升限 | 主要武器（運輸能量） |
|---|---|---|---|---|
| 殲六殲擊機（米格一九） | 二、二〇〇公里 | 一・六馬赫 | 一五、六〇〇公尺 | 空對空導彈二枚、三〇MM機炮二門 |
| 殲七殲擊機（米格二一） | 一、二〇〇公里 | 二・〇五馬赫 | 一九、三〇〇公尺 | 空對空導彈二枚、三〇MM機炮二門 |
| 殲八殲擊機（米格二五） | 二、二〇〇公里 | 二・二馬赫 | 二〇、〇〇〇公尺 | 空對空導彈四枚、三〇MM機炮二門 |

判為未來投入台海空戰的主力機種，戰機總數尚未明確。但到西元二〇〇〇年，所能擁有數量應比台灣多數倍以上，以米格29和蘇愷27數量較多，選此兩種與我國主力戰機比較，誰是未來台海空戰之優勢？誰就是主人？

### 一、F-16 MLU對MIG-29（附表8）（註④）

F—16MLU是美國F—16A、B中壽限改良(Mid-Life Update,MLU)機種。F—16

## 附表8　米格和F16性能諸元比較

| | MiG-29 支點式 A 型 | F-16A(Blk32) |
| --- | --- | --- |
| 首航日期 | 1977年10月 | 1974年2月 |
| 發動機種類 | 2×RD-33 | 1×F100-PW-220 |
| 最大推力 | 2×18,300磅推力 | 1×23,770磅推力 |
| 空重 | 24,250磅 | 16,285磅 |
| 內載油量 | 7,600磅 | 6,846磅 |
| 標準戰鬥重量 | 33,600磅 | 25,281磅 |
| 最大起飛重量 | 40,785磅 | 37,500磅 |
| 最大航速 | 2.3馬赫（4萬呎） | 2.05馬赫（3萬8千呎） |
| 海平面最大航速 | 1.06馬赫 | 1.2馬赫 |
| 最大爬升高度 | 5萬9千呎 | 5萬5千呎 |
| 最大航程（含輔助油箱） | 2093公里（1,130浬） | 3889公里（2,100浬） |
| 推重比 | 1.1 | 0.96 |
| 翼面負荷 | 攔截：99.7磅／平方呎 | 標準制空：103磅／平方呎<br>對地任務：125磅／平方呎 |
| 海平面最大爬升速度 | 6,500呎／分 | 5000～5500呎／分(估計值) |

※標準戰鬥重量指滿內油箱，六枚 AIM-9 飛彈（F-16）或 AA-8 短程空對空(MiG-29)。
※ F-16 MLU 空戰數據亦比照表列 F-16A 型。
※ F-16 MLU 於1991年5月出廠。
重要參考：詹氏飛機年鑑1993～1994
Defence International
Froecast International 1994

A、B型與米格29性能比較如「附表8」，米格的發動機推力、載油量、最大航速、爬升高度較佳。F—16A、B型重量輕是最大優點，其空重、最大起飛重、海平面最大航速、最大航程均甚優異。基本上，F—16是傑出的纏鬥機型，為當今世界上頂尖的戰機之一，系統發展已趨於成熟。

我國所購買的F—16 MLU性能，介於A／B與C／D型之間，使用壽限到達二〇二〇年，所謂「MLU」性能改良包含五大部份：

㈠模組化任務電腦（MMC），增加電腦記憶容量和處理速度。

㈡原有AN／PRG—六六射控雷達，提升為V2型規格，增加偵測距離。

㈢提升航電組件，包含數位地貌警告追沿系統、全球定位系統（GPS）和微波降落系統。

㈣大幅改良座艙設備，有多功能顯示器，電子戰管系統、使用F—16C、D型的改良型測操縱桿、廣角抬頭顯示器、敵我識別系統、追瞄系統等。

㈤掛彈能力提升，改進保養程序。可供未來進一步配備特殊武器和任務系統。（註⑤）

我國所購買F—16MLU為一五〇架，另包含四十個備用引擎，九〇〇枚AIM—九響尾蛇空對空飛彈，六〇〇枚AIM—七麻雀中程空對空飛彈，五十萬發二十厘米機砲，零件與維修組件、技術、後勤、訓練、有關系統資料等。F—16和MIG29可謂旗鼓相當，棋逢對手。

## 二、幻象二〇〇〇—5對SU-27B（附表9）（註⑥）

未來海峽兩岸各型主戰機中，SU-27是很精良的一種。從「附表9」性能比較表看，蘇愷27的體積特大，但很靈活，速度、作戰半徑、航程及武器系統都屬一流。惟雷達射控系統較F—16與幻象二〇〇〇—5型稍差，因蘇愷27B型一次只能鎖定一架戰機，發射一枚飛彈。而F—16A／B改良型一次可以鎖定十架敵機，攻擊四架；幻象二〇〇〇—五可以

附表9　我國IDF戰機與中共SU-27B及法國幻象2000-5重要諸元比較表

| 諸　元 | IDF戰機 | SU-27B | 幻象2000-5 |
| --- | --- | --- | --- |
| 長×寬×高 | 14.2×9.4×4.7公尺 | 21.94×14.7×5.93公尺 | 14.36×9.13×5.2公尺 |
| 最大起飛重量 | 12,300KG | 25,000KG | 17,000 KG |
| 發動機 | (ITEC)TFE-1042/70 | AL-31F | SNECMA-M53 |
| 推　力 | 9,650磅 × 2 | 12500 KG | 21,385磅 ×1 |
| 推重比 | +1 | +1.16 | +1 |
| 最大平飛速度 | 1.8馬赫以上 | 2.35馬赫 | 2.2馬赫以上 |
| 上升限度 | 16,600公尺 | 18,000公尺 | 20,000 公尺 |
| 戰鬥半徑 | 600 公里 | 1500公里 | 700 公里 |
| 負荷係數 | 6.5G 以上 | | 9G 最大 13.5G |
| 最大航程 | 2400公里 | 4000公里 | 2850 公里 |
| 武　器 | 20釐機砲 ×1<br>天劍 1型 ×2<br>天劍 2型 ×2 或<br>AIM-9P ×2 | 空對空飛彈×10<br>炸彈×24<br>多管火箭×3 | 30公釐砲 ×2<br>R550魔法二式飛彈×4<br>AAM空對空飛彈 ×2<br>1000公斤炸彈 ×2 |
| 備　註 | 其數字因官方未公布,只能由已知的估計 | | 正式幻象2000-5未公布以外銷型諸元比較 |

(一)由以上的比較,可以了解IDF外形較SU-27B小很多,作戰半徑、航程略小於幻象,推重比則與幻象同。
(二) SU-27B航程、作戰半徑、速度均最佳,武器火力強大。
(三)幻象2000-5的優點是作戰升限、作戰半徑、高空性能及良好的穩定性、較佳的雷達和空對空飛彈,適合擔任高空高速攔截任務。

鎖定八架敵機，攻擊四架。海峽均勢賴以維持，這是台灣極須高性能戰機的理由，幻象戰機的特點有：

㈠高爬升率，低空穩定性，先進航電設備，RDY多功能雷達，能於高低空追蹤地貌飛行，搜索追蹤鎖定九十三公里內的空中目標，適於高空攔截任務。

㈡機身下方有十個武器掛點，可供選擇多種彈藥，攻擊力強大。

㈢採三角翼設計，儲油空間大，翼負荷小，轉彎半徑小，穿音速及超音速時穩定，配合線傳飛控技術，利於空中纏鬥。

㈣可執行多重任務。遠程攔截任務；短程攔截，具密接作戰特性；偵察任務。

㈤LAMA軟體程式，可判定最佳接敵方式，提供適當攔截技術，提示飛行員掌握致勝先機。

## 三、IDF戰機性能與其他戰機比較（附表9）

我國發展「經國號」戰機（IDF），原則上是以F—16A／B型戰機為範本，故性能概同F—16，前述以F—16和MIG—29比較模式（附表8），亦頗適合用於「經國號」戰機。惟受制於美國技術輸出，使作戰半徑與飛行速度稍遜。IDF戰機特點如次：

㈠基本上IDF是一架裝置兩具發動機的F—16，但兩具發動機間的間隔加寬，其作用有：萬一其中一具發動機起火，較不易波及另一具發動機；在兩具發動機間加裝大型減速板，縮短降落時所需跑道長度；飛機在高攻角時仍能保持良好的操控性能。

㈡因水平安置兩具發動機，故在進氣口後面的機背和機腹相當平整，在主翼延伸板和機身間有「翼胴融合」設計，使機身變成一個整體的舉升體(Lifting body)，有增加升力作用。（註⑦）

㈢座艙罩是明膠玻璃成型（〇·七吋厚），可承受兩磅半重飛鳥在三五〇浬速度下的撞擊。

㈣飛控系統：採三重數位(Digital)加三重類比(Amalogue)的飛行操縱系統，屬「先天不穩定系統」，即升力中心和重心不同，保持飛機穩定性。

㈤可執行三種空對空任務（超音速攔截、空中戰鬥巡邏、空優）；三種空對地任務（阻絕攻擊、密接支援、海上搜索）。（註⑧）

## ■關於台海空戰「質」與「量」的迷思(Myth)

長久以來中共主力戰機就以「量」取勝，以目前台灣逾齡戰機四三四架，大陸四千五百架，為十與一之比。到公元二〇〇〇年，依本文所研究比較兩岸各型主力戰機，在質方面仍可以取得均勢。按美國「國防及裁軍研究所」最新研究報告指出，到兩千年時大陸戰機品質提升，維持在兩千八百架限度內，台灣各式戰機約四百二十架，比例是七比一，質的方面台灣仍佔上風。（註⑨）

我國戰機應如何保持「質」的優勢，始終是國人關心努力之方向。但在「量」上要維持多少主力戰機？也始終是大家爭議焦點，其實問題的「因」來自台灣上空的容機量和中共空軍攻擊能量。

民國八十四年元月八日，國家政策研究中心舉辦「國軍兵力結構與台海安全」研討會，會中發表「台灣制空兵力結構之探討」論文，由於台灣西部七個必遭攻擊的政軍經要域為基隆、台北、桃園、新竹、台中、嘉義、台南和高屏，每一區域正面與縱深平均各為十五浬，面積為二百二十五平方浬，這個面積可涵蓋六個可供四架戰機攻擊所需的活動空間。換言之，同一時間內每一地區只能容納六批每批四架戰機進行攻擊，因此全台灣西部區域在「單位攻擊時間內」最大敵機量為一百六十八架。（註⑩）

中共空軍攻擊能量，按共軍對台作戰兵力部署，距台灣二百五十浬內有十三處戰機基地，每基地約可進駐一百架戰機，按妥善率百分之九十計算，共可進駐一千一百七十架。以三分之一防空，三分之一出擊，三分之一整備輪替計算，可進行攻擊的戰機數量約三百九十架。再按飛機性能、飛行員體能、後勤支援等估算，每日每一基地可出勤作戰飛機約三至四批次。依此計算一次攻台戰機最多三百九十架，全日攻台最大戰機數量為一千五百六十架次。（註⑪）

當台灣主力戰機維持在大約四百架時，中共以每批三百九十架戰機對我攻擊，每日進行四批次，台灣戰機到底如何迎戰？按「台灣制空兵力結構之探討」一文，我方應以三分之一，卽約一百三十架戰機迎戰。（註⑫）這是一個極待商榷的問題，中共以每日四批次數機出擊，持續一個月，卽一百二十批次，四千六百八十架次攻擊，台灣空軍能有幾個一百三十架？戰略上的失算可能造成台海防衛作戰不能挽回的結局。

## ■結語

我國空軍能否掌控台海局部空優，確保台海上空一個起碼的均勢，主力戰機的「質」是第一個先決要件，「量」是第二個要件。惟影響質與量的因素却不能自行掌握，這是很大的顧慮，這因素就是維修與零件。例如外購戰機雖有備用引擎及零件，但因技術轉移不足，一旦作戰台海封鎖，零附件必然供應不上，則高性能戰機亦形同廢鐵。故台灣主力戰機除了必須保持質的優勢，及相當的量之外，必須提高技術轉移，使零附件及部份彈藥在國內生產，或提高庫存量，這才是厚植空戰潛力，增強作戰持續力之要道。

## 註釋

① 中國時報，八十三年三月十六日，第四版。
② 聯合報，八十四年三月十三日，第四版。
③ 「八十三年國防報告書」，頁五三。

④羅恩真，「世紀末纏鬥—F-16 V.S. MIG-29」，全球防衛雜誌，第一二四期（一九九四年十二月一日），頁二四—三三。

⑤鄭少卿，「F-16 MLU V.S. SU-27B」，全球防衛雜誌，第一一四期（一九九四年二月一日），頁一一二—一二五。

⑥附表9參考資料：黃筱荃，「IDF、F-16A／B MIRAGE（幻象）2000-5簡介」，國立台灣大學教官研究室（八十二年三月二十五日）；另見全球防衛雜誌，第一一四期，頁一一二—一二五。

⑦「翼胴一體」，機身跟主翼的外形以平滑的曲面相結合成一體，可減輕重量，有效利用空間，雷達反射面積變小，有助於隱密性，惟外觀較長。

⑧同註⑥。

⑨中國時報，八十三年十一月十七日，第十版。

⑩中國時報，八十四年三月八日，第十一版。

⑪同註⑩。

⑫同註⑩。

# 第14章 空軍戰略與戰術之運用

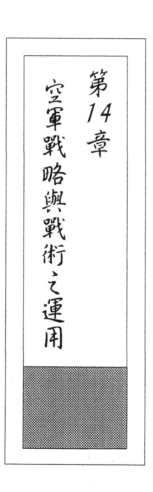

# 第14章　空軍戰略與戰術之運用

在我國空軍防衛方面，已經分析過空軍任務之優先順序及主力戰機比較。前章已明確提出**確保台海空權**（至少局部空優）**，「質」是第一個先決條件，「量」是第二個要件，那麼戰略、戰術、戰技之用就是第三個要件，三者具備，空權在握。**

本章從戰史的經驗研究為論證，探討我國空軍在戰略與戰術方面的運用之道，使我劣勢空軍戰力能在台海防衛作戰過程中，確保永遠能戰，不致被殲滅。

**附表10　中共空軍制空權分類（註1）**

| | 時 | 空 | 力 |
|---|---|---|---|
| 戰略制空權 | 戰爭全程或某個階段 | 全部戰場或數個戰略區 | 數個空軍戰役軍團 |
| 戰役制空權 | 戰役全程或重要時間 | 整個戰役地域或主要戰役方向 | 空軍戰役軍團或戰役戰術兵團 |
| 戰術制空權 | 較短時間 | 主要戰術地域 | 航空兵兵團或部隊 |

## ■中共空權戰略指導與對台空戰構想

瞭解中共空權戰略指導，乃居於「知彼」的道理，中共依規模及目的，將不同時空力範圍的制空權分為三類。其一是「戰略制空權」（又叫全面制空權），其二是戰役制空權，其三戰術制空權。後兩者均稱「局部制空權」，基本上中共空軍戰略理論與我國空軍戰略體系概同。惟共軍為爭取全面制空權，主張「優先大量使用空中兵力」，行大縱深密集火力打擊，為取得這樣的空權，中共對台作戰的空軍兵力部署劃分成不同縱深的三線：離台灣本島五〇〇公里內為第一線，部署殲擊機；五〇〇至一〇〇〇公里範圍第二線，部署殲擊轟炸機；一〇〇〇公里以外第三線，部署遠程轟炸機。（註②）

按中共空軍對台「戰役第二階段：奪取制空權」，便是以「優先使用大量空中兵力」為構想，先期投入SU—27、MIG—29、MIG—31、殲七、殲八及殲八II型，攻擊台灣的幻象二〇〇〇—五、F—16MLU、IDF及F—五E等各型精良戰機，同時動用殲轟—七、Q—五型掛載大量反輻射飛彈，破壞台灣整體空防系統，本階段計畫一至二天完成，澈底奪取台海制空權。（註③）這就是中共空軍對台作戰之戰略與計畫構想，**企圖於極短時間內瓦解台灣全部空軍戰力，二天奪取制空權，再用二天以空軍奪取制海權，武力收復台灣全程只要十二—十五天。**（註④）

## ■空軍防衛戰略之運用

針對中共空軍對台戰役構想，我空軍防衛戰略指導當如何？兵學鼻祖孫子曾說：「勝兵先勝，而後求戰」。（註⑤）但兩岸現況，我空軍縱使已經「勝兵先勝」，惟「是否求戰」？顯然是「不求戰」較正確，**在我空軍防衛戰略指導的運用上，不決戰與保存戰力應是上上之策，對防衛作戰才是最有利的選擇**。

### 一、「不決戰」戰略

這種戰略指導看起來很不主動積極，但確實是台海防衛中空戰取勝的法寶，這裡首先提出一個空戰戰史上「不決戰」取勝的實例引證。

當一九四〇年六月二十二日法國投降後，德國希特勒決定發動不列顛戰役，其作戰構想「空軍先以主力戰機奪取英倫空優，爾後以一部持續保持英倫空優，主力支援陸海軍遂行入侵作戰。」此即有名的「海獅作戰」。（註⑥）當時德國戰機二千八百三十架，性能較英國戰機優良，英國有戰機六百七十二架，性能不如德國佳。西方國家都認為英國支持不了多久，情勢可危。但從一九四〇年八月七日發動英倫空戰，原計畫數天之內殲滅英國所有空軍戰力，結果打了將近一年，未能殲滅英國空軍，德國空軍反而損失慘重，迫使不列顛戰役草草結束，種下敗亡的種子。到底英國劣勢空軍如何取勝？「不決戰」就是當時英國空軍最高戰略指導，重要措施有：

㈠邱吉爾連續數次對全國發表演說，激發人民愛國情操，全國團結一致對外，愈戰愈勇。德軍發動瘋狂猛烈空戰，英國空軍死傷慘重，英國終究沒有屈服，而且得到最後勝利。

㈡規定戰鬥機不准與德國戰鬥機纏鬥，不正面決戰，不進行大規模空戰；規定戰鬥機以攻擊轟炸機為主，尤其對回航的轟炸機進行尾隨攻擊。

㈢對德戰鬥機只在極有利時行之，通常「避大吃小」、「避強擊弱」，積小勝為大勝。不可一世的德國空軍不勝其煩，找不到打擊目標，空戰乃草草結束。

㈣補充戰力。空戰戰力有二：戰機與飛行員，此二者不能補充，空戰便不能持續。英國不斷提高飛機產量彌補戰損，英軍廣設海陸搜救中心，飛行員獲救比例甚高，戰場大多接近英國本土，對英國有利，對德國不利。

㈤英國自知劣勢空軍，始終以「不決戰」指導，保持一支最後可戰的空軍戰力。戰爭中期以後（約一九四〇年底），德空軍已是「強弩之極矢，不能穿魯縞」，英空軍開始轉守為攻，希特勒武力進犯英倫美夢終於破滅。戰史殷殷垂誡，不能或忘。

當前我國空軍面臨的主、客觀環境，與一九四〇年英國空軍頗為相似。其一，台灣空軍雖居劣勢，但未來主力戰機保持在四百六十架時，而台灣西部上空「單位攻擊時間內」最大容機量為一百六十八架，中共空軍一次最大攻擊能量為三百九十架。（註⑦）此種因空間因素所得之利，比當初英國條件為佳。其二，戰機生產目前台灣也已具備，惟平時建立生產基礎，戰時才能提高產量。其三，設立海空搜救中心，儘可能救回飛行員，戰場接近台海或台灣上空，對我有利，對敵不利。

按此「不決戰」的理論及戰史經驗檢證，關於國家政策研究中心舉辦「國軍兵力結構與台海安全」研討會，會中由前空軍副總司令范里發表「台灣制空兵力結構之探討」論文，認為當中共空軍以最高攻擊能量三百九十架進襲台灣，我方以三分之一即一百三十架升空迎戰。（註⑧）這根本是一個錯誤的戰略運用，蓋中共空軍每日可出動四批攻擊，每批三百九十架，我方以一百三十架迎戰，這不僅是大規模空戰，也是大決戰。一星期下來是二十八批，就是二十八次決戰，中共空軍有「二換一或三換一」策略，我國空軍便在一星期內全被殲滅。

## 二、「不決戰戰略」的先期準備——保存戰力

想用「不決戰戰略」取勝，並非一味躲避，而在更重要的先期準備，保存戰力之道。按一九四〇年英倫空戰時，英國空軍保存戰力之道，將主力戰機撤至內陸基地，廣設小型機場及臨時起降場，德國空軍因而找不到主目標，導至戰力分散，兵力分割，零星耗損。台灣雖無廣大內陸可建基地，依然有保存戰力的良好條件。

㈠基地地下化。這是保存精良戰機的好辦法，我國最高瞻遠矚的空軍地下基地就「佳山基地」，可將台灣三分之一主力戰機保存下來，免受中共先期攻擊之危害，以待有利反擊時機。佳山基地是在郝柏村先生任國防部長、參謀總長的大約十年間，責率國軍工兵部

隊建造完成，從台海空戰戰略觀之，再過五十年（約二至三代），佳山基地還是最重要的空軍地下基地。

㈡分散小型地下基地。台灣多山，正有利於在各山區廣建小型地下基地，儲存另三分之二的精良戰機，各基地必須能夠連接成完整的指管通情系統。瑞士保存空軍戰力的成效全世界無出其右，最足為我國參考。瑞士空軍基地、飛機跑道全部地下化，或依山谷形勢而建造，並連成完整的現代化系統。只要按鈕，所有進入這個國家道路、橋樑入口處都可被摧毀，山峰頂點設有引爆嵌片，理論上瑞士雖是中立國，但隨時可應付攻擊。（註⑨）故我國空軍應將西部地區三分之二戰機地下化，廣建地下小型機場分散儲存之。

## 三、掌握先機的不決戰——戰略偵察，早期預警

不決戰戰略指導下，掌握先機才能減少傷亡，最佳手段就是戰略偵察，早期預警。早在一九三九年英國已在南部海岸廣設雷達站，組成一個對進犯德機的偵搜網，至一九四〇年十月雷達站數量快速擴充到三十五座，使英國空軍耳目四通八達，對德機行蹤瞭如指掌，能掌握先機，早期預警，減少傷亡。

我國對中共東南沿海軍事部署的掌握，除了蒐集敵後情報和電子偵聽外，就是空中偵測。目前我國唯一具有跨海偵巡能力的偵察機是RF——五E，待空軍「鷹眼計畫」E——二T空中預警機部署完成，可將防空反應時間從現在的五分鐘加長至二十五分鐘，偵測飛機有效距離四百八十公里，能涵蓋大陸東南第二線機場，同時追蹤二千個目標，管制

四十個攔截任務。（註⑩）對於實施遠程戰略偵察，早期預警，掌握先機有莫大幫助。地面雷達台灣有二十一處，若能增設機動雷達更能合乎現代作戰要求。

## ■空軍防衛戰術、戰技之運用

空軍除了是高度科技軍種，也是高度技術化軍種，故除了講求戰略指導，也須著眼於戰術、戰技之妙用。我國空軍戰術任務有三：反制、阻絕與密支作戰（第十二章），惟「戰勝不復」，這些戰術任務可能因兩岸情勢變遷，而有不同運用。

### 一、反制作戰運用機會不大

反制作戰為找到好時機，「先下手為強」，先一舉殲滅敵空軍戰力，尤其對敵機戰機在尚未起飛就全數殲滅之，使其沒有反擊能力。這種戰術運用最好的史例是以色列「六日戰爭」，一九六七年五月阿拉伯聯盟宣佈總動員，埃及、約旦、伊拉克、敘利亞等國，到五月三十日已開始準備對以色列作戰。以色列無法容忍各國動員所帶來的安全威脅，擬定一套摧毀性的「反制作戰計畫」，啟開「六日戰爭」序幕，以國空軍先發動攻擊，六月五日晨七時四十五分第一波攻擊，在二小時五十分鐘內，埃及三百四十架戰機被摧毀三〇〇架以上。到第二天黃昏，埃及、敘利亞、約旦空軍已全數被殲滅，以後的四天以色列掌握空優，阿聯各國地面部隊喪失空中掩護，處於捱打狀態，只好宣佈停火。

研究以色列空軍致勝之道，除戰略指導掌握先制，戰術、技術上講究「快而精準」是很叫人佩服的。以「六日戰爭」為例，當出擊飛機返回基地時，用一隻計秒錶從飛機觸地起算，七分鐘內，飛機可完成油彈裝載再重新出擊，如此常的速率，飛行員一天可以出擊八次。（註⑪）而事隔將近三十年後的今天，中共每日每基地出擊才約三至四批，比較之後才知快慢。「快而精準」是戰術、技術上的問題，只有嚴格的訓練可以做到。這方面我國歷史來比中共強，但技術提升永無止境，「超敵勝敵」是我國空軍永遠要追求的目標。未來我國主動對共軍發起反制作戰，機會可能不多，但不得不有準備。

## 二、阻絕與密支作戰觀念之變遷

阻絕與密接支援作戰一向視為空軍傳統戰術任務，阻絕作戰在阻止中共海陸軍不斷增援作戰，中共要對台灣形成一波波連續不斷的進犯戰力，必須運用輸送船團經過台灣海峽登陸；而密接支援在配合陸軍地面的攻擊。但就我國空軍而言，戰時要負責領空範圍內之作戰，要阻絕中共海上船團，只要支援陸軍作戰，如何兼顧周全而不敗，戰術上須大費週章。

### ㈠阻絕作戰：

按台海防衛作戰之程序，為制空、制海、反登陸作戰，按目標之區分便是「拒敵於彼岸，擊敵於半渡，殲敵於水際」。「拒敵於彼岸」是反制作戰，「擊敵於半渡」就是阻絕作戰階段，「殲敵於水際」為配合陸軍反登陸作戰所行之密接支援作戰。在理論上我國防衛作戰做如此構思，但以中共犯台作戰計畫相對照，一旦戰爭爆發我國空軍能否實施阻絕作戰，是有待商榷的問題，牽涉的還是相對戰力問題，原因有：

1.中共對台作戰第三階段「空中奪取制海權」，換言之中共奪取台海制海權是用空軍戰力，而不是海軍戰力，亦可見中共對空軍戰力的依賴。台灣空軍在沒有拿下制空權之前，根本沒有機會實施阻絕作戰。

2.中共海軍有航空兵，各型戰機千餘架，可以護航登陸船團。我國海軍沒有編制內戰機，空軍要應付中共空軍，又要應付其海軍航兵戰機，兩者都解決了才能實施阻絕作戰，顯然也不容易辦到。

㈡密接支援作戰：

台海戰爭爆發，台灣空軍在實際上已沒有能力支援陸軍實施密接支援作戰，這不僅是理論上的評估，戰史上的檢驗也證明空軍戰機不適合密支作戰，攻擊直升機（如AH-64阿帕契Apache）更適合擔任戰術任務。（註⑫）理由如下：

1.第一線步兵對高速戰機的恐懼感：「速度就是生命」，這是戰機飛行員的標準，所以愈快愈好。由於速度太快，投彈時間上「差之毫釐」，目標可能已「失之千里」，通常未炸到敵人，却炸到第一線的友軍步兵，實在是步兵的夢魘。

2.高空攻擊降低地面部隊存活率：戰機飛行員為安全顧慮，密支作戰多採高空攻擊，以波灣戰爭「沙漠風暴」作戰為例，攻擊高度約在一五〇〇〇呎到二〇〇〇〇呎之間，離場高度不得低於四〇〇〇至二〇〇〇〇呎之間。這樣的高度雖提高飛行員存活率，卻降低地面隊存活率。

3.酬載量的成本會計：根據「沙漠風暴」統計，戰機每投擲十五枚炸彈才有一枚命中目標，精密度僅有百分之六・六，但實際上有百分之六十地面目標只用五磅重炸藥即可摧毀，高速戰機浪費成千噸的炸彈，而阿帕契攻擊直升機分別酬載十或二十磅高爆炸藥，命中度達百分之九十五。

**從理論及戰史驗證，台灣空軍戰時以戰略任務為重，戰術任務恐難顧及。尤其密支作戰若能交由攻擊直升機來執行，對台海防衛作戰應較有利。惟「戰勝不復」，戰略、戰術之用千萬變化，萬變不離其宗，戰術與戰技高超永遠是致勝之道。**

## ■結語

回顧人類戰史，十九世紀中期以為機關槍可以消弭戰爭，到了二次大戰人們以為「馬奇諾防線」可以阻止戰爭。一九九一年波灣戰爭讓我們清楚看到掌握空權，才能主宰戰場，打擊入侵者。這樣的空權運用理念，給我們台海防衛作戰甚麼啟示？總戰力為劣勢的我國空軍，想要如同美軍在波灣戰爭一樣，也在台海掌握空優可能辦不到。故以英國空軍在一九四〇年的「不決戰」為戰略指導，在戰術上刻意保存戰力而不與中共空軍硬碰硬，為可以依循之原則。**而空軍「自身難保」，對陸軍的密支作戰無力行之，陸軍有必要自己發展一支攻擊直升機隊，為實行密接支援作戰之用。**

## 註釋

①張惠榮，「評析中共空軍戰役之理論」，國防雜誌，第八卷，第五期（八十一年十一月十二日），頁三六——四五。
②同註①。
③張濤、金千里等，江八點的迷惑（台北：瑞興圖書公司，八十四年三月），頁一三二——一三四。
④同註③書，頁一三四——一四九。
⑤孫子兵法，軍形篇、魏汝霖，孫子今註今譯（台北：商務印書館，七十六年四月三版），頁一〇六。
⑥吳兆元，「二次大戰英倫三島防空作戰之研究」，國防雜誌，第八卷，第九期（八十二年三月十日），頁五九——六七。
⑦見第十三章。另見中國時報，八十四年元月八日，第四版。
⑧同註⑦。
⑨陳定中，「考察歐洲兵役制度紀要」，役政特刊，第五期（台北：內政部役政司，八十四年

三月），頁三——三九。

⑩ 聯合報，八十四年五月二十二日，第六版。

⑪ 呂石明等編，世界戰爭全集——空戰（台北：自然科學文化事業公司，七十年六月參版），頁二三四——二三六。

⑫ 攻擊直升機擔任密支作戰，參閱勵志譯，「未來空軍密支主力——攻擊直升機」一文，國防譯粹，第二十二卷，第四期（八十四年四月一日），頁六八——七一。

《結論》

## 空軍防衛作戰指導

經本篇研究我國空軍任務分析，敵我主力戰機比較及空軍戰略、戰術之運用，發現未來台海防衛作戰中，空軍以掌握空優（最低的局部空優）為主要任務，為了能達成這樣艱難之任務，**今後空軍防衛作戰經營方向為**：

⊙精良戰機與高素質飛行員；

⊙建立自主的航空工業，達到戰機自產自用；

⊙戰略、戰術上「超敵勝敵」是永久目標；

⊙建立整體自動化的防空體系。

# 第四篇

# 海軍防衛作戰

面對中共海軍三十五萬兵力及潛艦約百艘、水面戰艦五十餘艘、飛彈快艇百餘艘、兩棲艦艇四十餘艘、數千艘其他各類小型艦艇，另有配備戰機千餘架的海軍航空兵。我國海軍現有兵力六萬八千人（含陸戰隊三萬餘人），編組二個驅逐艦隊、一個巡防艦隊，及兩棲、潛艦、水雷、快艇、飛彈、陸戰隊等部隊，以這樣的相對劣勢戰力，海軍防衛作戰怎麼辦？

海軍水面作戰，

潛艦及反潛作戰，

水雷及反封鎖作戰，

兩棲及反制兩棲作戰。

# 第15章 海軍水面作戰

# 第15章　海軍水面作戰

水面作戰是海軍傳統典型的海戰，主要依賴水面戰力擊滅敵之水面戰艦，尤其大型戰艦常是水面作戰之主力，目前我國與中共都以各型驅逐艦和巡防艦為水面作戰之主力。但隨著科技進步，水面作戰已不止在「水平面」上進行，已發展到水下、水面、水上、空中、高空、太空連成一個整體作戰系統，縱使最現代化的戰艦也可能受到意外攻擊而沉沒。惟決定海軍水面作戰之成敗，主要在艦砲與飛彈作戰兩種型態。

## ■中共水面戰力評估

中共水面戰力包含水面主力戰艦、海軍航空戰力二者，但就長遠觀點來看，目前正加速進行的「航母建軍」計畫亦為最大顧慮，我國應早謀對策。

### 一、中共水面戰艦

中共海軍水面戰艦主要是驅逐艦、巡防艦組成，驅逐艦至少有二十一艘（十七艘旅大級、四艘南昌級），十七艘旅大級之中有二到四艘已進行改良，配備最新式電子作戰裝備。

C—八〇一艦對艦導彈及法國製近迫方陣快砲。另外可以起降向法國購買的大黃蜂直升機。中共目前持續進行旅大級驅逐艦性能提昇，陸續發展出旅大II、旅大III型驅逐艦，並着手開發「江湖級」、「F22」、「DDGII型」、「盧湖級」等各式驅逐艦。旅大III型配備有C—八〇一反艦飛彈、響尾蛇(Crotale)防空系統和拖曳陣列聲納，但數量少。「DDGII型」飛彈驅逐艦預定一九九八年前建造七至十艦。（註①）

「盧湖級」驅逐艦（中共型號〇五二），按「全球防衛雜誌」報導，排水量為四五〇〇噸，使用組合柴油機或燃氣渦輪機(Combined Dienel or Gasturbin, CODOG)型式主機。武器系統有八枚鷹擊C—八〇一（CSS—N—4）反艦飛彈、兩門一三〇公厘艦砲為主砲，二具反潛武器發射架，六具三二四公厘的MK32型反潛魚雷發射管，艦艉有一架Z—九A型直升機。（註②）

巡防艦中共原有舊的「江湖級」二十七艘，新式巡防艦稱「江衛」級，目前已有二艘下水，排水量二五〇〇噸，武器系統主要有八枚垂直發射「紅旗—六一M」型面對空飛彈，射程三至十公里。（註③）

中共水面主力戰艦目前約五十餘艘，按計畫籌建進度到一九九八年約可增加二十五艘，總數七十餘艘，另外有飛彈快艇百餘艘。

## 二、中共海軍特有戰力

海軍航空兵目前有十個師（六個殲擊機師、三個轟炸機師、一個訓練師），配備各式戰機千餘架，重要有轟五型一三〇架、強五型五十架、殲型戰機五〇〇架（殲六、殲七、殲八）。

海軍步兵目前有五個師，人數次於美國，居世界第二，海軍步兵兼有水兵和步兵作戰能力。

海軍陸戰隊保守評估為三萬人，但中共積極組建可能已達十萬人，編成五個旅和十二個獨立團，配備中共自製的水陸兩用「六三式」坦克。（註④）

海軍岸防部隊，目前兵力七萬人，分屬三十五個砲兵、反艦飛彈和防空飛彈團。

## 三、航母建軍

中共航母建軍計畫雖不全為台灣，但必然對我台海防衛構成重大威脅，乃引起國內各界擔憂。一九九五年元月中共中央軍委會已決定，從一九九六年起以十年時間，建造二艘吃水四萬噸級中型航空母艦。計畫此類航母甲板可搭載戰機二十架，艦內搭載二十架，並以航空母艦為中心，另行創設航空艦隊。其對台海防衛有整體性影響，除政治、經濟、心理外，在軍事上有：

㈠迫我改變戰備經營計畫：台海防衛「先西後東」，但航母艦隊可自台灣東部發起攻擊，防衛作戰經營將被迫改變。

㈡預警時間縮短：台海防衛的空中預警現在是五至十分鐘（東部較長），待E—二T空中預警機部署完成可延至二十五分鐘。但中共部署航母後，我預警時間將又縮短。

㈢增加反封鎖困難：中共依其自由意志部署航母艦隊，截斷我對內外運輸航線，反封鎖愈形困難。

## ■我國水面主力戰艦現況

我國水面主要戰艦由各型驅逐艦、巡防艦構成，近年經由自力建造、外購、改良逐年完成，待二代艦全部成軍後，驅逐艦和飛彈巡防艦應有三十五艘以上。

### 一、驅逐艦性能重建（註⑤）

我國驅逐艦改良計畫，先已有武一、武二計畫兩批，目前「武一型」有十三艘，「武二型」有四艘，「武三型」有三艘（編號：九二一、九二七、九二八）。

「武一型」所採系統是H—九三〇—一式戰鬥武器控制系統。這套系統使用工具RCA公司的HR—七六型追踪雷達，控制艦上五吋砲、七六公厘快砲、四〇公厘快砲和雄風一型反艦飛彈的射擊。本型驅逐艦還裝有海欉樹防空飛彈。

「武二型」採用以色列飛機工業(Israel Aircraft Industries)公司的Reshet指揮控制系統，用以操作艦上的五吋砲、七六公厘快砲、四〇公厘快砲和雄風一型反艦飛彈，其中雄一型計畫由雄二飛彈取代。

「武三型」改良重點在其全新的「H—九三〇MCS」作戰系統，這是由漢偉射控公司(Honeywell Training and Control Systems)和我國中科院共同研發，包含對空搜索雷達、平面搜索雷達、射控雷達、光電目標追蹤系統、艏置聲納各部份。另外本型驅逐艦裝有「長風三號」電戰系統，四組國造干擾火箭發射器。

「武三型」驅逐艦主要武裝，是十枚國造標準飛彈，一門七六公厘快砲，一門四〇公厘快砲。在我國二代艦尚未全部組建完成時，各式「武型」驅逐艦仍將是主要水面戰力。

## 二、派里級飛彈巡防艦（註⑥）

我國以「光華一號計畫」，參考美國派里級巡防艦基本構型，由中船公司建造六艘（附表11）。到八十四年三月止，「成功號」、「鄭和號」和「繼光號」三艘已分別交艦成軍，餘預訂八十八年前全部完工成軍。

**附表11 「光華一號計畫」派里級飛彈巡防艦**

| 編號 | 成軍時間 |
|---|---|
| ＰＦＧ—１１０1成功號 | 82.5.7 |
| ＰＦＧ—１１０3鄭和號 | 83.2 |
| ＰＦＧ—１１０5繼光號 | 84.3.4 |
| ＰＦＧ—１１０5岳飛號 | 85.2 |
| ＰＦＧ—１１０6子儀號 | 86 |
| ＰＦＧ—１１０8班超號 | 88年全部完成 |

本型飛彈巡防艦有先進電子和武器系統。以「成功號」為例，排水量四一〇〇噸，最高航速二十九節。裝設一座二十公厘ＭＫ15方陣近迫武器系統、ＭＫ92射控雷達、ＳＰＲ

55平面搜索雷達、SPS49對空搜索雷達。艦載「標準一型」飛彈，能以每十秒一枚的速率連續發射，射程四十六公里，飛行速度二馬赫。

成功號兩舷各有一座三聯裝MK32魚雷發射管，發射MK46反潛魚雷。另有六管固定式MK36SRBOC電子反制火箭系統，可發射熱焰彈和干擾絲；射程四公里。主要反艦武器為二座四聯裝雄風二型反艦飛彈，擁有很好的電子反反制能力。艦艉有兩個直升機庫，可容納S—七〇反潛直升機。

## 三、諾克斯級飛彈巡防艦（註⑦）

諾克斯級飛彈巡防艦是我國向美國租借，預訂借十二艘，八十二年九月已有三艘回國成軍，八十四年底前再成軍三艘，另三艘協調中（附表12）。我國一律納編為「陽字號」編名，諾克斯級巡防艦艦艏MK42MOD9艦砲和MK16反潛火箭發射器，為最主要的攻擊武器系統。偵測系統有對空搜索雷達、平面搜索雷達、艦砲射控雷達，尤其SPG53艦砲射控雷達偵測距離達八十二公里，可指揮五吋艦砲射擊超音目標。

防空武器有MK15方陣近迫快砲，防空戰力稍有不足。但配備「被動式拖曳陣列」聲納及S—七〇C反潛直升機，使反潛能力大幅提升。與成功級巡防艦相同的諾克斯級亦裝有六管固定式MK36SRBOC電子反制火箭系統。

## 四、其他水面戰艦

我國另外向法國購買「拉法葉級」巡防艦六艘，因受中共壓力，僅在法國建造船體，

**附表12 「陽字號」巡防艦成軍預定表**

| 我國編號 | 美國海軍原編號 | 成軍日期 |
|---|---|---|
| FF—932濟陽艦 | FF—1073皮耶律號(Robert E. Peary) | 82.9.27 |
| FF—933鳳陽艦 | FF—1086布魯頓號(Brewton) | |
| FF—934汾陽艦 | FF—1087科爾克號(kirk) | |
| FF—935蘭陽艦 | FF—1078休斯號(Hewes) | 84底前 |
| FF—936海陽艦 | FF—1083庫克號(Cook) | |
| FF—937淮陽艦 | FF—1088巴比號(Barbey) | |

註:另三艘協調中

在國內組裝武器系統。國內自製的有五百噸級的海岸巡防艦,預訂建造十二艘、第一艘光華三號「PZ—六〇三錦江號」由聯合造船公司承製,已於八十三年十月交船。部份老舊陽字號驅逐艦和山字號巡防艦逐年除役或轉入第二線服勤,如「華陽」、「衡陽」、「華山」改為靶艦,「資陽」轉入第二線的一三一巡防艦隊。

## ■決定水面作戰勝敗的兩種作戰方式

就水面戰艦這部份,一般看法認為我國電子科技和飛彈射控系統比中共海軍水面戰艦較優,「成功級」飛彈巡防艦就能剋制中共「旅大級」或「江湖級」。(註⑧)但最精良的戰艦仍有受致不意攻擊的機會，近代戰史最叫專家感到意外的是一九八二年英阿福克蘭島之戰，五月四日這天英國的新銳驅逐艦「謝菲爾德號」被阿根庭的一架「超級軍旗」戰機發射一枚「飛魚」飛彈擊沉。「謝菲爾德號」是當時英國最好戰艦，航速三十節（我國成功號二十九節），艦上火力強大，對空、對艦、反潛全部俱備，計有：「海上標槍」（Sea Dart）對空飛彈、「飛魚」（Exocet）對艦飛彈、「海貓」（Seacat）近程對空飛彈、五吋艦砲、MK64三聯反潛魚雷，另有「大山貓」（Lynx）反潛直升機一架。事後檢討「謝菲爾德號」被擊潛的原因，空中力量不足，沒有遠程預警機配合；英軍輕敵；軍艦對空對艦飛彈防禦力較弱。（註⑨）「謝菲爾德號」的沉沒，引起各國海軍戰略專家激烈討論，改變了水面作戰的基本觀念。這就是影響水面作戰的二個因素。

㈠水面艦隊不論規模多大，或單獨的一艘戰艦，必須在防空、反潛、水面的整體空間中，形成整體的防禦或攻擊系統，隨時要瞭解外環境一切狀況，準備應付。

㈡飛彈與反飛彈作戰。飛彈作戰，運用空中偵察和電子偵測，參證所獲情報資料，自動化完成目標識別、鑑定、分配與處理。反飛彈作戰，在偵知敵飛彈目標情報，爭取反飛彈作戰之反應時間。

## ■結語

海峽兩岸戰力比相差雖懸殊，唯獨水面戰艦這部份，論「質」我比中共優，論「量」概約均勢。惟現代水面作戰已和空中、水下連成一體，水面部隊具有三度之作戰能力，而飛彈及反飛彈作戰為現代水面作戰之利器。我國二代艦都已俱備防空、反潛、水面作戰之能力，但若不能在海戰戰略、戰術及新觀念的不斷創新，「謝菲爾德號」將在台海重演，因為我國現在的戰艦未必比當時英國的好，中共也不是阿根庭。

## 註釋

① 劉蜀臺，「對21世紀前期中共海軍戰略之研究」，國防雜誌，第八卷，第十一期（八十二年五月八日），頁一六—二七。

② 大直，「遠東海軍發展現況」，全球防衛雜誌，第九十三期（一九九二年五月一日），頁十四—二七。

③ 同註②。

④ 中國時報，八十三年六月五日。

⑤ 驅逐艦資料參閱全球防衛雜誌，第六十五期（一九九〇年一月一日），頁一二—一五。

⑥ 派里級飛彈巡防艦資料參閱全球防衛雜誌，第一〇六期（一九九三年六月一日），頁三〇—三五。

⑦ 諾克斯級飛彈巡防艦資料參閱「全球防衛雜誌」，第一一一期，頁一四—一九。

⑧ 張濤、金千里等，江八點的迷惑（台北：瑞興圖書公司，八十四年三月），頁二一一。

⑨ 彭懷恩，透視海島攻防（台北：風雲論壇社，七十三年十二月二十五日），頁七五—七九。

# 第16章

# 潛艦及反潛作戰

# 第16章　潛艦及反潛作戰

潛艦是進行海上封鎖之要角，遠的在近代兩次世界大戰中，德國都採用潛艦海上封鎖，企圖使英國這個靠海維生的島國投降。所幸英國全民團結抗敵，皇家海軍從實戰中找到有效反潛戰術，德國終無能力入侵英國本土。

近的有一九八二年英阿福島戰爭中，戰前英國國防部宣布福島四週二百浬為封鎖區，兩艘英國核子攻擊潛艦奉命擊沉任何見到的阿根廷船艦，到五月七日更擴大封鎖區到阿根廷本土海岸外十二浬處，阿國始終拿不出有效反封鎖辦法，福島阿軍在「彈盡援絕」境況下，於是年六月十四日向英軍投降。這場戰爭引起海峽兩岸（特別是職業軍人）高度關注，希望能得到一些攻守上的啟發。

八十四年三月十六日，前美國國務院情報暨研究局中國科科長譚慎格，在接受日本產經新聞專訪時說，中共不斷向俄羅斯購買潛艦，目的是要對台灣進行海上封鎖。中共建立「潛水艇艦隊」的表面目的，是為南海的領土主權之爭，但真正目的是封鎖台灣。故中共未來對台灣最大威脅，應該是以潛艦對台灣所進行的全面封鎖。（註①）支持台海防衛賴以維生的生命線能否打通，就看台灣反潛作戰潛力如何了！

## ■中共潛艦作戰能力評估與封鎖方式

中得近年積極向俄羅斯採購潛艦，一方面為「海洋主義」到來，為建立大型海上艦隊，爭取成為國際強權有關。但近程目的為必要時以武力解決統一問題，全面封鎖台灣四週海域，國內外專家學者有許多持這樣的看法，故本文首先研究中共潛艦作戰能力，探討對台灣可能的封鎖方式。

### 一、中共潛艦作戰能力評估

中共海軍潛艦型式有W級、R級、武漢級、G級、明級、漢級、夏級等七種，總數約一三〇餘艘，扣除其老舊除役、訓練用，可用於作戰者約六〇餘艘。（註②）可能為多數潛艦老舊，中共近年積極向俄羅斯約購買潛艦。據我國情報單位所知，中共所購買有四艘K級潛艦，兩艘屬外銷的「八七七EKM型」，兩艘新式「六三六型」，其首艘已於八十四年二月間運抵大陸。（註③）但根據美國情報單位於一九九五年三月間得到消息，最近中共向俄羅斯購買潛艦正確數字為二十二艦，惟交艦期限不詳。（註④）

中共潛艦雖有半數面臨汰換，但按二〇〇〇年「大型艦艇籌建計畫」，潛艦新造有一一八艘。（註⑤）依外購、自建及淘汰比率，而中共造艦計畫又能順利進行來判斷，目前中共潛艦作戰能力約六十艘，到本世紀末約八十艘，到二十一世紀前期約有一百五十艘。這表示中共對台灣的潛艦作戰或封鎖能力，到下個世紀初期至少比現在成長二·五倍。

## 二、中共潛艦對台海的封鎖方式

封鎖台灣使用方法很多，本書均在相關篇章研究，惟潛艦方面可分全面封鎖與局部封鎖。如二次大戰德國所行「無限制潛艦制」，英阿福島戰爭時，英國對福克蘭島及阿根廷本土所行之封鎖，均屬全面封鎖，凡封鎖目標四週可見到敵國船艦一律擊沉。中共對台灣全面封鎖方式，乃將台灣四週海域劃出一個橢圓形面積，圓週總長約一六〇〇公里，區分成二十七個獨立區域，每區長寬各約五十公里，由一艘潛艦負責，如此可以截斷台灣四週內外交通，阻絕一切進出口貿易或外援。

局部封鎖則僅針對我要港，如基隆、台中、高雄等港口，在港口外海實施佈雷、破壞航道、伺機攻擊進出船隻，或在公海上攻擊我方船隻，使我海空軍無法及時救援，達到逐次消弱我戰力之目的。

中共潛艦對我作戰方式，除了封鎖外，還有戰略嚇阻，以潛射飛彈攻擊我陸上目標，實施反潛阻柵或獵殺我潛艦及水面戰艦。

## ■我國潛艦戰力概況

現階段我國潛艦只有四艘，較佳有「劍龍級」的兩艘，但與中共比較形成明顯劣勢。

故我國增強潛艦戰力之道，必須從突破外交困境來購得，我國潛艦戰力趨弱的原因，一方面是中共在國際上封殺施壓，使許多採購案都落空。二方面是美國多數民主黨議員認為潛艇是攻擊性武器，縱使「台灣關係法」修正，仍不能賣給台灣，若為防中共潛艇攻擊，應從採購反潛裝備着手。但美國「國會眾院國際關係委員會」主席吉爾曼，於一九九五年五月向院會提出「海外利益法案報告」，強烈支持台灣須要防禦性潛艦，並修訂「台灣關係法」，使軍售條款優於「八一七公報」（這項修法行動美國眾院已於五月九日通過）。（註⑥）

美國共和黨人士提出的「海外利益法案報告」，為協助我國購得潛艇，在報告中增加解釋文字，而且前總統布希賣給台灣的F—十六戰機，亦可說是攻擊性武器；「國防新聞」周刊報導引述我國海軍總司令顧崇廉的話說，台灣最需要的就是潛艇。（註⑦）按這個局勢評估，我國近期可望向美國購買潛艇，增強潛艦戰力。

但我國防部決策官員亦表示，十年來經由各種管道，美、法、德、荷、瑞典與澳洲都未能突破，若近期再不能獲得，只好向俄羅斯採購K級潛艦。從分散採購源觀點，此為可行之道。惟從國家長治久安，國防自主的百年大計觀之，仍應從自力研發開始。

## ■我國反潛戰力評估

台海防衛屬守勢作戰，故防禦性武器較易於獲得，反潛裝置為其中一部份，我國反潛戰力現況有：

㈠水面戰艦反潛戰力：

派里級巡防艦（成功號）兩舷各有一座三聯裝MK32魚雷發射管，發射MK46反潛魚雷，艦艉可放一架S—七〇C反潛直升機。

諾克斯級巡防艦的長處是反潛作戰，在艦艉裝有VDS聲納和「被動式拖曳陣列聲納」，八聯裝MK16反潛火箭，配備一架S—七〇C反潛直升機，諾克斯級反潛戰力強大。

「武三型」驅逐艦以防空為主，反潛為輔，艦上仍保有原來的ASROC反潛火箭、2組MK32三聯裝反潛魚雷。

我國反潛戰力除水面戰艦的反潛系統，海軍S—七〇C反潛直升機，還有空軍S—2T反潛直升機。就整體反潛戰力（空中、水面、水下）而言，可以構成堅強的反潛作戰網。

㈡反潛戰術之運用：

戰術之用日新月異，反潛作戰涵蓋在三度空間之中，是科技、情報、智慧的整體發揮，更須高度戰術之講求；除了一般常用的單艦攻潛、雙艦攻潛、多艦攻潛及空中攻潛戰術外，現代講求海空聯合攻潛，才更能發揮整體的反潛戰力。

## ■敵我最近潛艦及反潛作戰實戰經驗檢討

海峽兩岸表面上已平靜數十年，沒有軍事上的接觸，頂多止於各自軍事演習。但最近卻有過一次潛艦及反潛作戰，從軍事觀點來看，這並不是一件「意外」，而是一種共軍計畫內的軍事活動。（註⑧）時間是在八十三年五月二十五日上午十一時一分，澎湖南方海域偵測到一艘不明國籍潛艦（中共R級），直到二十七日上午八時四十五分，該艦向西轉進離去，雙方對峙四十五個小時四十四分鐘，作戰經過如下：（註⑨）

㈠五月二十五日正逢國軍在澎湖進行「漢光十號三軍聯合作戰演習」，空軍S—2T反潛機配合參演。反潛機於上午十時許偵測到水面下有大型物體（在澎湖以南十三浬，台南安平港以西十二浬），查證後確認非我國籍之潛艦。

㈡海軍立即出動四艘陽字號驅逐艦及諾克斯巡防艦到達現場，該潛艦查覺已被監控乃保持靜止狀態。S—七〇C及水面艦反潛系統均同時加入監控行列，雙方展開長期對峙狀態。

㈢二十七日晨該艦開始向西轉進，遠離我方海域，國軍於是日上午八時四十五分解除封鎖。到六月四日海軍總部針對與中共潛艦對峙一事發佈新聞。

從這次敵我潛艦及反潛作戰經驗，我們發現若干警訊深值注意。其一、中共R級潛艦雖大部份已封存或汰除，但仍有部份可用；其二、中共對台灣軍事情報、偵測還是很積極，證明武力犯台一事確實在準備中；其三、中共來一艘潛艦，我們出動驅逐艦四艘、巡防艦（至少一艘），若共軍來十艘局部封鎖，或三十艘全面封鎖，則國軍反封鎖當如何？恐須從長策劃與經營。其四、我國目前能造戰機、戰艦，但潛艇研發一片空白，應從自力研發開始建立基礎設施。

## ■結語

八十三年十一月在美國洛杉磯，有一場由台灣同鄉會舉辦的「中國武力犯台能力的評估」演講會，會中認為共軍潛艦老舊，可用者只有三十四艘。（註⑩）這是對中共潛艦戰力明顯的誤判（應包含自力造艦和外購數量的增長），果如該會判定，台灣反潛戰力已足足有餘。

經本文研究中共未來反潛作戰能力的提高速度，及其武力犯台時將選用潛艦封鎖台海的可能性已大大增加。我國國防建設應將厚植潛艦及反潛戰力，潛艦研發列為長期施政之目標。

## 註釋

①聯合報，八十四年三月十七日。

②陳福成，決戰閏八月——後鄧時代中共武力犯台研究（台北：金台灣出版公司，一九九五年七月十日），第四章。

③聯合報，八十四年二月二十日，第四版。

④聯合報，八十四年三月十七日。

⑤劉蜀台，「對21世紀前期中共海軍戰略之研究」，國防雜誌，第八卷第十一期（八十二年五月八日），頁一六——二七。

⑥聯合報，八十四年五月十一日，第一版；二十四日，第六版。

⑦聯合報，八十四年五月二十四日，第六版。

⑧同註②書，第五章。

⑨中國時報，八十三年六月五日。

⑩自由時報，八十三年十一月二十一日，第六版。

# 第17章 水雷及反封鎖作戰

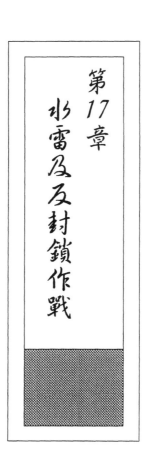

# 第17章　水雷及反封鎖作戰

水雷(Mine)是海軍兵器中「一本萬利」的武器，它體積小、價格便宜、容易隱藏、用途多，且反制困難，各國無不大力開發，現在已號稱「海軍武器的黑馬」。光是美國就儲存三十萬枚水雷，建立有強大的水雷部隊。(註①)

按中共對台海作戰的指導，不論用那一種方式奪取台灣，海空封鎖是必經的作戰階段。而運用水雷進行封鎖是最便宜有效的方法，依作戰計畫指導，第一階段動員大批機、艦、船、艇，估計先用五千到七千枚，需時四至六天。第二階段再投入七千枚水雷，兩階段共使用不到一萬五千枚水雷，台灣對內外一切海上運輸補給線就完全被切斷，中共使用代價極小。(註②)

另一方面，台灣的水雷反制、反封鎖能力，亞洲國家的海軍專家們確多表存疑。(註③)情勢是否真的對我不樂觀呢？

## ■中共水雷作戰能力研判（註④）

研究中共可能對我之水雷作戰，包含雷種、數量、佈雷載具及水雷反制能力等。

**一、雷種及數量**

中共現有岸控、觸發、磁性、音響、壓力及混合水雷達三十多種，部份為日式或俄國援助水雷，餘為自製的錨雷及複合感應雷，總數為五萬餘枚。對於封鎖台灣四週海域之用足足有餘，據「江八點的迷惑」研究須要約一萬四千多枚，依台灣大學軍訓室「水雷作戰研究」評估須要八千餘枚，依民間版「國防外交白皮書」研究須要七千枚。各家研究差距頗大，但可確認中共現有水雷數量用來全面封鎖台灣，應無可存疑。

**二、佈雷載具**

中共可用於佈雷之各種載具有水面艦艇、潛艦、飛機等三種，而以水面艦艇佈雷規模最大。

㈠水面艦艇佈雷能力：

中共可用於佈雷的水面艦艇如（附表13），大型艦艇約二百艘，各式快艇約一千艘，必要時可動用機漁船以非正規兵力實施佈雷。其佈雷能力甚強，且可用載具與兵力強大。

㈡潛艦佈雷能力

附表13　中共水面艦艇佈雷能力

| 艦艇型號 | 能　力 | 數量（艘） |
|---|---|---|
| 放大級DDG | 水雷施放軌一座 | 共約200艘 |
| 鞍山級DDG | 攜水雷一百枚 | |
| 江南級DE | 水雷施放軌一座 | |
| 江南級PF | 有佈雷能力 | |
| 克倫斯塔級PC | 攜八一十枚 | |
| 掃雷艦MSF | 有佈雷能力 | |
| 快艇 (PTF.PTFG.PTG.PTH.PTGH) | 有佈雷能力 | 約一千艘 |
| 機漁船 | 非正式佈雷 | 約二萬三千 |

中共各式潛艦中，R級可攜雷廿八枚，W級可攜雷二十枚，G級四十枚。該等兵力執行攻擊性佈雷任務時，特具有隱密與奇襲效果，極有利於對我港口、航道行局部佈雷，或進行全面佈雷，可謂中共實施台海封鎖之利器。

㈢飛機佈雷能力

中共目前各型戰轟機中，IL—28型能攜雷二枚，TL—16型能攜雷六至八枚，其餘須經臨時改裝才能用於佈雷。

**三、水雷反制能力**

中共水雷反制戰力為較薄弱之一環，在援越戰爭期間（一九七〇年代）曾加強水雷反制研發，越戰結束後隨之放鬆。一九八〇年代又開始重視並積極研發，但目前只有掃雷艦四十一艘（MSF），就廣大海域而言，水雷反制兵力確實不足。惟形成這樣現象原因，可能是一種「大國心態」使然，中共在亞洲是大國，只有對別國行水雷封鎖，亞洲各國有誰能對中共進行水雷封鎖，故不須要太多水雷反制部隊。這種情形如同美國，從一九五〇到一九八〇年的三十年間，美國海軍都把掃雷工作列為最低優先，到一九八二年才有四十億美元的「水雷反制計畫」，使掃雷戰力大增。

### 四、中共對我水雷封鎖之可能方式

從中共武力犯台的十二種可能行動方式。（註⑤）研判中共對我水雷封鎖的可能方式，依其規模之大小，可分四種：

㈠港口封鎖：運用其現有載具，對我台澎金馬各軍、商港，擇其要者在港口佈雷，打擊我對外航運，遲滯我艦艇之軍事任務。

㈡航道封鎖：對我重要國際航線、本外島間交通航線佈雷，以利戰術上「孤立外島」、「圍援打點」、「圍點打援」或各個擊滅，逐次殲滅。

㈢要域封鎖：在優勢海空戰力掩護下，對重要海域（如海峽南北端、海軍兵力轉用地區、卸油區、登陸之泊地）佈雷，以利戰略目標之達成。

㈣全面封鎖：如同英國封鎖福克蘭島，四週全部封死，中共改用水雷封鎖，惟不論使用七千枚或一萬四千枚，通常少有單獨水雷封鎖，大多配合其他海空戰力進行全面封鎖。

## ■我國水雷反制（反封鎖）能力評估

我國目前對水雷反制作戰戰力，以掃雷艇、掃雷艦及獵雷艦為主力。在反制方式上，必須「被動式」和「主動式」並重，才能「平時經營，戰時有效」。

### 一、我國水雷反制載具能力

目前我國擁有水雷反制載具(Mine Countermeasures Vessel, MCMV)有三種型式。（註⑥）

第一種「近岸掃雷艇」(MSC,又稱Adjutant)，屬木造，自一九五八到一九六九年海軍從美國、比利時共接收了十四艘，目前已有四艘除役。餘從民國七十一年起進行「復永」計畫，加裝一套購自挪威Simrad公司的SA—九五〇式測雷聲納，暫時解決海軍急需。

第二種「近岸獵雷艦」(MHC)，屬木造，於民國七十九年用中油公司支援海上油井、測量、救火、反污染用的「多功能近海船隻」，從西德購入，如此才避開中共封殺。MHC裝有法國湯姆生(Thomson-Sintra)公司的TSM—二〇二二獵雷聲納和IBISV型作戰系統。

第三種「遠洋掃雷艦」(MSO)，今（八十四）年三月一日在左營軍港成軍，續航力三千浬，能清除音響、機械、磁性及混合型水雷，裝備一套AN／SQQ—十四高頻主動尋

**附表14　我國水雷反制載具**

| 型式 | 編號 | 成軍時間 | 現況 |
|---|---|---|---|
| MSC | 永字編號，155至168共14艘 | 1958~1969逐年接收 | 已有四艘除役，餘經「復永」計畫整修，使用中。 |
| MHC | 1301永豐號<br>1302永嘉號<br>1303永定號<br>1304永順號 | 民國79年以中油公司用船向西德購入 | 從「多功能海岸補給船」，海軍自行加裝掃獵雷裝備成獵雷艦。 |
| MSO | 永陽號<br>永慈號<br>永固號<br>永德號 | 84.3.1在左營成軍 | 目前是我國性能最佳掃雷艦 |

雷聲納，使反制水雷效果增加。這是目前我國最佳水雷反制載具。

## 二、厚植水雷反制潛力

所謂「水雷反制能力」（反封鎖），並不是指多買一些掃雷艦艇就具備能力，這是很大的錯誤。一般從兩方面來厚植水雷反制潛力。

㈠建立海床水文、航線資料庫：

這是「被動水雷反制」作法，包括降低船體磁性、改變艦艇音訊特徵、迴避水雷，但最有效的被動水雷反制，是在平時所建立的海床、水文、航線資料庫。其主要工作有可行航線之戡查與記錄、建立海床地形圖、海床上各種物體形狀及資料，平時須不斷更新資料，保持準確精度，戰時可供選擇安全航路。情勢緊張時，所有航線應每日戡查記錄。

㈡增強獵雷(Minehunting)系統，目前的發展有艦載獵雷系統、自游(Free Swimming)系統及遙控載具(Remote Control Vehicle, ROV)。我國在採購MHC「近岸獵雷艦」時，曾有爭議的「企鵝」獵雷系統就有自游和遙控功能，且一次任務可清除兩枚水雷(西方各除雷載具均一次只能清除一枚)。

## ■我國未來對反制水雷、反封鎖努力方向

反制水雷目前是我國海軍作戰中最弱的一環，海峽大戰一旦爆發，中共勢必採行水雷封鎖，我方必須進行反制水雷、反封鎖，未來我國努力方向應從基礎設施開始建立，厚植反制水雷、反封鎖戰力。

### 一、建立台灣週邊水域有關水雷作戰資料

台灣週邊水域對佈雷、掃雷、用雷的差別影響頗大，佈雷與用雷可分三個不同的區：

㈠西部海域自三貂角至外傘頂洲及澎湖四週，此區域水深約六十公尺，潮流約三節，潮差三到四公尺，佈雷深度可到四至六公尺。海底為砂石及泥沙，僅適宜佈感應雷，惟佈

放時間太久易掩埋。

㈡自外傘頂洲至鵝鑾鼻，此區潮流較小約一節，潮差一公尺，湧浪平均一至四公尺，海底多砂石，坡度五至十五度，適宜佈放繫留雷及感應沉雷。

㈢東部近岸大多水深，不適合佈雷

從水域環境來看台灣西部適宜佈雷，各港口中以高雄港五浬範圍內最宜佈雷。在掃雷方面，較佳的掃雷作業環境，風速小於二十節，潮流低於一節半，視界超過五浬，台灣海峽受東北季風影響，長年浪高風急，不利於掃雷作業進行。

## 二、落實國防自主、自力造艦時機成熟

近十年來台灣隨著經濟成長，小型造船業對軍用船艦建造頗有幫助，例如MSC「復永」計畫之順利，得力於遊艇工業發達，中船建造派里級巡防艦，對國防自主生根很有幫助。水雷反制方面，海軍最近擬在國內公開招標，建造小型掃雷艇，採用漁業用精密聲納，頗值一試，有利於國防工業在本土生根，亦期望有一天能不再受制於政治因素。畢竟，要能抓住的才是安全可靠。

## 三、多元掃雷方向的發展

台灣四週海域有利於佈雷，不利於掃雷，亦即有利於中共水雷封鎖，不利於我反封鎖。故我國須要有較強大的掃雷戰力，可行的辦法除前述水雷反制措施外，如美國海軍使用MH—53直升機掃雷，英國皇家海軍使用氣墊船掃雷，都是可以發展的方向。

## ■結語

亞洲國家為甚麼對我國水雷反制沒有信心，直接原因是我國海軍長期對水雷作戰的漠視及基礎研發的欠缺；相對的間接原因是對中共水雷強大戰力的擔憂。水雷作戰目前除了是「海軍黑馬」外，也是劣勢海軍爭取局部優勢之途徑，水雷所形成的政、軍、經、心效益，是其他海軍武器無可比擬的。為確保台海安全與台海制海權，更為突破中共對我可能之封鎖，我國應有計畫、從長計議建立強大的水雷及反封鎖作戰戰力。

## 註釋

① 國防譯粹，第十九卷，第六期，八十一年六月一日，頁六七—九七·另見「全球防衛雜誌」，第九一期，一九九二年三月一日，頁四一。

② 張濤、金千里著，江八點的迷惑（台北：瑞興圖書公司，八十四年三月），頁二一二。

③ 田弘茂等，國防外交白皮書（台北：業強出版社，一九九二年三月），二三〇。

④ 參考資料，黃千訓，「水雷作戰研究」，台灣大學軍訓室學術研究專題報告，八十四年五月四日，頁十七—十九。

⑤ 陳福成，決戰閏八月—後鄧時代中共武力犯台研究（台北：金台灣出版公司，一九九五年七

月十日），第九章。

⑥ 參考「全球防衛雜誌」，第九十一期（一九九二年二月一日），頁四一—五一；第一二八期（一九九五年四月一日），頁三六—四五。

# 第18章

# 兩棲及反制兩棲作戰

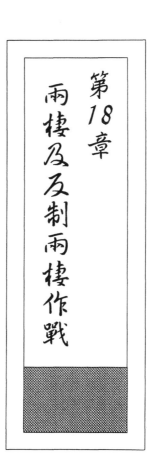

# 第18章　兩棲及反制兩棲作戰

所謂「兩棲作戰」，大都指三軍聯合完成的越海登陸攻勢作戰，也有較小規模由陸軍單獨完成的兩棲作戰。由海空軍及裝載於艦艇之登陸部隊，聯合自海上向敵岸所行之登陸攻擊，其本質為陸海空三軍聯合之攻勢作戰，稱之「聯合兩棲登陸作戰」（註①）此種越海攻勢登陸作戰，在我國對大陸取軍事攻勢時期，是主要建軍備戰之型態，民國四十年代對大陸有過小型兩棲登陸經驗，民國五十年代開始「七分政治，三分軍事」策略，對大陸仍為攻勢作戰。民國七十年代我國防策略改取戰略守勢，八十年代兩岸民間交流熱絡。民國八十四年五月三十日，陸委會主委蕭萬長在大陸工作會議宣示，「放棄正統、法統、中國代表權之爭」。（註②）顯示台灣的國防政策已經是完全的防衛型態，未來已不可能主動對大陸行三軍「聯合兩棲登陸作戰」。

時局是這樣的轉變，現在台灣朝野最多關心與顧慮的問題，是中共主動對我行三軍「聯合兩棲登陸作戰」，故我國國防上重要的考量是「反制兩棲作戰」。這原本是陸海空三軍共同的問題，為討論及理解之方便，這裡只研究海軍部份的兩棲及反制兩棲作戰，陸空部份的反制兩棲作戰均在其他相關章節論之

## ■中共兩棲戰力評估

到底中共對台灣一次的兩棲登陸戰力有多少？端視其海軍兩棲船艦有多少而定。目前其海軍兩棲正規輸力第一次約可輸送五個師兵力，若以其海空優勢控制台灣沿海重要海岸及港口，則其非正規輸力（商船、機漁船）約可輸送三十萬兵力。如「附表15」（註③）

**附表15　中共對台第一波兩棲登陸戰力**

| 類別 | | 裝備 | 兵力 |
|---|---|---|---|
| 兩棲正規輸力 | 有渡海能力 | 兩棲艦60艘 | 2個加強師 |
| | 近岸艦對岸 | 兩棲艇300艘 | 3個師 |
| 兩棲非正規輸力 | 商船 | 180艘(南京軍區) | 4個師 |
| | 機漁船 | 13500艘(80%計) | 27萬人 |
| 空降 | 空軍空運 | 空運機約百架 | 傘兵 2500人 |
| | 陸軍機降 | 直升機約300架 | 2000人 |
| 附記：戰略導彈兵力未計，直升機目前只能對我外島作戰。 | | | |

中共海軍為提高兩棲戰力，特針對台海寬度積極研發各式氣墊船。一九六四年由「中國船舶及海洋工程設計研究院」開始研製，一九八四年成立「中國氣墊技術開發公司」。目前在天津、杭州、重慶、蕪湖、巢湖、上海、福州、佳木斯，及貴州省赤水、江西省湖口都設有氣墊船造船廠，主要型式如「附表16」（註④）表列型式中，就續航力與速度研

判，以「七二二」、「七二一二」、「七二〇三」、「七一九」、「七一七」等各型適於對台兩棲作戰之用，惟各型均可對我金馬外島作戰。

**附表16　中共主要氣墊船性能諸元表**

| 型式 | 722型 | 716II型 | 7212型 | 7203型 | 719型 | 717II/III型 |
|---|---|---|---|---|---|---|
| 重量（噸） | 65 | 18.6 | 4.7 | 35 | 95 | 22 |
| 載重（噸） | 15 | 2.5 | 0.8 | 100人 | 186人 | 70人 |
| 長（公尺） | 27.2 | 17.9 | 9.85 | 22.2 | 35.5 | 21.2 |
| 寬（公尺） | 13.8 | 8.3 | 3.4 | 6.9 | 7.6 | 4.9 |
| 時速（浬） | 55 | 39 | 25 | 30 | 25 | 23 |
| 續航力（小時） | 3 | 3 | 5.5 | 6 | 20 | 6 |
| 用途 | 兩棲突襲 | 離島運補 | 沼澤區運補 | 人員運補 | 人員運補 | 內河運補 |

## ■我國海軍兩棲作戰能力評估

我國目前在政策上放棄對大陸的軍事攻勢，在建軍備戰方面當然欠缺聯合兩棲登陸作戰的部隊，尤其欠缺海空優勢之掩護，更不可能主動發起兩棲作戰。惟較有可能的是在必要時，發起兩棲作戰中小規模的「逆登陸作戰」。

所謂「逆登陸作戰」，是對於我岸登陸敵軍已攻佔地區之後方所實施之登陸作戰。（註

⑤例如未來敵自台灣東部發起攻擊，並奪取東部地區政軍要域，進而威脅北部或西部地區。海軍乃對東部地區實施兩棲作戰，以歸復東部，解除威脅。再者，在反登陸作戰過程中，為收復淪陷地區，如離島或本島任一地區，為配合陸上作戰也有可能實施「逆登陸作戰」。惟敵軍通常具有海空優勢，戰史上成功之史例甚少，僅在第二次世界大戰時，日軍在太平洋方面之芬希哈芬而已。

按台海現況，我國實施兩棲攻勢作戰時代已成過去，未來海軍在兩棲作戰方面，應置重點於反制中共海軍兩棲作戰，以符合台海防衛作戰的戰爭型態。而現有兩棲登陸戰力當如何？答案是保留適當之兵力以備需要，蓋軍事上無論用與不用，需有以備用。

## ■反制兩棲作戰之道

海軍反制共軍兩棲作戰，可能在有限或無空中支援情況下行之，故著眼於先期週到之作戰準備，預為經營戰場，才能在敵登陸部隊戰力分離之際，殲敵於水際。研究反制兩棲作戰之道有以下數端。

### 一、艦載反艦飛彈

當敵船團進入泊地位置，我海軍艦載反艦飛彈較適合的攻擊對象是敵方大型運輸艦、火力支援艦，我海軍艦載反艦飛彈，「成功號」（派里級巡防艦）有2座四聯裝雄風二型飛彈，使用紅外線及主動雷達，電子反反制能力甚佳。「武三型」驅逐艦使用國造標準飛彈，「武二型」則用雄風二型飛彈。

諾克斯級巡防艦為增強反艦能力，加裝魚叉飛彈，艦艏的五吋艦砲可射擊超音速目標。

**二、艦砲泊地攻擊**

在敵兩棲船團進入泊地，接著開始換乘，編成舟波及突擊上陸階段，海軍艦砲配合陸空長程、中程火力，對敵兩棲部隊實施決定性打擊，瓦解其組織，遲滯其登陸行動。

惟考量中共擁有優勢海空戰力，艦砲之泊地攻擊應配合陸航攻擊直昇機、空軍及岸置飛彈，乘敵船團戰力不能發揮之際，實施三軍聯合泊地攻擊。

**三、岸置反艦飛彈增大防禦縱深**（註⑥）

當防禦地區近海有小島可資利用，依其位置與戰術價值，配置反艦飛彈與火砲，能增加防禦縱深，協力海軍制海，對敵泊地船艦及登陸部隊形成側面攻擊。尤其台灣防衛作戰的型態，在離島部署反艦飛彈，可以增加防衛縱深，並能對中共的兩棲登陸形成交叉火網，可算是守勢作戰的積極「攻勢作法」。目前我國已在東引、澎湖、小琉球等三處部署雄二飛彈，而原先考量的彭佳嶼，因顧慮對日關係取消「雄二」陣地部署，這是「泛政治」思考的結果，蓋國家的安全價值應高於民間關係價值。未來台海防衛作戰不幸爆發，我各離島應擇要部署反艦飛彈。

**四、反制氣墊船**

對中共氣墊船反制之具體作為，宜從打擊與拘束（障礙）兩方面著手。

㈠打擊方面：：水際打擊特重偵蒐能力確實掌握敵方氣墊船動向，以各種水面艦艇打擊之，徵集大型商輪、油輪衝擊之。必要時在關鍵地區洩油引火，惟須評估海面污染及國際可能反應之利弊。當敵氣墊船尚在泊地，乘其戰力最弱之際，海軍兩棲裝甲車輛均可出擊，優先打擊敵引導艇和控制艇。

㈡拘束（障礙）方面：

1. 重要溪流出海口設置船陣或沉船，可通行氣墊船之橋樑用鋼索封閉橋墩間航道，均可阻敵氣墊船溯航而上。
2. 在氣墊船可能登陸地區堆築兩公尺以上石堤，在近海沿岸設置搖控或火力引爆火海。
3. 港口附近可用貨櫃成排置於海岸外，形成近岸之內海地帶，可防氣墊船靠岸。
4. 結合海堤工程，以大型之菱形消波塊（高約五公尺），置於近海使形成內海地帶。

## ■厚植強大兩棲及反制兩棲戰力

在海軍防衛作戰方面我們為討論之便，區分成水面、潛艦、水雷及兩棲等不同章節，但在實際作戰上是不能分割的；若將水面、潛艦、水雷等作戰加以抽離，則兩棲及反制兩棲作戰將成空無一物。也就是說，兩棲及反制兩棲作戰是海軍整體戰力之運用發揮，甚至說是海權的表現亦不為過。是故，反制兩棲登陸根本之道還在厚植強大海軍戰力，成為一個具備優勢的海權國家。

對於海權的經營，英國的地理位置與台灣相類似，提供一個良好例證，英國利用其「居中央位置的戰略優點」，建立強大海軍，同時以本國做為戰略基地，使其海軍艦隊獲得集中之優勢。四百年來，凡有外力想要武力進犯英倫三島，或兩棲登陸，或海上封鎖者，均無成功者。這種情形說明海軍防衛作戰，不是單從某一個潛艦或水雷反制作戰進行所能完成，而是海軍整體戰力的建立。美國海權戰略學家馬漢將軍認為，影響海權發展的條件有地理位置、自然結構、領土大小、人口數量、國民習性和國家體制六項，「誰能控制海洋，誰就能控制世界」。(註⑦) **台灣有發展成強大海權的條件，理由如次：**

(一)地理位置：指地緣戰略上的重要地位。

(二)自然結構：優良港口及海岸線。

(三)領土大小和人口數量相配合，素質均在不斷提高。

(四)國民習性：重商主義和海外市場正在形成。

(五)國家體制：趨向民主、自由。

未來台灣不管是做為中國的一部，或獨立地區，因其四面環海，在現有基礎上發展海權才是反制兩棲之道。

## 結語

兩棲作戰通常是三軍聯合的攻勢作戰，惟保有海軍作戰特質，需綜合運用海軍各型作戰，包括水面戰艦、潛艦、防空、水面、電子及兩棲作戰，始克完成之。故反制兩棲作戰也具有三軍聯合的反制作戰性質。預判未來中共海軍兩棲作戰發展趨勢，氣墊船將成為兩棲作戰登陸之主力，多功能兩棲艦將獨立擔負團級兩棲作戰，我國海軍針對未來海權建立，厚植兩棲及反制兩棲作戰的發展方向應為：

(一)水面、水雷、反潛作戰的立體化。

(二)武器飛彈化。

(三)完成指、管、通、情系統的整體化。

(四)迎接海洋時代來臨，建立現代化海軍。

## 註釋

① 國防部，陸軍作戰要綱——聯合兵種指揮釋要，下冊（八十年六月三十日），第六篇，第三章。

② 聯合報，八十四年六月一日，第二版。

③ 陳福成，決戰閏八月——後鄧時代中共武力犯台研究（台北：金台灣出版事業公司，一九九

五年七月十日），附件十九。

④ 陳立文「氣墊船在後勤上之運用」，國防雜誌，第八卷，第七期（八十二年元月一日），頁七十一─八一。

⑤ 同註①書，六─二三六頁。

⑥ 東引、澎湖、小琉球部署雄二飛彈，可增加台海防衛縱深。中國時報，八十三年十一月五日，第三版；及八日第四版。

⑦ 紀式勉、王雪良，「就現代環境局勢論構成海權力量的必備條件」，海軍學術月刊，第廿七卷第八期（八十二年八月十日），頁四─一一。

《結論》

# 海軍防衛作戰

中國近數百年來之積弱，肇因於明朝中葉以後至清代的禁海及鎖國政策，使中國之發展偏離了海權潮流，廿世紀是海權盛行時代，即將來臨的廿一世紀是「海洋主義」時代。為因應這種新時代，中共在國家發展政策上已經由「三北」調整為「四海」。而台灣對這個警覺似仍不明顯，沒有明確的海洋政策。

未來台海防衛，除了守勢的海軍戰力之建立，也必須有積極的海權主張，包含深厚的造船工業、強大的航運能力及海上經貿船隊、良好的海空基地與設施，國民對海權思想的認知，相信這才是海軍防衛最大戰力，確保台海防衛最大之保證。尤其造船工業，我國的造艦技術已深得國際肯定（如飛彈巡防艦、近岸巡防艦），且我國造艦成本較歐美低廉，交船期短，加上我國現有經貿優勢，相信我國發展「強勢海權」不是夢。

# 第五篇

# 陸軍地面防衛作戰

台海防衛作戰過程：制空、制海、反登陸，陸軍地面防衛作戰是第三階段，包含防空、反空降、泊地、灘岸及內陸作戰等五部份。惟防空作戰因與海空軍防空作戰為同一系統，故納入「整體戰力配合運用」一篇併同研析。一般稱「反登陸作戰」，概指泊地攻擊、灘岸決戰與內陸決戰三部曲。

# 第19章

# 反空降作戦

# 第19章　反空降作戰

在「一九九五閏八月」一書描述，T日零時三十分：中共超過千架的戰機飛臨台灣上空，護送中共上萬的空降部隊在各個高爾夫球場跳傘降落。（註①）雖然該書只是虛構，與中共實際空降部隊編裝完全不合，但仍然引起台灣媒體及朝野一陣緊張，到底中共空降作戰戰力如何？能否對台灣進行獨立的空降作戰？這是我國反空降作戰準備必須顧慮的前提。

## ■希特勒：「傘兵空降時代已成明日黃花。」是嗎？

想要瞭解中共空降戰力能否單獨對台行空降作戰？或只是其他作戰之一部份？先從傘兵空降戰史來觀察，二次大戰德軍空降克里特島，是戰史上唯一的一次大規模以傘兵為主的獨立空降作戰。

克里特島(Crete Island)是愛琴海內第一大島，東西長一六〇哩，南北平均寬二十哩，居於中央位置，是二次大戰間盟軍在地中海地區的戰略要域，可以確保盟軍在該地保持海空優勢，並做為對巴爾幹半島發動攻擊的跳板。一九四一年五月德軍空降克里特島之前，島上有盟軍兵力約四萬餘人（多為英國與希臘部隊），惟多是僅攜行輕裝備的待編部隊，戰力不足。

一九四一年四月二十五日希特勒發布「攻佔克里特島命令」，作戰代名是「水星」(Merkur)。（附圖8）（註②）

五月二十日拂曉，德軍對克里特島發動大規模空降作戰，總兵力約二萬五千人，配合六百架運輸機、一百架滑翔機，總指揮官是德國第四航空隊指揮官羅爾(Lohr)將軍。初期德軍傘兵在馬來美等地區空降（如附圖8），經十二天激戰，德軍終於佔領克里特島，英國約損失一萬七千人，德國犧牲一個最精良的空降師。

希特勒對克里特島空降作戰的勝利，覺

**附圖八　德軍攻略克里特島空降地區及雙方兵力概況**

（1941年5月20日--31日）

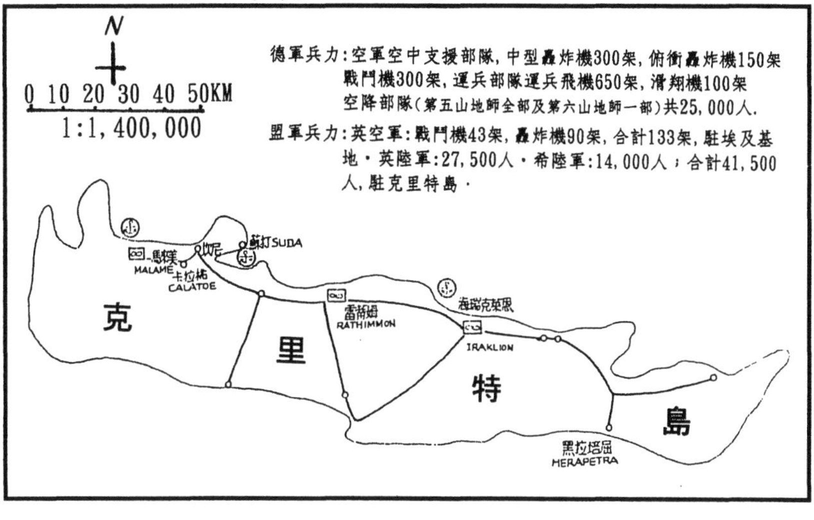

得代價太高而黯然神傷。檢討犧牲太大的原因，傘兵逐次投入戰場而給地面敵軍各個消滅的良機，降落後無法迅速集結發揮統合戰力也是不易克服的難題。再者作戰初期，克島四周海域的制海權掌握在英國海軍手中，迫使德軍空降部隊不能及時獲得增援。是年七月二十日，希特勒宣告：「克里特島之戰，證明傘兵空降作戰已成明日黃花。」（註③）

希特勒的宣告，意指傘兵空降的獨立作戰已結束，但以空降配合其他之作戰（非以傘兵為主力）仍大放異彩。例如一九四五年聯軍在萊茵河渡河攻擊、一九四四年諾曼第登陸及一九九一年美軍在波斯灣戰爭，傘兵空降作戰都曾立下大功。

從戰史驗證，中共若對台發動戰爭，對空降部隊的運用可能是早期會師，或配合其他方面之作戰，但前提必須全程掌控海空優勢及制空、制海權。單獨用大規模的空降作戰，想要拿下台灣應不可能，這不僅是能力問題，也不合戰爭原則。希特勒的宣告只對了一小部份。

## ■共軍空降作戰戰力評估

軍事上稱「空降」作戰，有兩種類型。一者「空降作戰」，為陸軍戰鬥部隊與空軍運兵部隊之聯合作戰，在空軍戰力掩護下將地面的陸軍戰鬥部隊，由空中運至目標區，以遂行地面作戰任務。第二種是「空中機動作戰」，為陸軍單一軍種內諸兵種間之聯合作戰，係將陸軍地面部隊裝載於直升機，至目標區著陸後以行地面作戰任務。首先是中共空降作戰戰力方面，其第十五空降軍（下轄三個空降師）兵力如「附表17」（註④）約三萬人，惟運輸機不足，平均每次能空降約二千五百人。使用運輸機如「附表18」（註⑤），依作戰航程計算，台灣均在空降作戰範圍內。

### 附表17　中共空軍空降兵兵力部署判斷表

| 部隊單位及番號 | | 駐地 |
|---|---|---|
| 第十五軍 | 司令部 | 湖北孝感 |
| 第四十三師 | 司令部 | 河南開封 |
| （濟南軍團） | 127傘兵團 | 河南開封 |
| | 128傘兵團 | 河南開封 |
| | 129傘兵團 | 河南開封 |
| | 砲團 | 河南開封 |
| 第四十四師 | 司令部 | 湖北應山 |
| （廣州軍團） | 130傘兵團 | 湖北應山 |
| | 131傘兵團 | 湖北應山 |
| | 132傘兵團 | 湖北應山 |
| | 砲團 | 湖北應山 |
| 第四十五師 | 司令部 | 湖北黃陂 |
| （廣州軍團） | 133傘兵團 | 湖北黃陂 |
| | 134傘兵團 | 湖北黃陂 |
| | 135傘兵團 | 湖北黃陂 |
| | 砲團 | 湖北黃陂 |
| 附註:1.總兵力約30,000人<br>2.適合空降運輸機81架<br>3.空降(投)能力估算:第一次:傘兵2483人;物質593噸　第二次:傘兵2787人;物質533噸　第三次:傘兵2302人;物質427噸 | | |

在「空中機動作戰」方面，可用於對我作戰的直升機約三百架，如附表18各型式，總

## 附表18　共軍當前各型空降航空器諸元性能表

| 載重 | | | 作戰半徑（浬）最大 | 作戰航程（浬）最大 | 巡航速度（浬/時） | 最大速度（浬/時） | 實用昇限（呎） | 發動機 | 型號 | 機種 |
|---|---|---|---|---|---|---|---|---|---|---|
| 載貨（磅） | 載兵 | 乘客 | | | | | | | | |
| 14,500 | 57 | 70 | 700 | 1,514 | 319 | 307 | 25,000 | 4×MK525-1 990（馬力） | 式爵子 | 運輸機 |
| 33,000 | 95 | 111 | 1,550 | 2,600 | 345 | 405 | 36,000 | 4×T 3,945（馬力） | IL-18（依爾一八） | 運輸機 |
| 6,610 | 26 | 32 | -- | 1,335 | 162 | 218 | 25,500 | 2×P 1,825（馬力） | IL-18（依爾一二） | 運輸機 |
| 16,425 | 56 | 56 | 760 | 1,580 | 430 | 540 | 46,200 | 2×J 1,1900（磅） | TU-124（杜一二四） | 運輸機 |
| 35,000 | 90 | | 840 | 1,670 | 335 | 380 | 40,900 | 4×P 3,945（馬力） | AN-12（運八型） | 運輸機 |
| 12,600 | 49 | 50 | 580 | 1,150 | 255 | 270 | 29,000 | 2×T 2,515（馬力） | AN-24B（運七型） | 運輸機 |
| 10,600 | 32（傘兵30） | 38 | 810 | 1,625 | -- | 298 | 37,200 | 2×T 2,820（馬力）<br>1×J-1,985（磅） | AN-2618（安二六型） | 運輸機 |
| 3,650 | 16 | | 125 | 250 | 95 | 115 | 17,500 | 1×P 1,700（馬力） | MI-4（直五式） | 直昇機 |
| 17,600 | 61 | 65 | 160 | 340 | 135 | 160 | 14,800 | 2×T 5,425（馬力） | MI-6 | 直昇機 |
| 8,800 | 24 | 28 | 120 | 235 | 123 | 125 | 13,540 | 2×T 1,484（馬力） | MI-8 | 直昇機 |
| 8,818 | 30 | 37 | -- | 549 | 131 | 148 | 10,325 | 3×T 870（馬力） | （SUPERFROLON）超黃蜂式 | 直昇機 |

載運量一次約二千兵力，依作戰航程計算，台灣亦在作戰範圍之內。合計兩種空降作戰，共軍一次對台空運總兵力約四千多兵力。惟共軍若能先期控制台灣若干機場，可動用其民航機，亦能增強空降能力。或先期奪取金、馬外島或澎湖，均極有利中共遂行空降作戰。

近年中共積極對外採購軍備，包含十架長程「TL-76運輸機」、「運十二型運輸機」等，其一次對台空降作戰總兵力預判可增加到大約六千人。

## ■台灣反空降戰力評估

反空降作戰之成敗，可從我軍反應速度、被空降地區的兵力部署及運用等方面分析，反空降戰力之評估也是從這幾方面決定之。

### 一、反應時間

若中共傘兵對我空降作戰，按其空降部隊駐地及空運機飛行速度，計算我國軍可以反應時間如「附表19」。

反應時間較急迫者如金門、馬祖，有不到兩小時；較長如台灣西部地區有三小時以上，而東部因山脈阻隔可能更長。換言之，我各地區反空降戰力必須在反應時間內投入反擊，成功的機率最高，超過這個時限，反空降作戰幾乎沒有成功的機會。

### 二、可能空降地區（必須部署反空降戰力地區）

### 附表19　台海地區反空降作戰反應時間

| 駐地 航距 空降地 | 湖北孝感 距離（浬） | 湖北孝感 航程 | 河南開封 距離（浬） | 河南開封 航程 |
|---|---|---|---|---|
| 金門 | 400 | 1小時50分 | 640 | 2小時50分 |
| 馬祖 | 400 | 1小時50分 | 600 | 2小時30分 |
| 澎湖 | 500 | 2小時10分 | 700 | 3小時 |
| 台北 | 500 | 2小時15分 | 690 | 3小時 |
| 台南 | 550 | 2小時30分 | 750 | 3小時20分 |

附記：

一、中共空降第十五軍司令部在湖北孝感，第四十三師駐河南開封，第四十四師駐湖北應山，第四十五師駐湖北黃坡。

二、航程時間依中共AN-26型空運機，航速每小時230浬平均概算之。

依中共空降作戰類型有四種：

㈠戰略空降：奪取戰略要點、政經中心、機場、港口，配合兩棲登陸作戰。

㈡戰術空降：奪取交通樞紐要點、我軍指揮所、切斷我軍機動部隊必經要道。

㈢戰鬥空降：配合第一線部隊遂行作戰，奪取有利著陸點，接應主力空降。

㈣特種空降：破壞重要設施，打擊民心士氣，暗殺政要，執行爆破任務。（註⑥）

**按中共空降作戰類型看，台灣任何地區均有空降之可能，惟最有空降價值**（戰略、戰術上）**地區應在西部地帶，且在高速公路兩側，南北向各交通動脈都在這個地區之內，可能空**

**降地區有平原、港口、台地、工業區、機場、地形要點等**，說明如後：

(一)平原：嘉南、屏東平原，為良好空降場。

(二)港口：台灣四大要港，高雄港、基隆港、台中港、花蓮港。

(三)台地：林口、湖口、月眉台地。

(四)工業區：台灣重工業中心，北部在桃園大園、新竹湖口；南部在高雄小港、林園、前鎮地區。

(五)機場：松山、中正、高雄機場。

(六)地形要點：台北觀音山、苗栗尖山、台中大肚山、彰化八卦山、台南關廟、高雄岡山等。其他如各地區的高爾夫球場、農場、公園，端視其價值而定，也可能是良好的空降場。

以上是中共若對台空降作戰，最可能的空降地點，台灣要部署反空降戰力，相對地在這些地區做準備。

## 三、反空降戰力之部署

反空降戰力之運用貴在「先制」，務需乘敵傘兵正飄在空中時，及時射殺殲滅。希特勒之所以宣告「空降作戰已成明日黃花。」就是被盟軍掌握了先機，克里特島空降雖成功，但一個最精銳的空降師全部犧牲，代價實在太高。反空降作戰之成功，在快速情報傳遞、兵力部署、火力部署、工事設施等方面。（註⑦）

㈠全面偵蒐諜報，快速情報傳遞

包含從敵空降部隊在其原駐地的運動與集結，就要正確判斷其意圖，這是遠程偵蒐範圍，接著是航線的掌握，最好是在航行途中就加以殲滅。但中共握有海空優勢，顯然可能性極小。所以最佳殲敵時機，透過「全民聯合對空監視系統」，快速傳遞正確訊息，乘敵傘兵尚在空中，戰力不能發揮之際就殲滅之。

㈡兵力部署運用，貴在全部統一

同一地區內的反空降兵力部署，正規部隊可能並非主力。通常地區內的戰鬥部隊、勤務部隊、後備部隊、警備及民防武力，全部都要納入部署編組，統一運用。最先對敵空降傘兵開火的部隊，通常是警備或地方武力，正規部隊是在決定性時刻投入戰場，一舉殲滅敵空降部隊之主力。

㈢可能空降著陸地區，設置障礙阻絕

包含可能空降著陸地區，先期佔領地形要點，控制附近的接近路線，先設置反空降火器掩體。同時對我軍機動路線、橋樑隘路，預為據守或搶修，以利兵力調動及掌握先機。

經由上面分析，反觀台海防衛之現況環境，因敵握有海空優勢，可以主動選擇任何所要之空降地點。而我正規部隊數量有限，「處處設防，等於無防」。故未來反空降作戰之成敗，關鍵可能不在正規部隊，而在警備或民防、地方武力。一旦中共對我空降作戰，我軍在兩小時之內反應出擊，應為正規部隊能力之內。惟台灣的警備民防，不僅組織層級太多，且責任不明確，造成反應遲鈍。我國後備部隊所期望的「就地動員，迅速成軍」，目前只是空有理想而已，距離「立即反應」還早，這方面我們恐須借重「以色列經驗」或「瑞士經驗」，才能可望大幅提昇台灣反空降戰力。

## ■結語

中共曾計畫以七個空降師，配合其優勢海空戰力，在八十小時內解放台灣。（註⑧）雖然目前中共只有三個空降師，但預判中共必積極組建空降部隊，以達到可以在八十小時（或可預期內）解放台灣的程度。亦可預見未來台海防衛作戰中，反空降作戰在地面作戰上佔有很高地位，這不僅在二次大戰有過見證，在現代也有實例，前蘇聯就是以空降部隊在四十八小時內，對阿富汗完成佔領。中共的八十小時用空降部隊解放台灣，應非虛言或止於恫嚇。台灣想剋制中共的空降作戰，大幅提昇反空降戰力，未來努力方向可以歸納以下五點：

㈠建立有效的遠、中、近程偵蒐情報系統。
㈡增強海空戰力，可殲敵空中航行階段。
㈢早期準備及預為戰場經營。
㈣建立完整有效的後備與民防系統。
㈤最後掃蕩殲敵之主力仍在有力的機動打擊部隊。

## 註釋

①鄭浪平，一九九五閏八月（台北：商周文化事業公司，一九九四年八月一日），頁二七二。
②陳偉寬，「克里特島空降作戰中戰略問題之研究」，國防雜誌，第七卷，第十二期（八十一年六月十六日），頁廿五—三三。
③明軒，「克里特島作戰—德國空降部隊的墳場」，全球防衛雜誌，第八十一期（一九九一年五月一日），頁一〇〇—一一一。
④王長錚，「對中共空降部隊訓練之研究」，陸軍學術月刊，第三十一卷，第三五二期（八十三年十二月十六日），頁三三—四六。
⑤陸總部，四反四防手册（七十七年十一月一日），頁四—一〇附表。
⑥同註④。
⑦國防部，陸軍作戰要綱——聯合兵種指揮釋要，下册（八十年六月三十日），第五篇，第九章。
⑧同註④。

# 第20章 泊地攻擊

# 第20章 泊地攻擊

## ——陸軍反登陸作戰第一步棋

「泊地」是一個兩棲作戰的專有名詞，軍事以外之範疇未有使用者。一般所稱陸軍地面反登陸作戰，包含泊地攻擊、灘岸決戰及內陸決戰等三個階段，泊地攻擊算是陸軍地面部隊反登陸作戰的第一階段，陸軍最好的設想就是在第一階段就將來犯之敵全數殲滅，這是最理想狀態。惟打開反登陸作戰史，從二次大戰德軍在歐陸反盟軍登陸，日軍在太平洋各島嶼反美軍登陸，防衛部隊從未有合乎所要之理想者。尤其更不幸的，守勢部隊的泊地攻擊在戰史上沒有成功的先例。

台海防衛作戰過程中，陸軍地面部隊的泊地攻擊能否成功的開創一個先例，是很值得研究與商榷的問題，因為這是反登陸作戰的第一步棋。

### ■「泊地」與「泊地攻擊」的意義

所謂「泊地」，是對兩棲登陸作戰部隊言，行將登陸前在海岸外的攻擊準備位置，登陸人員在「泊地」完成換乘，這是兩棲部隊戰力最脆弱的階段。泊地位置選擇在那裡？是

從二次大戰以來所有兩棲登陸部隊的共同問題，所要考慮的主要事項有三：（註①）

㈠泊地應設於距離海岸多少（時間或空間）？

㈡進入泊地之時機，及輸送艦隊形應如何？

㈢為安全起卸計，換乘及泊地護衛當如何？

登陸船團為完成準備，並避免岸砲射擊之傷亡，為此則泊地距岸愈遠愈佳；反之，為發揮快速登陸效程，則又愈近愈佳。經許多戰史之驗證，美軍對「泊地」位置選擇約距岸一萬五千公尺，日軍則在六千公尺處，中共兩棲登陸通常距岸兩萬公尺。

至於進入泊地時機及泊地護衛問題，視主動發起登陸作戰一方的海空戰力而定。因登陸作戰以海空優勢為先決條件，但為減少損耗計，仍多利用夜暗進入泊地，完成登陸準備。

另一方面，對守勢防衛作戰部隊而言，反登陸作戰第一階段稱之「泊地攻擊」。此時登陸部隊正在海面漂泊，其戰力為零，反登陸部隊乘機發起「泊地攻擊」，是殲滅登陸部隊之良機，所以隆美爾曾說：「反登陸作戰勝負決定於最初二十四小時，而高水位線也就是主決戰線。」（註②）故防衛部隊之泊地攻擊應有下列目的（或達成相同效果）：

㈠摧毀敵艦之指管通情系統。

㈡制壓敵之艦砲射擊，摧毀敵之有生力量。

㈢擾亂敵船就戰術位置，打亂其登陸編組。

㈣逐次削弱敵戰力，延誤其登陸時程。

(五)殲敵於水際是最大目的，最佳戰果。

## ■中共登陸作戰之實施程序

「國家政策研究中心」曾舉辦國防討論會，會中有學者賴義雄先生大膽斷言，台灣應將反登陸作戰的重要性降低。因為中共登陸台灣的可能性太小，花太多經費是浪費，而影響到海空反潛、反封鎖作戰方面能力的改善。中共現在、不久的將來是無力，也不會發動兩棲登陸攻擊台灣。（註③）基本上作者認為這是一種「危險的假定」，就好像童話中，有一個角色先「假定」大野狼不會來，所以房屋只須用茅草蓋蓋就好了，但後來大野狼出乎意料之外，真的來了。

中共登陸作戰之實施，區分五個程序完成：計畫準備→裝載出發→預演佯動→海上運動→突擊上岸。其登陸階段及泊地位置如「附圖九」。（註④）

瞭解中共登陸作戰之程序，掌握其船團泊地情形，是反登陸部隊進行泊地攻擊之依據。登陸部隊從進入泊地時刻，到開始登陸時刻，經登陸戰史的驗證，二次大戰美軍登陸塞班島是三小時二十分，登陸硫磺島是三小時，盟軍在諾曼第登陸是三小時四十九分。泊地所行登陸準備所要時間，視天候、海象、兵力等而異，一個軍級部隊登陸約需三至四小時。（註⑤）判斷中共若對台灣發起兩棲登陸作戰，其登陸部隊在泊地的準備時間至少應在三小時以上，而這三個多小時就是反登陸部隊發動泊地攻擊的好機會。所謂「殲敵於水際」，就是指在這三個多小時之內，過此時機，登陸部隊戰力不斷增長，殲敵機會就愈來愈少。

## ■台灣四週海岸適合登陸地區

泊地攻擊可用時間急迫（如前述僅三個小時），若有錯失可能造成難以挽回的淪亡結局。諾曼第登陸就是實例，德軍因不能清楚知道盟軍將在何處登陸，喪失了泊地攻擊的良機，等到發現盟軍正確登陸點後，緊急轉用兵力，但已無力回天。

附圖九　共軍登陸作戰階段及泊地示意圖

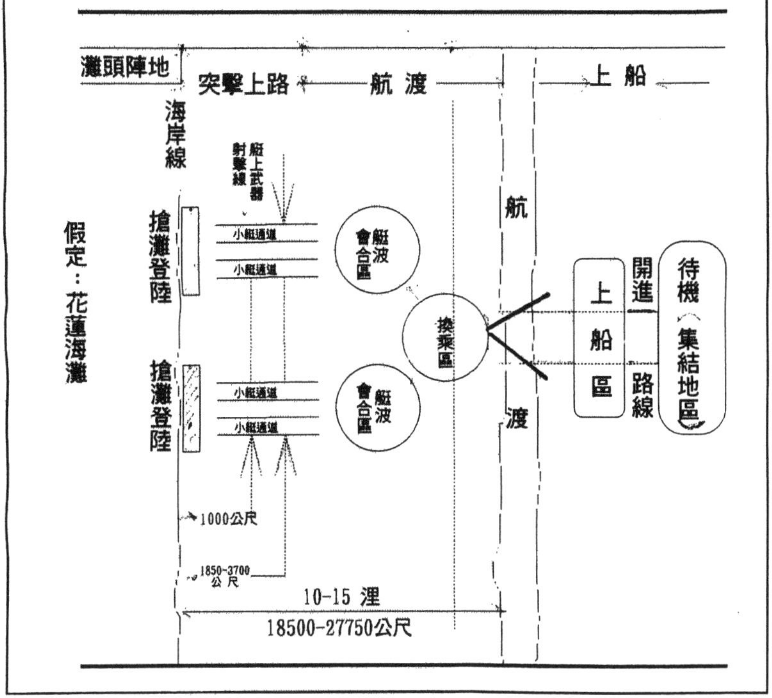

關於台灣四週海岸那些海灘適合登陸（指適合共軍登陸），是一個不易掌握，但必須精確掌握的課題，否則陸軍地面部隊就很難發起有效的泊地攻擊。「江八點的迷惑」一書似已對中共登陸戰役掌握了可靠資訊，清楚地陳述對台登陸地點及投入兵力：

第一批登陸部隊有十六個師，北部海岸八個師，中部海岸四個師，高雄海岸四個師。（註⑥）

考量適合登陸地點，包含灘岸土質與坡度、海灘幅員、目標距離、達成任務的利弊影響，但為戰略、戰術之安排，或為達成奇襲效果，都是重要考量因素。如「江八點的迷惑」一書所述仍為合理之判斷，惟深入研究台灣四週海岸，適合共軍登陸海灘主要在西部，其次在東部。（如附圖十）淡水、基隆海岸各約十公里，鳳山溪到大肚溪間海岸約一百五十公里，曾文溪到恒春間海岸約九十公里；在東部地區，台東市南北海岸約二十公里，花蓮與宜蘭海岸約三十公里。

這些地方即為共軍可能登陸地點，亦為我軍必須部署泊地攻擊火力之地區。從戰略上之考量，登陸淡水、基隆海岸可對台北形成包圍；登陸中部海岸可截斷台灣南北交通，各個消滅；登陸南部海岸則為逐次攻略，或牽制我軍，均各有其戰略利益。現階段對東部海岸登陸之可能性甚低，惟中共正積極建設現代化海軍，增強近海作戰能力，尤其航母建軍

附圖十　台灣四週適合登陸地帶

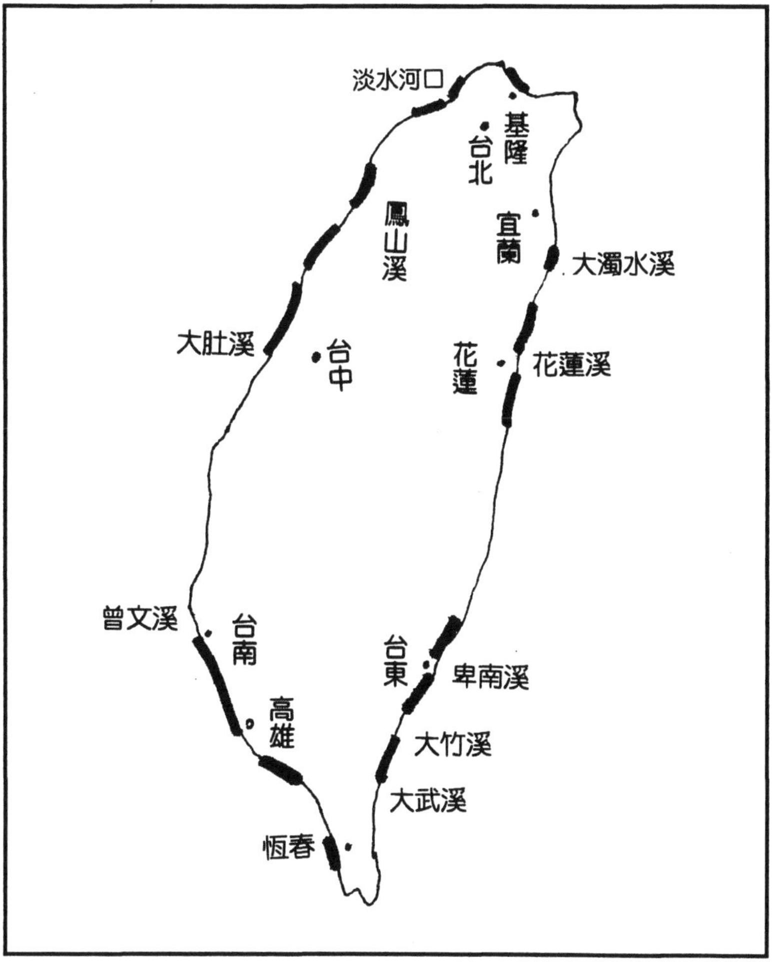

形成後，將大幅提高對台灣東部海岸的登陸作戰能力。故東部之反登陸作戰部署，應盡早規劃與經營，才能確保未來泊地攻擊之成功。

## ■陸軍地面部隊泊地攻擊之戰力部署

泊地攻擊之成功，除了必須在正確的海岸部署火力，也須發揮三軍聯合火力。例如海軍之水面戰艦、潛艦、快艇、佈雷、水中爆破；空軍之戰機攻擊、空中佈雷等，此時都要視其能力所及參與泊地攻擊。但海峽兩岸之現況，中共握有海空優勢，屆時中共海空軍必對我海空軍發動猛烈攻勢，我海空軍應已自顧不暇，難有餘力支援陸軍地面部隊之泊地攻擊。故此時地面戰力如何部署，關係泊地攻擊作戰之成敗。

### 一、火砲長短相輔，縱深配置

目前我陸軍用來泊地攻擊的主要武器是火砲，尤其長短、自走火砲，向來就是泊地攻擊之利器，各型火砲必須長短相輔，縱深配置。

宜推到第一線的火砲有：八吋榴砲、一五五加農砲、八吋加農砲，自走砲為佳，牽引砲次之。

宜放列在中間的火砲有：一五五榴砲，自走最佳，牽引砲較差。

宜放列最後線的火砲有：一〇五榴砲，或其他較短程火砲，亦以自走為佳，牽引次之。

**二、岸對海飛彈是泊地攻擊的有效武器**

飛彈射程遠，破壞大，對泊地中的大型敵船艦是最佳的攻擊武器。可將岸對海飛彈（如雄二）預置於堅固海岸陣地中，或做機動運用。若防衛地區有離島，則將飛彈陣地設置於防衛正面或側面的離島，可發揮側射、斜射及交叉火網功能。尤其當敵登陸船團在泊地「換乘區」以外（距岸約三十公里以外），為火砲射程之外，飛彈則最能發揮火力。

我國目前僅在澎湖、小琉球部署「雄二」飛彈，預判未來可以成為泊地攻擊有效武器。其他各離島於戰時均能做類似之部署，應能提高泊地攻擊成功率。

**三、攻擊直昇機取代空軍戰機實施泊地攻擊**

以空軍戰機支援地面反登陸部隊實施泊地攻擊，原是空軍「密接支援」任務之一部，但因戰機之速度、高度、精度均經近代若干實戰驗證（如波灣戰爭），已被認為不適於擔任密接支援作戰任務，因而發展出以戰鬥直昇機配合泊地攻擊為最適切機種。

按陸軍現有攻擊直昇機，以AH—一W最適合參與泊地攻擊，惟預定八十八年以前完成採購部署四十二架。以這樣的戰力，支援一個作戰區實施泊地攻擊尚可勉強，但全面支援台海防衛作戰，則戰力顯得薄弱，泊地攻擊作戰難有決定性影響力。

**四、泊地攻擊射擊指揮權責分明**

砲兵是泊地攻擊主角，故所有泊地攻擊火力都由砲兵指揮所統合其火力之運用。泊地攻擊射擊指揮技術是否專精？權責是否分明？均關係泊地攻擊任務之成敗。按其權責應為：

㈠軍團砲兵負責對敵登陸師、戰車團以上部隊，策訂射擊計畫與指揮執行，包含對敵換乘區、舟波區、突擊舟波區的射擊任務。

㈡師砲兵對敵登陸團、戰車營、非正規登陸師之部策訂射擊任務，包含海上舟波區、突擊舟波區及臨機目標之射擊。

㈢岸置防衛火砲，執行個別任務或特定射擊任務，或臨時目標之射擊。

## ■未來反登陸作戰「泊地攻擊」最佳利器

在戰史上反登陸作戰成功史例難得一見，主要因為攻的一方大多挾其海陸空三棲優勢，強行登陸。防衛的一方縱能發動泊地攻擊，因火力不足（核武不能用，傳統砲兵火力不足），所謂「殲敵於水際」，至今仍只是防衛作戰上的理想。各國都投入財力研發，企圖使理想有機會成為能夠執行的事實。多管砲兵火箭系統未來可能擔負泊地攻擊之重任，是殲敵於水際的利器，它是「資源有限國家的原子砲」，是未來「砲兵最有潛力的武器」。

目前研製多管火箭砲的國家有二十多個，我國較早有「工四型」多管火箭砲，現在已發展出「工六型」，在軍團中配置一個多管火箭砲營，八十三年九月漢光十一號演習曾擔任泊地攻擊火力展示。陸軍地面反登陸作戰除火砲、飛彈、攻擊直昇機，未來泊地攻擊之利器，非多管火箭砲莫屬，深值開發。理由有：

**一、彌補火砲和飛彈的空隙**

各國現有火砲射程約二十餘公里，但有效射程均在十餘公里之內。飛彈基於效益及後勤因素，以射擊四十公里以外之敵船團最佳。由二十至四十公里海面目標，欠缺有效射程之武器，形成泊地攻擊之空隙，使用長射程多管火箭砲可以彌補火砲和飛彈之空隙，所以是泊地攻擊之利器。

**二、彌補戰術空軍戰力之不足**

由戰術空軍支援泊地攻擊任務，一方面是已經驗證其「不適任」性，在攻勢部隊（登陸一方）空優情況下，亦容易被擊落。攻擊直昇機雖比空軍戰機適任，但因敵人有強大空軍，也可能「有志難伸」，故並非最佳利器。多管火箭砲正好沒有這個顧慮，可以彌補空軍戰機和攻擊直昇機戰力之不足。

**三、科技及研發上的可行**

目前世界各國對火砲科技已難以突破，不論增加火砲射程，或研發更新、射程更遠的火砲皆甚困難。但研發長射程多管火箭砲則較容易，在成本上也比火砲便宜。在目前國防經費不足情況下，而技術上也能突破，多管火箭砲是較佳之選擇。

**四、火力異常強大是被重用的主要原因**

以我國軍團現役之「工六型」多管火砲為例，一具火箭砲（四十五管）構成的彈幕效果，接近四個砲兵營火力（一個砲兵營十二門火砲）。一個多管火箭砲營之火力為：

45×12×3＝1620門火砲（135個砲兵營火力）

如果各師編裝一個多管火箭砲營，便能取代三個M—一〇八自走砲營。陸軍的泊地攻擊將毫無顧慮，保證將來犯之敵殲滅於水際。

## ■結語

泊地攻擊是陸軍反登陸作戰的第一步棋，這一步棋下輸將導至「全盤皆輸」，所以隆美爾才說「反登陸作戰勝負決定於最初二十四小時。」（註⑦）海峽兩岸戰力不論現在或未來，中共掌控海空優勢應無可質疑。故未來我陸軍地面部隊之泊地攻擊，指望海空戰力支援機會可能不多，陸軍可能必須面臨獨立作戰。泊地攻擊的火力部署儘早規劃，火砲、飛彈、攻擊直昇機及多管火箭砲，各有長短利弊，但以多管火箭砲為主角，其他為輔助，儘早經營泊地海岸陣地，想用「絕對優勢」登陸台灣，還是很困難的。

## 註釋

① 實踐學社印，戰史例證登陸作戰原則之研究，五十二年四月，頁二九一。

② 生肆德，「反登陸作戰中對共軍船團進入泊地奇襲戰法之研究」，陸軍學術月刊，第二十六

卷第三〇一期（七十九年九月十六日），頁四四—五二。

③ 田弘茂等，國防外交白皮書（台北：業強出版社，一九九二年三月），頁二三二。

④ 陳福成，決戰閏八月——後鄧時代中共武力犯台研究（台北：金台灣出版公司，一九九五年七月十日），第十章。

⑤ 同註①書，頁二九七—二九八。

⑥ 張濤、金千里等，江八點的迷惑（台北：瑞興圖書公司，八十四年三月），頁一三七。

⑦ 同註②。

# 第21章 灘岸決戰

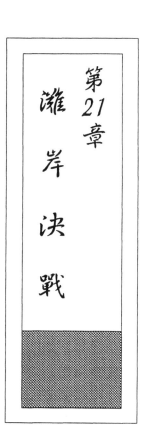

# 第21章　灘岸決戰
## ——陸軍反登陸作戰第二步棋

「灘岸決戰」的由來，是在泊地攻擊階段中防衛部隊不能將來犯的登陸敵軍，澈底殲滅於海面泊地之間，登陸之敵軍於是有接近灘岸，強行登陸的機會。對地面防衛部隊而言。灘岸（指海灘附近到距岸約五千公尺內之海岸）決戰是反登陸作戰第二步棋，也是第二個殲敵的決戰戰場，在這裡若不能全數殲敵，敵即上陸。

按台海兩岸戰力現況及戰爭潛力比較。（註①）未來中共若決心對台灣發動兩棲登陸攻擊，台灣以現有三軍戰力（制海、制空、反登陸武器尚未完全部署完成前），預判並不能將來犯之共軍在泊地攻擊階段中，全數殲滅於水際（距岸五千公尺到四十公里的海面）。敵我在灘岸決戰勢所難免，在這裡能否殲敵，本文從戰史印證，敵我現況及海岸戰力部署等方面探討。

### ■共軍對「灘岸決戰」階段的作戰指導

國共兩軍到目前為止，並沒有在台灣本島海岸有過「灘岸決戰」的實戰經驗可資研究，但依據共軍相關準則，昔日在大陳島、一江山、古寧頭等實戰研究，及近年共軍在海南島登陸作戰演習，民國八十三年「東海四號」演習的登陸作戰。（註②）都可以歸納出共軍對「灘岸決戰」階段的作戰指導。

**一、突擊上陸**

當共軍突破我「泊地攻擊」後，在接近海灘約五千公尺時，登陸的突擊部隊開始分乘小型登陸艇，區分二個梯隊，每梯隊分成五個波次，接續突擊上路，為「船海戰術」之運用，分別是：（註③）

第一波艇：水陸坦克為主，由水中爆破隊開道。

第二波艇：水陸裝甲運輸車，破除灘岸障礙。

第三波艇：登陸艇編成，搭載突擊連上陸。

第四波艇：登陸艇編成，搭載突擊營火力隊。

第五波艇：登陸艇編成，搭載勤務支援部隊。

突擊上陸的兵力密度，每公里正面是八百四十人（國軍防衛正面兵力密度每二點四公里是五百人）（註④）。當然打仗並非比人多，但人多有利優勢之形成。

**二、佔領灘頭陣地**

突擊部隊一上陸，就要佔領灘頭陣地，其目的在掩護主力登陸及集結，同時做為向內陸擴張之準備，其經過指導為：

㈠突破防衛部隊的泊地攻擊火力後，即向海岸線附近進出並確保。（註⑤）阻止守勢部隊之反擊，並掩護後續部隊登陸。

㈡後續部隊之登陸，立即佔領或建立灘頭陣地，此類陣地亦可能是一個海岸附近的地形要點。

㈢確保灘頭陣地，一方面為已經登陸部隊之集結，再者為爾後向內陸攻勢之準備，若防衛者有大規模反擊，則灘頭陣地可轉換成陳禦陣地。

**三、擴張灘頭陣地**

擴張灘頭陣地，通常在空降傘兵及已登陸戰車配合下完成之，並區分三線擴張之：

攻佔海岸後一萬公尺線：確保不受輕砲兵之害。

再攻佔一萬五千公尺線：確保不受中砲兵之害。

攻佔登陸作戰目標：此為登陸作戰之完成，陸上作戰之開始。

## ■李總統最近三次校閱「灘岸決戰」演習觀察

八十四年六月七日，李總統伉儷一行起程訪美，展開六天的「私人訪問」。臨行前總統在台北、桃園、台中連續三次校閱反登陸作戰演習，雖定名「反登陸作戰」，惟「泊地攻擊」和「內陸決戰」並未包含，故其軍事上之正名應為「灘岸作戰演習」，為反登陸作戰之一部份，先概述其演習經過。

**一、淡水河口「平實六號演習」**

五月二十五日，海岸巡防司令部協同陸、海、空、憲、警、海關及保七等單位，在淡水河口舉行「平實六號」演習。共軍（假定）於上午九時三十分許，對淡水河口實施突擊，我軍動員直昇機七架、大小艇七十二艘，各型大砲三十八門，對海岸之共軍進行反突擊演習。李總統前往校閱，當場表示：

國人習於安逸，一旦台灣陷入戰爭危機，後果難以想像；鑑於兩岸情勢發展，以及中共對我進行人海、船海統戰手段擴張⋯淡水河瀕臨中樞所在地，為有效阻止敵人自海上逆河突襲，交通部與國防部需共同研究，加裝橋孔防攔網柵設施。（註⑥）

李總統所說淡水河口的橋樑，加裝橋孔防攔網柵設施，其用意有二：可及時阻止中共氣墊船逆河突襲，再者可阻止其他類型的奇襲攻擊，但比較主動的做法是針對全省類似情形檢討，如大甲溪、大肚溪、濁水溪、曾文溪、高屏溪及花蓮溪，其溪口橋樑都有相同顧慮。

**二、桃園沿海「前鋒演習」**

五月三十日，陸軍第六軍團在桃園沿海實施「前鋒演習」。按演習想定，「紅軍」是上午十時三十分從竹圍漁港突擊上陸，其增援部隊接續登陸，並已佔領桃園地區政軍要點、機場、油庫等設施。陸軍機械化師出動M—48型戰車，配合步兵部隊進行「步戰協同」反登陸演習，國軍逐步收復據點，殲滅「紅軍」於灘岸，阻止紅軍再向內陸發展之企圖。

李總統親校後對官兵講話，表示「中共政權詭譎多變，口是心非，一方面宣傳和平統一，一方面武力威脅，我們應加強反制能力，可以百年無戰爭，不可一日無戰備。」（註⑦）

### 三、台中沿海「崑崙二號」演習

六月一日，第五作戰區在台中港舉行「崑崙二號」演習。按演習想定共軍突擊部隊已進入台中港淤沙區，三號碼頭穀倉、西碼頭區及台中港航道口均已遭共軍攻擊或封鎖。經海軍陸戰隊、戰車部隊及航空特遣隊，實施陸空聯合攻擊，到中午十一點，終於殲滅入侵之敵軍，恢復港區正常作業。

李總統由國防部長蔣仲苓、參謀總長劉和謙陪同校閱後表示，演習之目的還是針對中共人海、船海攻擊，研擬具體反制辦法，強化危機處理之能力。（註⑧）

從第一作戰區「平實六號」演習，第三作戰區「前鋒」演習，第五作戰區「崑崙二號」演習，顯示以下訊息，非有專業素養難能觀察得出。

㈠當敵人登陸船團自大陸沿海出發，我方戰機、飛彈均未能殲敵於海上。

㈡在泊地攻擊階段，我軍雖發動三軍聯合泊地攻擊，亦未能殲敵於水際，共軍乃有機會登陸上岸。

㈢共軍既然逼近灘岸，我軍被迫實施「灘岸決戰」，灘岸作戰有利武器如攻擊直昇機、戰車，惟多管火箭砲並未出場驗證。

㈣對共軍可能登陸之判斷，在淡水河口、桃園及台中沿海附近，合乎台灣四週海岸地形結構及登陸作戰之條件，深值做為台灣反登陸作戰之參考。

㈤按反登陸作戰指導，國軍對登陸之敵軍最後殲滅的「抵線」應在灘岸決戰階段。蓋在灘岸不能澈底解決戰事，將演變成慘烈的「島內決戰」。

## ■反登陸作戰灘岸戰力部署之戰史例證

灘岸戰力（兵力、火力、工事）如何部署？是戰史上最頭痛的問題。因為敵人總是挾優勢海空軍，幾倍的兵力，勢如倒海而強行登陸。反登陸的一方要如何在灘岸部署戰力，才能阻敵登陸或付出最慘重代價？這裡首先要引證戰史上最偉大的反登陸作戰灘岸戰力部署——「大西洋長城」。

所謂「大西洋長城」，是一九四一年德國對英倫空戰失敗後，決定以大西洋海岸線為對盟軍之防衛抵抗線，全長五千公里，由隆美爾(Rommel)元師督建，動員二十五萬守軍和二十五萬民工，費時四年完成。加上由五十個步兵師、十個裝甲師負責防衛任務，希特勒自認是銅牆鐵壁，可以擋得住任何企圖登陸之部隊。

「大西洋長城」基本結構分陸上和水下兩部份。在陸上部份，灘岸上裝置大量地雷、詭雷、障礙物和鐵絲網；灘岸後方陸地依序是機槍、迫砲、火砲工事，砲兵大約每隔二十二公里部署一個連（共有約二百多個連）；再後方部署反空降障礙物。此外在若干重點地區，部署七十五門超重砲（口徑在四〇六至二四〇公厘）。

在水下部份是以人工珊瑚礁方式，佈置大量水下障礙物，以佈雷為主，沿岸高水線雷區構建外圍第一道主防衛線，近岸的障礙物和詭雷構成另一道防線。

「大西洋長城」是守勢作戰之產物，基本構想是把大西洋海灘線變成盟軍的葬身之地。沒想到依然擋不住盟軍的「大君主作戰」(Operation Overlord)，更因這次作戰徹底敲響了第三帝國的喪鐘。（註⑨）此應為希特勒、隆美爾等人始料所不及，如同德軍當年突破「馬奇諾防線」，法國人想不通是一樣的道理。

## ■台澎金馬地區灘岸戰力部署現況

台海防衛雖面臨強敵入侵之威脅，但本、外島感受到的壓力似有不同。金馬各外島及所屬離島，可能直接感受到敵人隨時可能登陸的壓力，故外島各灘岸均部署較強固的戰力。台灣地區可能係「第二線」的心理影響，尚未感受到敵人隨時要登陸的直接威脅，除少數地形要點建構成堅固陣地外，一般灘岸戰力部署目前都顯得薄弱。關於台澎金馬地區灘岸戰力部署現況，概分三部份，即兵（火）力部署型態、工事障礙及作戰指導：

### 一、灘岸戰力（兵力、火力）部署型態

本、外島灘岸戰力部署，以步砲聯合陣地、據點、戰車陣地、指揮所及其觀通設施。但本、外島稍有不同，在外島的灘岸陣地以第一線為主，有班據點、排據點、步兵砲陣地、步砲聯合陣地、機槍堡及其他第一線指管通情設施。砲兵連級以上陣地、高司指揮所通常在第二線，兵力密度隨各時期外島駐軍數量而有不同，惟外島戰場經營數十年來都以第一線陣地、據點為重點，故各外島灘岸戰力部署堅強，雖防衛艱困，未必好攻。

台灣本島四週海岸，戰力部署型態以海岸據點、步砲聯合陣地為主，惟大多僅在重要河口，地形要點位置部署，戰力顯得薄弱。李總統在八十四年五月二十五日，校閱淡水河口「平實六號」反登陸演習後，才會說「一旦台灣陷入戰爭危機，後果難以想像。」（註⑩）因為台灣四週海岸，有數量頗多的溪流出口、大小漁港、村落、海灘，基本的觀測偵蒐系統都沒有，可謂毫無戰爭準備，談不上有戰力部署，這是台海防衛作戰上很大的「缺口」。應儘早經營灘岸部署，才能確保灘岸決戰之成功。

### 二、工事障礙部署

灘岸工事障礙分水下及陸上兩種，外島仍比台灣本島完整、堅強。在金馬各外島，水下工事以軌條砦設置為主，各海岸分別設置一至三線不等的軌條砦，當海水退潮均顯露可見，為戰地特有景觀。陸上工事以多重雷區、鐵絲網及戰車障礙為主，並配合附近陣地或

據點火力加以掩護。惟這些灘岸工事大多已數十年的使用期，早已顯出老舊損壞，極少有補強或重建，戰爭爆發也是一大隱憂。堅固如「大西洋長城」都被攻破，金馬又如何？

## 三、灘岸作戰指導

灘岸作戰為泊地作戰之延續，其成敗貴在機動打擊部隊能迅速發起反擊，所以時間很重要。二次大戰當盟軍自諾曼第登陸（當時希特勒正在睡覺，無人敢叫醒他），德軍來不及調動部隊反擊，盟軍已在灘頭建立前進陣地。台海防衛作戰欲阻敵向島內進犯，灘岸應為最後決戰的戰場，惟賴有效的作戰指導。

㈠第一線各型據點、陣地，以固守要點，絕不能退卻為最高原則，工事與火力相互依存，凝為一體，殲敵於陣地前。

㈡陣地與陣地之間「相互掩護、相互鞏固」，若不能殲敵，則須固守以為反擊之支撐。

㈢守備部隊發揮牽制、抑留作用，阻敵不能向內陸深入，並創造有利戰機，使機動打擊部隊能有殲敵良機。

㈣灘岸作戰的利器是戰車，攻擊直昇機應配合機動打擊部隊，優先打擊灘岸附近（距海岸五十公尺的水面）之敵軍，發揮「致命的武器」的功能。

㈤砲兵與多管火箭砲在灘岸作戰之初期，是殲敵於灘岸有用的武器，尤其多管火箭砲做為機動反擊的火力支援最佳。若能妥為部署，反登陸作戰還是有機會在灘岸消滅敵軍。

## 結語

未來陸軍地面部隊反登陸作戰指導，以「灘岸殲敵」，避免戰場延伸到內陸為最高着眼。但經過實證研究，台灣四週海岸，勿論兵力與火力部署或工事障礙之配置，都不像是有準備或有決心要打勝台海防衛這場仗。這也就是說反登陸作戰成敗就靠灘岸這次決戰，我國地面防衛作戰必須以灘岸地區為經營重心，灘岸讓敵人突穿，到內陸要反敗為勝很難。此應為李總統訪美前連續三次校閱灘岸作戰演習之另一用意，這裡是台海防衛作戰的最後防線。然而，現在是制空、制海、反登陸中，最薄弱的防線，深值大家提高警覺。

## 註釋

① 所謂「戰爭潛力」，是支持國家發動戰爭，並評估能獲致勝利之依據。關於中共戰爭潛力及兩岸戰力比，詳見作者前著，陳福成，決戰閏八月——後鄧時代中共武力犯台研究（台北：金台灣出版公司，一九九五年七月十日），第二、四章。

② 東海四號的登陸作戰演習，見前揭書，第十章。

③ 共軍登陸作戰兵力編組，參考共軍編「登陸戰役」一書，方穗民主編，反登陸作戰，三軍大學陸軍學院，八十二年。

④ 同註③，另見國防部編，陸軍作戰要綱——聯合兵種指揮釋要，下冊（八十年六月三十日），第六篇，第三章，登陸與反登陸。

⑤ 政治上用「進出」一詞頗易引起「吊詭」之迷惑，例如日本人為竄改歷史，在其國內教科書上把「侵略」中國，改成「進出」中國，目的在引起後世之迷惑。但軍事上用「進出」則有明確之定義，為一種彈性任務賦予，意指依狀況應力求向指定之目標線以外地區繼續前進之謂。

⑥ 聯合報，八十四年五月二十六日，第一版。

⑦ 聯合報，八十四年五月二十一日，第三版。

⑧ 聯合報，八十四年六月二日，第二版。

⑨「大君主作戰」（Operation Overlord）是盟軍在一九四四年反攻歐陸的作戰代號。「大西洋長城」，參閱：粵儒，「諾曼第作戰」，全球防衛作戰，第一三一期（一九九五年七月一日），頁七二——八三。

⑩ 同註⑥。

# 第22章 陸上地面主力決勝

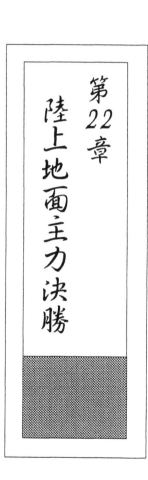

# 第22章　陸上地面主力決勝
## ——台海防衛作戰最後的戰場

為甚麼會有「內陸決戰」？顯然是台灣的海空軍無力阻敵入侵，陸軍的泊地與灘岸作戰階段亦不能殲敵於水際或灘頭。武力進犯之共軍接續登陸，並向陸上擴張，我三軍（或全民）被迫全面直接與敵作戰，乃有所謂「陸上決戰」。這裡是台海防衛作戰最後的戰場，到底決一死戰以求取最後勝利，或投降接受中共統治？全賴陸上決戰這一仗。本章要旨，在研究如何求取陸上決戰之勝利，讓「一九九五閏八月」一書中悲觀的Taiwan's Fall Day結局，永遠不會出現。

### ■「戰爭不該在陸上進行」——立法院的期望

按國防部現行防衛作戰指導，陸軍在海空戰力支援下，必須「力求各個逐次滅敵軍於水際、灘岸」。（註①）並未將可能的陸上作戰納入指導考量，此似合乎立法委員所期望，大家都希望戰爭不要發展到陸上來，蓋因台灣島上經不起戰爭摧殘。

八十四年四月，立法院審查陸軍總部M60A3戰車預算時，曾有爭論。立委認為戰爭不應該帶到本島，故戰車預算主張刪除。（註②）立委主張不過是單方面期望，「該不該」只是一種主觀的「應然」觀點，不能用為建軍備戰之思考方向。建軍備戰必須根基於客觀環境的「實然」判斷，考量其「會不會」與「能不能」，否則就是一種盲目而非科學的危險行為。

陸軍依據兩岸戰力比較與狀況判斷，認為我國即使空軍擁有新式戰機，也會被中共在數量上佔優勢的空軍，終至消耗完畢。而在沒有空優的情況下，海軍艦艇只能進行小規模作戰，也勢必無法發揮戰力，最後決戰必定發展到陸上來，所以須要相當數量的主戰車，才能確保陸上決戰的勝利。（註③）陸軍的考量從戰史上來觀察是合理的，絕大數的戰爭都不是依賴海空軍收場，最後結束戰局者都是陸軍在地面上完成的。從戰爭理論來探討，「外敵不論由空中、海上、地面入侵，最後仍須在地面決戰中獲得勝利，方能結束戰局。」故陸軍是「控領地域，結束戰局之軍種」。（註④）陸軍總部的考量合乎實情，亦合於國家安全。立法委員的思考宜改成：要讓戰爭不帶到陸上來，則須編列主戰車預算。

裝甲兵係以戰車為主的戰鬥部隊，為機動作戰中的決勝兵種。故陸上決戰之勝敗端賴主力戰車的攻擊力及運用。

## ■共軍可能登台的坦克戰力

在中共七大軍區中，均編列有一個以上坦克師（旅），總計有十個坦克師，十五個坦克旅，各型坦克約一萬輛。在南京軍區（負責攻台部隊），編有兩個坦克師，一個坦克旅。按中共的坦克師編制數量有坦克三百二十四輛（T59、T62、T69式），坦克旅有一百二十八輛（同上型），南京軍區尚有十一個步兵師，各師有一個坦克團（編制坦克九十一輛，T59與T62）。

計南京軍區內各型坦克應有一千六百輛以上，「妥善率」以百分之八十算，仍有一千二百多輛，若以二分之一用於登台作戰則有六百輛（海軍陸戰隊水陸坦克未計）。共軍戰車有多種，但預判用於對台作戰的主坦克應有「附表20」所列四種。

八○式坦克是中共北方工業公司(North Industries Corporation，NORINCO)的產品，有電腦射控系統，一○五公厘主砲，為目前較進步而普遍的戰車。共軍為提昇主戰車戰力，目前已向俄羅斯購買T72型戰車，同時九○系統坦克正積極研發中。惟因中共經濟情況欠佳，從外購與研發到換裝使用，速度定會十分緩慢。

## ■國軍裝甲兵主戰車戰力評估

目前陸軍的主力戰車，有自製的M48H「勇虎」戰車四百五十輛，M48A五戰車一百輛，待對美採購的M60A3戰車部署完成，陸軍主戰車共有七百一十輛。按國軍作戰構想，若台海發生戰爭，最後決戰戰場必定在本島陸上進行，但台灣本島南北挾長，受山脈阻隔與河川切割，戰車不能有效的橫縱運動以相互支援。乃將本島劃分若干戰區，具備優勢火力，以利獨立作戰：因此台灣須要較多主戰車。

M48H「勇虎」(CM11)戰車，是國人自製最佳的主戰車，裝有一〇五公厘火砲，射控系統採「數位式彈道計算機」，並配有紅外線熱影像夜視射控儀，能有效剋制中共的T59、T69、T62及八〇式坦克。

M60A3戰車是美國海軍陸戰隊的主戰兵力，在一九九一年波灣戰爭中，表現出震驚世人的優越戰

**附表20　中共目前主要坦克性能諸元**

| 車型／諸元 | T59 | 80式 | T69 | T62 |
|---|---|---|---|---|
| 全重(噸) | 40 | 38 | 36.5 | 21 |
| 最大速度 km/h | 48 | 60 | 84 | 59 |
| 作戰半徑(公里) | 400 | 430 | | 500 |
| 武器 | 100砲 | 105砲 | 105砲 | 85砲 |
| 穿甲力(cm) | 1000M 18.5 | | | |
| 火砲射程(m) | 16000 | | 12700 | 12100 |
| 越壕寬度(m) | 2.7 | | 2.7 | 2.55 |
| 涉水深度(m) | 1.4 | 1.4 | 1.4 | 1.3 |

力。目前首批二十輛已於八十四年五月撥交裝訓部及二四九師，正實施換裝訓練中。其性能如「附表21」，國軍在六月初「崑崙二號」演習中，已驗證其垂直攀登、越壕、射控及夜戰之性能，據一般評估能剋制中共「六九式」主力戰車。

比較敵我主戰車性能，國軍較佳，地面決戰應能掌握較多殲敵機會。接下來要考量數量問題，按共軍登陸作戰能力，以其建制內載具，估計有運載四百輛戰車之能力。（註⑤）再考慮非正式載具及後續運載，國防部評估我國應有八百五十輛主力戰車。（註⑥）面對中共「以量取勝」，台灣戰力似乎永遠都不能滿足，可見國人普遍欠缺一份安全感。

附表21 M60A3戰車性能諸表

| | | |
|---|---|---|
| 乘員 | | 4人 |
| 長度 | | 9.4公尺 |
| 寬度 | | 3.63公尺 |
| 戰鬥負載重量 | | 51.4噸 |
| 最大時速 | | 48公里/小時 |
| 巡路里程 | | 450.5公里 |
| 涉水深度 | | 1.22公尺 |
| 武器 | 主砲 | M68式 105公釐 |
| | 同軸機槍 | M240式 7.62公釐 |
| | 防空機槍 | M85式 12.7公釐 |
| 油箱容量 | | 385加侖 |
| 垂直攀登 | | |
| 越壕寬度 | | |

資料來源：陸軍總部
（中國時報84.6.8）

## ■敵我反裝甲戰力比較

由於戰車是機動作戰中決勝之戰力，故反裝甲為任何作戰所必須考量，而以摧毀敵戰車為主。目前中共的機械化師、坦克師（旅）及空降師，都有編制內的反坦克營（連）單位，國軍部隊亦然。從敵我反裝甲戰力比較，仍可預判地面戰車決戰可能之結果。

共軍反裝甲戰力主要有紅箭8、紅箭73、紅箭73B、霍特等四種反坦克飛彈。

紅箭8（HJ-8），最大射程三千公尺，使用目視追踪紅外線導引，命中率百分之九十，可以裝在越野車、履帶車或攻擊直昇機上使用。

紅箭73（HJ-73），最大射程三千公尺，使用目視追踪手控有線導引，命中率百分之七十，可以裝在步兵履帶戰鬥車上。

紅箭73B（HJ-73B），最大射程三千公尺，使用目視追踪有線導引，命中率百分之七十，為WE—50反坦克導彈車上的制式武器。

霍特(Hot)，最大射程四千公尺，使用紅外線追踪導引，配備在法國製瞪羚羊(GAEELLE)攻擊直昇機上使用。

在國軍方面，制式反裝甲武器有拖式飛彈、無座力砲、火箭彈等。

拖式飛彈有兩式，「BGM71A」式，射程三千公尺；「BGM71A-1」式，射程三千七百五十公尺，兩者穿甲厚度都達五十公分。

「一〇六」式無座力砲，最大射程七千公尺，穿甲厚度約四十到五十公分，射速每分鐘六至八發。「七五」式無座力砲，最大射程六千公尺，穿甲厚度十公分，射速每分鐘三至四發。

國軍其他反裝甲武器，還有「三・五」武火箭筒，「六六」式火箭彈，穿甲厚度均在二十五公分以上。

**比較敵我反裝甲戰力，共軍以導彈為主，配合其他砲兵、步兵武器，戰力較我為優。**

## ■其他影響陸上決戰勝敗的重要武器

地面決戰成敗依賴強而快速的火力反擊，擔任這項任務除了主力戰車外，還有賴輕型戰車和攻擊直昇機兩者，從陸空聯合攻擊，能收反擊、殲敵之效果。

輕型戰車中共有T60、T63、T62等各型。台灣主要仍賴車齡四十年的「M41」式戰車，及少數使用價值已低的「M24」式戰車。按台灣地理環境，多河川山脈，輕戰車適宜穿山越野，發揮機動作戰功能。我國輕戰車老舊，戰力薄弱是一大問題，據陸軍目前正在評估三種輕型戰車：聯合科技(United Defence)公司的M8、凱迪拉克(Cadillac)公司的黃貂魚(Stingray)和法國的戰神(Wars)十五型。陸軍同時也提出M41改良計畫，均未成定案。（註⑦）這是地面防衛作戰的缺口，應早謀解決之道，避免防衛作戰因而失利。

攻擊直昇機台灣以「A、O型」為主，若能配合機械化師及裝甲旅，對登陸敵軍賓施連續大縱深之反擊，無異是確保地面決戰成功之利器。惟數量太少，總共才幾十架，而且到八十八年才能部署完成。若中共在此之前武力犯台，將使防衛作戰能力遜色許多，應早謀補強這方面之戰力。

## ■結語

台海防衛作戰是不得已的自衛作戰，一旦爆發，最好是能在水際、灘頭將登陸之敵一舉殲滅，惟按作戰指導，最後決戰戰場仍在陸地上，故機械化師與裝甲旅是決戰取勝的王牌，而決戰利器是主戰車、輕戰車、攻擊直昇機、反戰車飛彈，此四者只有主戰車稍具「質」的優勢，其餘仍須加強戰力。可見防衛作戰的優先秩序「制空、制海、反登陸」三大部份中，地面決戰的火力是必須儘早完成部署，才能確保陸上決戰的勝利。

## 註釋

① 國防部「國防報告書」編纂小組，中華民國八十二—八十三年國防報告書（台北：黎明文化事業公司，八十三年三月），頁八〇。

② 中時晚報，八十四年四月二十三日。

③ 同註②。

④ 國防部編，陸軍作戰要綱—聯合兵種指揮釋要，上冊（台北：國防部，八十年六月三十日），二—三頁。

⑤ 同註②。

⑥ 聯合報，八十四年五月七日，第四版。

⑦ 鄭繼文，「今日的中華民國裝甲兵」，全球防衛雜誌，第一二四期，頁一六——二三。據報M8輕戰車將有七輛於一九九五年年底，先期運抵台灣接受測試，陸軍曾表示要採購五百輛，惟目前正評估中。（見全球防衛雜誌，一三一期，）頁二十一。

《結論》

# 陸軍地面防衛作戰

陸軍是最後控領地域，決定地面作戰勝敗的軍種，我國陸軍正面臨「大陸軍轉型」，不論兵力、火力或裝備，多未必能致勝，大也未必能打贏仗。關鍵在這支陸軍武力，對空中敵火必須有防空能力，對登陸上岸的大量敵軍有強大火力足以殲滅之。因此陸軍地面戰力，必須是快速、機動、立體、火力強大，這才是陸軍的建軍目標。

按我國未來十年兵力目標規劃（民國八十三年至九十二年），陸軍師級與軍團都面臨編制調整，對戰力提昇有實質意義，惟調整期達十年之久，稍嫌太長。蓋因台海防衛作戰已因中共最近的飛彈威脅，顯出「迫切感」。敵人通常不等對手準備好就要開打，只有儘早完成準備以待敵之來襲，才能從容應戰取勝。

# 第六篇

# 台海防衛作戰整體戰力之發揮與運用

三軍部隊在台海防衛作戰中，雖各有角色及任務，如空軍制空作戰、海軍制海作戰、陸軍反登陸作戰，但因時代之進步，有更多時機及趨勢，都顯示台海防衛作戰必然是三軍整體戰力之發揮與運用，包括：

三軍防空作戰；

本、外島戰力部署之商榷；

快速反應部隊之運用；

空地整體及三軍聯合作戰；

指管通情及電子戰；

防衛作戰野戰戰略指導；

民心士氣——最堅強的防衛戰力。

# 第23章 台海防空作戰

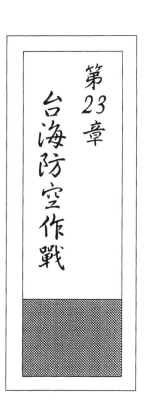

# 第23章　台海防空作戰

現代防空乃國家階層整體之防空要務，也是國防安全與國計民生的基本問題。例如中共最近在台灣北部海域試射飛彈，台灣的政情、社會、經濟活動（如股票、漁業），乃至人民生活，都受到極大衝擊。若台灣有足夠的防空能力，則這個衝擊可能影響不大，甚至不會發生。

一般所稱「防空」，有積極防空，係直接摧毀來襲之敵機與飛彈的作戰手段，包含飛彈反制和空中攔截，同時陸、海、空亦各有其防空任務；有消極防空，係為減少空中來襲所做之措施，包含偽裝、防護工事等。本文指積極防空，並以地面防空為主述，海空軍防空為輔。但國境內之防空作戰，還是三軍整體戰力的規劃、協調、指揮及管制，才能發揮有效之戰力。如何保障台灣空防安全？相信經過這次中共的飛彈「驗證」，未來將是我國家安全重要之考量，深值研究。

## ■中共可能對我實施攻擊的空中戰力（註①）

共軍經由空中對我實施攻擊的戰力，有海軍艦艇、空軍戰機及地面飛彈三種。其一、「G級」潛艦發射「巨浪一型」彈道飛彈；「夏級」艦艇發射「CSSN-3型」巨浪飛彈，也可以發射「CSSN-4型」飛彈。

其二、地面飛彈有「M族」系列、「東風」系列，台海地區均在射程範圍；向俄羅斯採購的「S—三〇〇」飛彈，計購入八十六套，可裝備四個飛彈營兵力，此型似美國「愛國者」飛彈，對台灣空防均構成強大壓力。

其三、空軍主要戰機有殲六、殲七、殲八及SU—27戰機，均對我空防威脅很大。

八十四年七月「飛彈危機」以來，共軍部份M族飛彈、殲八—二型戰機，潛艦和兩棲部隊亦開始重新部署。（註②）顯然台海危機正在升高，戰端之開啟，飛彈總是打頭陣，防空是第一個接受測試的項目。

## ■中共最近對我進行局部飛彈海空封鎖（註③）

中共因不滿我國現行務實外交政策，及李總統訪美，並已將這些外交活動解讀成搞「兩個中國」、「一中一台」或台灣獨立。八十四年六月十八日，中共中央軍委會在北京舉行「全軍工作會議」，會中針對台灣問題，決定全力阻止美國對「台灣獨立」的支援，從七月二十一日到八月間，以飛彈試射及大規模軍事演習，做為「政治恫嚇」與「軍事示威」。（註④）

飛彈試射目標區在北緯二十六度二十二分、東經一百二十二度十分之中心點，半徑十海里圓形海域範圍內。試射單位是新編成的江西樂平陣地「八一五」M族導彈旅，彈種M9和東風21型飛彈。據情報判斷，共軍八月份將再試射「八〇一」或「八〇二」系列巡航飛彈，共軍這次飛彈試射目標區因在彭佳嶼海域附近，對我空海已造成嚴重影響，民航機改道，漁船作業暫停。（如附圖十一）

從這次「飛彈危機」，也間接證明台灣防空戰力是須要加強的。英國國際戰略研究所高級研究員希爾格博士，就認為台灣對來襲戰機或飛彈的反制能力是脆弱的，但中共想長期封鎖也極困難。（註⑤）惟目前中共已對台灣進行局部、短期的軍事封鎖，誰能保證未來不會出現再用飛彈攻擊我船隻，或陸上軍政設施？台灣防空作戰應如何？可能的結局是甚麼？

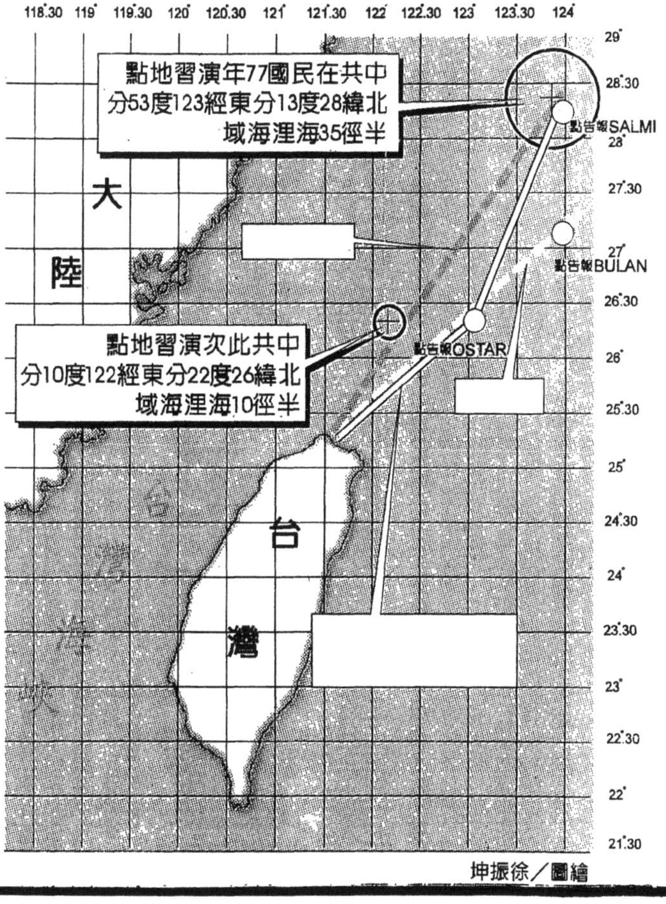


附圖十一　中共兩次試射飛彈示意圖

台北漢城飛航路線變更圖

## ■台灣防空戰力評估

防空戰力，一般區分地面防空、海軍艦隊防空和空軍防空三部份，而以地面防空為骨幹，蓋因絕大多數有關防空作戰的指管通情系統及設施，都部署在地面。台灣主要防空戰力也以地面基地為主，海空部署為次。

### 一、地面防空戰力

「江八點的迷惑」一書研究中共攻台戰略，戰役第一階段就是飛彈攻擊，若中共以M9、M11型對我攻擊，因台灣反彈道飛彈能力不足，共軍來襲飛彈將有百分之七十射落在目標區。(註⑥) 實際情況將如何？該書並無可信度較高之論據。但從這次中共飛彈演習，試射六枚飛彈，一枚因推進或導引系統問題失敗，落於福建南平附近，餘五枚都命中目標區十海浬海域範圍。失敗率是百分之十六，成功率算是很高。惟中共所設定之「精度」，外界無從得知。相對的**台灣地面防空主力，已除役的「勝利女神」外，以「天弓」和「天合」系統為要。**

#### ㈠天弓飛彈系統

中科院針對我國九〇年代防空需要，建立國防獨立自主之目標，經十餘年研究有成，受各國防空科技之重視，其特點有：

1.接戰範圍二百公里以上，使用長白雷達，偵測距離四百五十公里，可任高、中、低空防空任務。

2.具有多目標同時接戰能力，可同時導控廿四枚留空飛彈攔截來襲敵機。

3.具備電子反反制（ECCM）能力，為反制飛彈，使用「誘標」發射與長白雷達相同的輻射波束，以反制反輻射飛彈（ARM）。

4.可射控多種自動、半自動或手動型式之飛彈及防砲。其擴充性高，可與防空、制海、反登陸各型武器系統連接。（註⑦）

最重要的，天弓武器系統為自力研製，其零組件供應、後勤維修，及未來性能擴充或改良，都以國內民間參與廠商為基礎，不受制於國外與政治敏感問題，為國防工業自主之根本。目前已發展出天弓一型、二型，並朝天弓三型研究發展中。

天弓飛彈射擊目標是空中快速運動的飛機或飛彈，據專家評估，其射程、精度已躋身世界一流，性能比「基本型愛國者」防空飛彈為佳。（註⑧）

㈡天合飛彈系統

我國現役鷹式飛彈性能提昇後而成天合飛彈系統，故所謂「天合飛彈系統」，係原有「鷹式系統」、「天弓一型飛彈和發射架」，另加裝一具「天合介面」，二者配合而成。性能提昇後效益有：

1.增強鷹式系統攔截能力：

天弓一型飛彈射程達一百公里以上，速度超過三馬赫，估計六十公里處之單發命中率(S.S.K.P.)高於百分之八十。可延伸鷹式系統的接戰距離，當目標進入鷹式飛彈有效射程（約四十公里）前，多提供出一至二次攔截機會。

2.延長鷹式系統服役年限：

原有鷹式飛彈將近壽限，經費與外購均感困難重重。而天弓飛彈零組件均在國內，取用方便，可適度延長鷹式系統服役年限。

3.「天合介面」之功能：

天合介面是一種轉換裝置，可由鷹式系統中擷取目標方位、距離、仰度等參數資料，並以文字及數字顯示，以提供戰術軍官選擇最佳接戰時機。（註⑨）

## 二、海軍艦隊防空

目前我國水面戰艦都具有防空能力，「武三型」驅逐艦裝有H—九三〇MCS作戰系統，為艦隊防空主力，「武一型」驅逐艦裝有海欉樹防空飛彈，在二代艦尚未部署完成前，均為海軍艦隊防空之核心。

「諾克斯」級巡防艦，因重點放在反潛，故防空戰力為較弱之一環，MK15方陣近迫系統是此型僅有的防空武器。

「派里級」巡防艦（成功號），具備反潛、反艦及防空能力，「Mk 13 Mod.4」系統是主要防空武力，有四十枚標準型防空飛彈，能以每十秒一枚連續發射。標準一型飛彈射程四十六公里，飛行速度二馬赫。

相對比較共軍海空優勢，我國海軍作戰仍須空軍掩護，確保空防安全，否則單獨海軍防空戰力，難以確保空域安全，戰力必不能發揮，且容易受到空中攻擊。

### 三、空軍防空

空軍防空作戰，通常必須統合指揮所有防空兵力及武器系統，才能全面阻敵從空中入侵。同時負責統一協調重要政經與軍事設施，完成防空準備，確保領空安全。故空軍防空應統一指揮地面防空飛彈、戰機及防砲部隊，作戰指揮中心的編組顯得特別重要。

目前我國主力戰機的防空武器，主要是各型空對空飛彈，如「天劍」型、蜻蜓(Shafrir Mk2)、AIM—七F麻雀及響尾蛇飛彈等。惟未來幻象二〇〇〇和F十六戰機部署完成，將更能提昇空軍防空戰力。

## ■台灣防空戰力檢討

台灣須要何種程度的防空戰力，應從中共未來可能空中攻擊之構想去考量。中共歸結波斯灣戰爭經驗和俄羅斯軍事理論研究，認為「遠距作戰」（簡稱：遠戰）是未來戰爭形式之主流。所謂「遠戰」，即在遠離敵人，不與敵人直接接觸情況下，在發現敵軍早期，就給予決定性殺傷。未來中共運用「遠戰」（各型飛彈），攻擊台灣本島或四週海域，機率比大舉武力犯台要高。(註⑩)此應為後冷戰時代戰爭的新主流,歐美國家定位成「低強度衝突」與「高技術」局部戰爭。按此趨勢和水準來檢視我國防空作戰,就出現了可以檢討的問題。

### 一、偵測技術的問題

偵測區分遠程的衛星偵測、近程的雷達偵測兩種,當彈道飛彈在數百,甚至數千公里之遙發射,人造衛星可以偵測、追踪,預測其攻擊目標,此較能掌握先機。其次當敵飛彈接近我方,用雷達偵測發現,以便預警及採攔截措施。我國目前尚難突破者,為衛星的遙測技術,這是尖端科技的運用。

按這次中共「飛彈危機」,對彈道飛彈發射過程,我國是從美國獲得中共試射狀況當美國掌握試射情報後約十個小時,我方才能取得相關資訊。我國目前雖沒有完整偵測技術能力,不過有向美國、日本兩國購買同步資訊的暢通管道,這種購買形同「承租」。(註⑪)中共試射飛彈期間,國防部的聯二情報參謀次長室和聯三作戰參謀次長室,都依此管道及資訊進行狀況判斷。惟此種方式對情報獲得,仍然受制於人,且時效已過(晚了十小時),傷害可能已經造成。根本解決之道,還是自己建立偵測技術,才能反制彈道飛彈,化解危機。

### 二、「遠戰」對我可能之威脅

按國防部判斷,中共運用「遠戰」攻擊台灣,對其內部影響最小,代價最低,但收效宏大。從軍事作戰層面上判斷，中共「遠戰」帶來的威脅極大。包括我E—二T空中預警機、天弓與鷹式飛彈陣地、空軍基地、對空對海雷達站、指管通情系統等。

以我國向美國採購的E—二T空中預警機為例，雖然可使防空反應時間從五分鐘加長為廿五分鐘，但「一物剋一物」。中共可能向我俄羅斯購買「Kh31」空對空長程飛彈，專門對付類似E—二或E—三這種目標，其飛行速度為三倍音速，射程可達二百公里，攻擊高度在一百公尺到一萬五千公尺之間。Kh31從發射到命中，最高時間不過二百秒，它以完全被動方式循預警機的雷達波追擊，預警機較難發現這種小而高速來襲的目標。待其發現已來不及反應，若能及時關掉雷達並實施電子干擾，會不會被命中仍要看運氣。（註⑫）剋制遠戰威脅，根本辦法還是遠程偵測能力的建立，實應未雨綢繆，萬勿臨渴掘井，危害人民生命，禍及子孫。

## 三、愛國者與天弓飛彈——還是科技問題

早在十年前我國即向美國提出購買「愛國者」(Patriot)，均受制於政治因素而未能如願。直到我國發展出天弓飛彈系統，美國才同意出售，國內乃有「愛國者」與「天弓」之議論。那一種最適合台海防空？還是要從性能及其「實戰經驗」來評估。

### (一)「愛國者」在波斯灣戰爭

在波斯灣戰爭期間，伊拉克成功地發射了八十六枚飛彈，其中四十枚飛向以色列，四十六枚飛向沙烏地阿拉伯。照美國國防部報告，共發射一百五十八枚愛國者飛彈，在沙烏

地阿拉伯成功攔截了百分之八十的目標。在以色列約百分之五十，但根據以色列自己的研究報告，愛國者僅僅摧毀不到百分之二十飛向以色列的飛雲飛彈彈頭。（註⑬）

㈡「愛國者」在日本

日本航空自衛隊所配備的「愛國者」，經駐日美軍於一九九五年三月十五日開始的四天模擬演習中，亞洲某國以中距離彈道飛彈，連續六回，每回七枚，共四十二枚對東京進行攻擊，東京周邊的愛國者實施攔截，成功率是百分之七十，仍有十枚敵飛彈擊中東京目標。（註⑭）這項演習發現日本防空網出現破洞，防衛廳震驚之餘，開始檢討愛國者飛彈部署的有關問題。

㈢「愛國者」與「天弓」

正當台灣部署了「天弓」飛彈，美國才同意出售「愛國者」給台灣，但依專家評估，愛國者不論性能或適用性，均比不上天弓飛彈。其理由有：（註⑮）

1.美國賣給台灣的是「基本型」愛國者，須要美國彈道飛彈衛星對台灣提供中共飛彈來襲資訊，這是辦不到的。天弓飛彈能偵測四百五十公里之遙，接戰範圍二百公里，導控二十四枚同時攔截來襲目標，適合對付共軍對我發起飽和攻擊。

2.天弓自力研發，未來性能改良或提昇不受制於外人。愛國者不可能由國內自行改進，或擴充必要之功能。

3.引進愛國者，必削減天弓產量，將打擊本地百餘參與的民間廠商，挫折參與意願，國防工業自立基礎將受到動搖。正好落入美國設計好的「圈套」——美國也希望各國武器都由她提供，方便控制。

## ■結語

中共在彭佳嶼附近的飛彈演習，雖然是一種「政治恫嚇」和「軍事犯台威脅」，是一種「嚴重傷害兩岸中國人感情的行為」。但還是有其「正面」價值，正好再提醒國人，台海防空戰力的弱點與不足之處。平常自己檢討總是不夠澈底，難見真相。現在由敵人為我們進行一次「實戰驗證」檢討，發現台灣遠程偵測能力極為欠缺，反彈道飛彈必須從基礎科技研究開始，才能建立國防自主能力。對於自力研發與外購，應以自力研發為優先，才是長治久安之道。

## 註釋

① 中共戰機、潛艇及各型飛彈的詳細統計，見陳福成，決戰閏八月——後鄧時代中共武力犯台研究（台北：金台灣出版公司，一九九五年七月十日），第三、四章。

② 聯合報，八十四年七月二十五日，第十版。

③ 中共飛彈試射資料及「附圖11」，均見八十四年七月十九到二十八日國內各報報導。

④ 聯合報，八十四年七月二十五日，第十版。
⑤ 聯合報,八十四年七月二十六日,第四版。中共飛彈試射原計畫自七月二十一日到二十八日，但二十六日中共透過「新華社」公告：從七月二十六日十八時起,東海導彈發射訓練正式結束，演習地區海空域恢復正常航行。（中國時報，八十四年七月二十七日，第一版）。
⑥ 張濤、金千里等，江八點的迷惑（台北：瑞興圖書公司，八十四年三月，初版），頁一二九—一三一。
⑦ 馬飛龍，「台海新守護神——天弓武器系統」，全球防衛雜誌,第七十三期（一九九〇年九月一日），頁二八—三七。
⑧ 天行，「S—三〇〇與愛國者」，全球防衛雜誌，第一一四期（一九九四年二月一日）。
⑨ 同註⑦。
⑩ 聯合報，八十四年七月二十四日，第二版。
⑪ 聯合報，八十四年七月二十四日，第一版。
⑫ 聯合報，八十四年五月二十二日，第六版。
⑬ 黃大舟，「波灣戰爭反彈道飛彈作戰之檢討」，全球防衛雜誌,第九十六期（一九九二年八月一日），頁五〇—五九。
⑭ 聯合報，八十四年六月十一日，第九版。
⑮ 同註⑧。

# 第24章 本、外島兵力部署之商榷

# 第24章 本、外島兵力部署之商榷

按「國防報告書」所示，目前我國三軍總兵力為四十二萬五千人，未來十年兵力規劃（民國八十三年到九十二年），概約降到四十萬人。（註①）可預見的未來，台澎金馬及各離島總兵力四十萬左右，應是較明確的定數，除非台海防衛作戰爆發，現役兵力才有可能增加。這有限的兵力應如何部署？本、外島兵力比應為若干？似為數十年來頭痛的問題，從早期美國的「金馬撤軍論」，到現在兵力比的爭議，及民進黨「金馬撤軍論」，似乎都還是未定之論。

到底本、外島兵力應如何部署，才最合乎台海防衛作戰之戰略構想及國家安全，並能有利於中國之和平統一。本文從歷史背景、地略形勢、政軍情勢等方面論述之，以求取較合理的答案。

## ■外島與台灣本島的地略形勢和戰略關係

金、馬各外島及其所屬離島，與台灣本島有密不可分的關係，而澎湖位居台灣和金馬外島的中間，這個關係可以區分地緣和戰略兩種來說明。

## 一、地緣戰略關係（註②）

金、馬及澎湖同樣位於台灣海峽範圍之內，金馬兩島島各離台灣約一百五十公里，澎湖距台灣約五十公里。它們與台灣的地緣關係有：

㈠同位於「內新月形帶」上：台海地區位於太平洋西岸、亞洲大陸外緣花彩列島的中段上，對大陸而言，控制大陸通向太平洋地區的樞紐。若本地區有任何失陷（指金馬台澎有任一島嶼的淪陷），都將危及整個東北亞到東南亞的防線。對太平洋地區而言，台灣海峽是西太平洋的交通孔道，掌控東北亞各國資源輸入的生命線，有確保西太平洋安全與穩定的功能。這是由地緣關係產生的功能，金門、馬祖、澎湖與台灣都同樣有這種功能，各島關係等同重要。

㈡金、馬與澎湖同為兩岸關係的支點：

從過去數十年，到可預判的未來，兩岸仍將進行整體國力的較量，大陸不擇手段企圖東出（或武力犯台），台灣盡其所能西進（政、經、心）。台灣海峽成為較量的「沙場」，誰能控制台灣海峽，誰便能達成願望。而金、馬與澎湖正好控制台灣海峽南北端及東西兩側，大陸欲東出必先控制海峽諸島，台灣欲進必以海峽諸島為跳板，若採守勢防衛也須以海峽諸島做防衛前緣。故金、馬與澎湖是兩岸勢力較量的支點，那一方控制都能獲取最多優勢，有利於目標之達成。

## 二、軍事戰略關係

按台海防衛之戰略構想，金、馬屬防衛前緣的性質，與台灣的關係有前哨與基地、前方與後方的差別，但在軍事戰略上其實是一個「共同體」，海峽諸島與台灣在軍事戰略上的關係有：

㈠預警與緩衝功能：

中共若想武力奪取台灣，則兩棲登陸可能是最後必行的辦法，而這個辦法必先奪下金、馬與澎湖，才有可能登陸台灣。故早期中共發動台海諸戰役（如古寧頭大戰、八二三砲戰），若共軍順利佔領金馬，必將再犯澎湖，最後登陸台灣。所幸戰火僅及外島，台灣也能因外島戰火的「預警及緩衝」，迅速備戰，終能保住台灣數十年來的安定發展與繁榮，金、馬外島應該是「台灣經驗」的大功臣。

㈡增加台海防衛縱深：（註③）

台海防衛最大的「地略弱點」，就是台灣地形成南北狹長，東西距離約一百四十公里，中間大多山脈阻隔，大多數兵力部署於西部海岸約三十餘公里地區內，縱深太淺（幾乎沒有縱深），對敵軍言易於突穿分割；對我軍言，陣地防衛部隊沒有後退空間，機動打擊部隊沒有廻旋反擊空間，都是很不利的地略形勢。但有了金門、馬祖和澎湖，使防衛作戰縱深增加一百五十公里，偵蒐範圍約向前增加五百公里。數次台海戰役都侷限於外島，戰禍沒有延燒到台灣本島，這個縱深的保持有決定性的影響力，有了縱深才不易被突穿。

㈢金門、馬祖與澎湖自成三角形戰鬥體：

由兵力、火力及地形要點的配合，使成為「三角形」戰鬥體，是近代發展出來的用兵原則。以其可以形成四週防衛、相互支援及掩護、兵力轉用方便，成為靈活的戰鬥體之故。金門、馬祖、澎湖和台灣形成數個三角形，為爭取戰略縱深不可缺的要地。（註④）

第一個三角形，金門、馬祖、台灣：金、馬扼控廈門和福州，為重要前哨，共軍動靜均在監控之下，不可能有突襲台灣機會，澎湖在三角形中間，成為中繼站。

第二個三角形，金門、澎湖、台灣：整個台灣海峽南端海域，在這個三角形戰鬥體防衛下，以澎湖為基點，成為攻勢基地。

第三個三角形，馬祖、澎湖、台灣：台灣海峽北端海域，在三角形戰鬥體防衛下，以澎湖為基點，攻守一體，互相奧援。

第四個三角形，澎湖、台灣本島：若金馬為戰略前緣或前哨，則澎湖南北形成的火網，可以是台灣本島基地的「陣地前緣」，也是金馬第一線的緩衝區。澎湖與台灣南北形成相互支援的基地，澎湖也直接防衛着台灣南部平原。

**總的來說，中共若奪取金馬與澎湖，可獲得的戰略利益有：可進可守、轉變戰略態勢、取得攻台中間站，及迫我在不利狀況下決戰。**（註⑤）**從中共以前發動的台海戰役經驗研究，或中共近年演習攻台構想**（如東海四號），**都發現中共若以武力收復台灣，必先從奪取金馬與澎湖先下手，故本、外島其實是一個「戰略共同體」。**

## ■關於外島兵力部署議論之變遷

金馬駐軍兵力之眾寡，不僅我國在各時期有不同考量，美國也有強烈的異議，因而造成台海局勢動盪不安，爭論焦點都在金馬駐軍問題。

### 一、各時期美國之態度

大陸淪陷，一九五〇年元月五日美國總統杜魯門即宣告，「明確承認中國對台灣享有宗主權，美國不再提供軍援與顧問予台灣的國軍部隊。」但韓戰爆發，情勢逆轉，一九五一年五月一日「駐台美軍顧問團」(U.S. Military Assistance Advisory Group/Republic of China on Taiwan, or U.S. MAAG/China-Taiwan)成立，要求我政府「全面自大陳、馬祖、金門等外島撤退，以集中兵力防衛台澎。」一九五四年九月，「九三砲戰」爆發後，中美兩國締結「中美共同防禦條約」，美國仍堅持協防範圍不包含金馬各島。

當時美國總統艾森豪一直認為，我政府在金馬駐有重兵是軍事上的錯誤；國防部長威爾遜說為這些「混帳小島」打戰，不合美國的國家利益。一九五五年初，共軍攻陷一江山，艾森豪私下向先總統　蔣公承諾協防金馬，但須放棄大陳，二月間國軍開始從大陳、漁山、披山與南凡山等列島全面撤退。(註⑥)

到民國四十七年「八二三砲戰」，中美再為金馬駐軍有強烈爭執，參謀長聯席會議認為國軍應撤離金馬，參院外交委員會也反對美軍介入中國沿海島嶼爭戰，而美國民意百分之八十反對協防金馬，艾森豪總統態度十分明確，決不願為金馬與中共發生軍事衝突。國務卿杜勒斯於是年十二月二十一日到達台北，要求　蔣公減少外島駐軍。至少到「八二三砲戰」前後，國軍駐守金門約七萬兵力，在馬祖約三萬餘兵力，合計十萬兵力，佔當時國軍總兵力六分之一。（註⑦）

六十八年中美斷交，在「台灣關係法」第十五條乙項對本法所稱「台灣」有明確界定：

「台灣」一詞，按照法案全文之需要，包括台灣本島及澎湖，該等島嶼上之人民，依據適用於該等島嶼之各項法律所設立或組織之法人及其他的實體及協會，以及在一九七九年之前被美國承認為中華民國的在台灣之統治當局及任何繼承之統治當局（包括其政治區域、機構及實體）。（註⑧）

不論從現實局勢或法令規章來看，美國都反對我國在外島駐軍。這個考量可能並無戰略上的評估，更沒有道德或道義上的基礎，而只是如同當時美國國防部長威爾遜說的「合乎美國利益」。（註⑨）民國五十一年夏天，台灣最後一次小規模反攻大陸軍事行動後，（註⑩）兩岸情勢趨緩，外島兵力日漸減少，但美國反對我外島駐軍立場，至今並未改變。

## 二、我國各時期外島兵力部署之考量

對於外島兵力部署及駐軍多少，我國向來以國家安全為最高指導原則，同時權衡當前國家目標或兩岸軍事情勢，以決定外島兵力。概分三個時期述之。

㈠反攻大陸（中共武力解放台灣，民國三十八年到六十八年）時期：

本時期前段（民國五十一年以前），大陸隨時準備「血洗台灣」，台灣國軍亦積極準備反攻大陸。因戰略構想的需要，外島必須駐以重兵，才能對大陸發起決定性的攻勢作戰；就防禦構想而言，大陸不斷對我各外島發動戰爭，企圖先奪取外島，再拿下台灣。國軍為阻止共軍血染台灣之構想，乃先確保外島，欲保外島勢必駐以重兵。故本時期金馬駐軍保持在十萬以上。

㈡三民主義統一中國（中共和平統戰、一國兩制，民國六十八年到七十六年）時期：

本時期中共發表「告台灣同胞書」，放棄「武力解放台灣」口號，提出「葉九條」及「一國兩制」主張，但並未放棄武力犯台企圖，本質上仍為「和平統戰」及「兩手策略」之運用。台灣則提出「三民主義統一中國」口號，放棄武力反攻大陸。但因中共武力犯台危險性甚高，外島駐軍仍多，此時期金馬各外島駐軍為八萬兵力，且國軍十二個重裝師有五個在金馬外島。（註⑪）兵力部署構想在阻止共軍犯台之可能行動。

㈢台海防衛（中共一國兩制，民國七十六年以後）時期：

本時期我國宣佈解嚴，開放大陸探親，終止動員戡亂、頒佈「國家統一綱領」，建立兩岸民間交流管道，八十一年十一月七日金馬終止戰地政務。台灣的政治民主化對大陸產生強烈的反應，大陸則因「天安門事件」不僅產生政權危機，深深感受到台灣「和平轉變」的威脅。即得利益者為維持政權於不倒，乃堅持「中國式社會主義」道路，對台灣不放棄武力入侵企圖。

近年共軍在台海附近不斷舉行大規模軍事演習，八十四年七月共軍以「飛彈演習」，再次展示其武力犯台的明顯企圖。台灣為確保安全，不得不保持強大戰力，目前各外島兵力部署，金門四萬，馬祖一萬，澎湖一萬。（註⑫）這是否是最佳兵力部署，有待進一步研究。

## ■幾種本、外島兵力部署之商榷

外島到底須要多少駐軍？才最合乎台海防衛作戰之戰略構想及國家安全，不僅要有軍事戰略之專業素養，而且要有政治智慧，才能產生最佳方案。民國七十九年作者在金門服役，當時金門地區有四個重裝師，其中二八四師已完成解編，裝備繳回，人員已即將返台，正當人員分批回台時，決策階層突然想到「勿使戰火漫燒到台灣本島」，所有人員奉命立即回到原駐地。（註⑬）可見外島駐軍必須嚴加評估，以下是外島現況與兩種目前國內輿論界不同主張之比較。

## 一、金馬、澎湖、台灣比：1：2：7（註⑭）

這是「民間國建會」的建議案，按台灣三軍總兵力四十萬人計（假定），建議金馬駐軍四萬，澎湖駐軍八萬，台灣本島二十八萬，總兵力有變時仍按此比例調整。本案認為金馬部署太多兵力是一項浪費，當金馬運補被切斷後，金馬守軍反成人質籌碼，台灣將被近接受不合理的條件，本案利弊如次：

利：

㈠金馬、澎湖、台灣兵力逐次增加，將使入侵者感受到愈來愈大的阻力，困難度愈來愈高。

㈡澎湖、台灣在兵力部署上更成一體，使入侵者正面突穿難以達成，台灣兵力不易被切割。

㈢可能提前在澎湖地區殲滅入侵之敵，不使戰火漫延到台灣本島。

㈣若共軍攻擊金馬，澎湖可成為有力支援，發揮其跳板功能。

弊：

㈠台灣本島決戰兵力不足，可能影響防衛作戰最後之成功。

㈡兵力稍有分散，有被逐次殲滅的可能，或過早釋出戰力，使我軍在不利狀況下決戰。

㈢若中共自南北兩端或台灣東部迂迴攻擊，將使台海地區兵力轉用困難，被逐次消滅。

㈣金馬兵力不足，若中共決心奪取金馬，台海防衛戰略將被打破。

## 二、「金馬撤軍論」

民進黨依其「台獨」構想，由其黨主席施明德在八十三年省長選舉前所提出，惟本案未被多數民意所支持。因其多弊而無利。

㈠國軍撤出金馬，共軍必將進佔。則進可奪取澎湖，控制台海地區，有利其兩棲登陸台灣。

㈡台海受共軍控制後，作戰縱深減少一半，台灣的生存率隨之降低。

㈢喪失預警時間，使制空、制海、反登陸來不及反應，失去先機制敵機會。

㈣金馬陷落後，台海防衛作戰整體防衛戰略構想將被打破，使防衛作戰失利。

㈤金馬的放棄，也等於失去「第一線」，台灣西部海岸直接成為與敵接觸的第一線，有形、無形的緩衝區都因而喪失。

## 三、金馬、澎湖、台灣比：1.2：0.2：8.6

這是國軍現況的本、外島兵力部署比例，以目前三軍總兵力四十二萬餘，金馬駐軍約五萬，澎湖一萬，台灣本島三十六萬。這樣的兵力部署，很明顯的是以台灣地面決戰為主的構想，其重要考量如次。

㈠顧慮到台灣地略形勢，必須以「內線作戰戰法」才能對付共軍「外線作戰」。把大部兵力部署在台灣，才能使內線作戰有可資轉用之戰力。

㈡為「集中與節約」之考量，因主戰場在台灣本島，且國軍是相對的戰力劣勢，故兵力更須集中運用，若澎湖駐軍太多，造成國軍兵力分散，有被逐次消滅的顧慮。金馬與澎湖均屬「支戰場」地位，可稍節約兵力。

㈢權衡海空戰力不足，當共軍大舉來犯，必挾其優勢海空軍為掩護，我海空軍不能殲敵於海上，陸上決戰成為必然，故台灣本島保持強大兵力。

㈣澎湖距台灣西海岸約四十公里，支援容易，除了「跳板」功能外，也有瞰制海峽功能，部署一萬兵力，保留其增援彈性。

㈤金馬仍保持強大戰力，確保作戰縱深與預警時間，為整體防衛網之一環。共軍若想奪取金馬，仍須支付數倍（預判五倍以上）兵力，代價甚高。

## ■結語

研究本、外島兵力之部署，目前朝野雖有異議，但仍以國軍現況兵力部署比例較佳，對台海防衛作戰較有利，「金馬撤軍」根本不可行，是一種「投降主義」做法，危害人民生命財產甚大。

就遠程來看，決定外島駐軍最大因素，恐非國際關係所能影響，更非台灣一廂情願所能決定，關鍵在兩岸關係如何而定。假定中國在和平統一狀態中，既無內憂也無外患，金馬還須要駐軍嗎？

遺憾，目前金馬仍須進駐重兵。

## 註釋

①國防部「國防報告書」編纂小組，中華民國八十二—八十三年國防報告書（台北：黎明文化出版公司，八十三年三月），頁七四。

②「地緣戰略」之意，見本書第三章。

③詳見第六章。

④于昇華，戰計畫附件一—攻略澎湖（台北：書華出版事業有限公司，一九九四年十月初版），頁八五—八六。

⑤陳福成，決戰閏八月——後鄧時代中共武力犯台研究（台北：金台灣出版公司，一九九五年七月十日），頁一八四—一八五。

⑥狄縱橫，透視台海戰史（台北：群倫出版社，七十四年七月二十五日），第一篇「台海戰史回顧與前瞻」；另見陳毓鈞，「中共若犯台，美國會干預嗎？」，中國時報，八十三年十月十七日，第十一版。

⑦同註⑥。

⑧台灣關係法，第十五條，一九七九年三月二十八—二十九日。

⑨同註⑥。

⑩ 民國五十一年中共搞「大躍進」，中國大陸陷於深刻不安狀態。蔣公認為是反攻大陸良機，乃集結部隊展開軍事反攻行動，時間在十月二十日到廿三日間。共軍亦大量集結在福建沿海應戰，當時美國國務卿魯斯克迅速透過美國駐波蘭大使卡伯特，向中共大使王炳南轉達美國不支持台北之意。國軍反攻行動終告結束・詳見註⑥。

⑪ 同註⑥。

⑫ 田弘茂等，國防外交白皮書（台北：業強出版社，一九九二年三月），頁二二三。

⑬ 此事傳播媒體並未報導，國防部亦未說明原因，可能居於敵情考量，或未來有關事件解密應可得知。

⑭ 這個本、外島兵力比是「迎接九〇年代的挑戰—民間國建會」建議案，見註⑫書，頁二二一—二二七。

# 第25章

# 快速反應部隊建立與應用

# 第25章　快速反應部隊之建立與運用

這是一個以「快」取勝的時代，各行各業，快就能掌握先機，慢一步則全盤皆輸。戰爭之所以有勝敗，來自對速度的競爭。「新戰爭論」一書評美軍在波灣戰爭的勝利，歸功於「速度」。真正讓伊拉克指揮官吃驚的是聯軍的速度，有了比伊軍更快的速度，才有最後大勝。「美軍打贏這場戰爭，正如同日本打贏高科技貿易及製造業戰爭——利用快速循環、時間基礎的競爭策略。」（註①）美軍組建因有深厚基礎，故能掌握「快速反應」之特質。隨着時代的進步與複雜程度提高，對危機處理時限之要求，建立快速反應部隊，以應付突發危機，已成各國正規現役軍隊的「流行」。台灣至今尚未建立「快速反應部隊」，對台海防衛影響如何？是必須考量的新課題。

## ■國際上「快速反應部隊」建立之現況

冷戰時代國際焦點都放在美、蘇兩國，各自代表民主與共產陣營的領導者，也各自負責本身陣營內的危機處理，早有快速反應部隊的建立。國際環境進入後冷戰時代，局部衝突增加，聯合國角色愈形重要，北約組織與歐洲聯盟乃有建立「快速反應部隊」之議。

一九九二年十月二日，歐盟快速部隊司令部在德國貝列菲(Bielefeld)正式成立，跨出建立「歐盟快速反應部隊」(Allied Command European Rapid Reaction Corps, ACEARRC)的第一步，計畫到一九九五年前完成四個師的快速反應部隊，主要任務有武力展示、快速反應作戰、增援及核武能力。（註②）

一九九五年五月，聯合國駐波士尼亞和平部隊遭塞爾維亞人挾持三百五十九人，塞人領袖卡拉迪茨宣示，「廢除所有與聯合國所簽的協定，並指控聯合國偏袒波士尼亞政府。」（註③）形同對聯合國之挑戰，也由於聯合國和平部隊無力處理波國內戰危機，北約(NATO)與聯合國才考慮成立一支可以快速反應的作戰部隊。一九九五年六月八日，北約十六國國防部長一致通過，由英、法、荷組成一支「快速反應部隊」，兵力為師級（約一萬人），預期可以處理局部地區的任何危機挑戰。

聯合國安全理事會隨後在六月十六日，以十三票對零票表決結果（中共與俄羅斯棄權），授權英、法成立快速反應部隊的決議案。（註④）為解決歐洲突發的軍事危機，快速反應部隊似已成為處理突發軍事危機的王牌，尤其軍事敏感地帶顧慮特多，應盡早成立這種部隊。

## ■中共「快速反應部隊」建立與運用

中共快速反應部隊以第十五空降軍為核心，計畫將兵力擴編成一萬五千人，在中共領土任何角落，無論沙漠、叢林、高山或沼澤，都能在十小時內快速抵達執行任務。（註⑤）中共為提昇快速反應能力，已向俄羅斯採購十架尹留申(Ilyushin)「II 76」重型運輸機，預計快速反應力將大大提高。

除第十五空降軍外，目前正組建三個輕型快速反應師，這些部隊在裝備、經費上有較多優先權，因其以輕武器為主，正可發揮快速反應部隊的高機動特質。這三個師級單位，分別是濟南軍區第五十四集團軍第一六二師，負責台海和朝鮮半島危機處理及臨時任務執行；蘭州軍區第二十一集團軍第六三師，負責新疆和中亞地區；成都軍區第十三集團軍第一四九師，負責印度和越南邊界。中共組建快速反應部隊之目的，在軍事戰役及武裝衝突時，保證部隊快速到達現場展現威力，或制止衝突，換取空間和時間，以利軍事領導階層或黨中央處理突發事件及戰略戰術之運用。（註⑥）

中共快速反應部隊對內之運用，通常也用於鎮壓「反革命」，第十五空降軍於一九八九年「天安門血案」中，即曾奉命赴北京執行軍事鎮壓任務。對外做為武力犯台的先頭部隊，為第一優先之用途，這也是台海地區最大威脅的來源。

## ■台海防衛作戰中快速反應部隊之運用

相對於中共建立強大的快速反應部隊，國軍到目前並未建立起這種「立即」可以投入戰場的部隊。這是否表示國軍現有部隊中，已有可以取代快速反應部隊之功能？如機械化師或空降旅，還須從快速反應部隊在台海防衛之運用及編組精神來研究。首先在運用上，快速反應部隊主要在執行下列任務。（註⑦）

### 一、外防突擊、立即應戰、制敵機先

台灣本島內部多山，佔全島五分之三，中央山脈縱貫南北，將台灣地形分割成獨立的東西兩部份；海岸線全長一一三九公里，大部海岸平直適宜登陸，且島內各戰區相互支援及兵力轉用困難。此種現況，若中共以其快速反應部隊對台海任何地區實施先期突擊，國軍現有機動部隊均可能受限於地障影響，而逸失戰機。若能有一支快速反應部隊（重裝或輕裝），立即應戰，可佔「緒戰階段」之先機，以利爾後之作戰。

### 二、內防突變，快速「救火」，敉平突變

中共特長於「從敵人內部來瓦解敵人」，這也是中共的看家本領，判斷中共若決心武力犯台，必先期以其地下特工人員結合島內不法組織成員，伺機造成社會動亂，破壞我政、軍、經、心等重要設施，以削弱我防衛力量，並能與其入侵之部隊發揮「內應外合」的功

能。若台海各戰區能自行掌握一支快速反應部隊，將可適時發揮「救火」效果，有機會在「突變」滋起之初期，立即加以敉平，對防衛「緒戰」甚為有利。

**三、反擊、逆襲作戰之瑰寶**

按我國現行台海防衛指導，為「制空、制海、反登陸」，這只是說明接戰程序，以三軍兵力結構來觀察，現有海空戰力到時都可能無力制空或制海，最後可以制敵的還是仰賴陸軍武力的地面決戰。而地面決戰的勝敗，賴於「灘岸」及「陸上」作戰兩個階段，對登陸之敵軍實施一連串的反擊與逆襲作戰。快速反應部隊組成，以自走砲、戰車、攻擊直昇機、多管火箭、航空隊及空軍戰機為主，是一種「以快制快」的部隊，應為地面防衛作戰之反擊與逆襲作戰之瑰寶。

## ■適合台海防衛的快速反應部隊之編成

因應兩岸緊張程度的提高，中共武力犯台條件愈來愈多，如「拖延統一談判」與「進入聯合國」，都可能被中共視為「搞分裂」，也就是說台海地區的外力威脅愈來愈多，且危險性愈來愈高。李總統登輝先生在國民大會第五次會議，提出國情報告時說：

當前我們國防建設的首要課題，是建立「有效嚇阻、快速反應」的防衛武力，使

中共政權瞭解武力犯台，可能遭受的犧牲代價與嚴重後果，而不致於輕舉妄動。（註⑧）

總統所說乃指全軍所有部隊，都能達到「快速反應」的理想。但實際上任何部隊不可能百分之百、全天候、全年度、永不休止地所有成員都在備戰狀態，而是三分之一休息（休假），三分之一戰備，三分之一訓練。所以保持一支快速反應部隊，是在遭受突擊時可以「立即」投入作戰，爭取野戰部隊完成作戰準備所要時間（如訓練部隊歸建、休假人員緊急召回）。適合台海防衛作戰之用的快速反應部隊，其編成條件為：

㈠縮小編組：

國防部成立師或旅級快速反應部隊，各戰區為旅或營級，各師則營或連級即可。

㈡混合編組：

為因應立即、快速機動，並適於多元戰場之功能，快速反應部隊須納編航空部隊，並與空軍運兵部隊及戰鬥部隊取得有力的支援協定。

㈢裝備原則：

營、連級快速反應部隊，時效重於火力功能，以「輕快」編裝為主；師、旅級快速反應部隊，時效與火力功能並重，可一部份輕裝，一部份重裝。

㈣成員性質：

快速反應部隊要求高度訓練與備戰，為第一個到達「現場」的部隊，其「經驗累積」異常重要，成員必須提高職業軍人比例，減少義務役成員（特指二年役）。

## ■結語

中共早已完成快速反應部隊組建，並積極擴編中。國軍目前正加速「十年兵力整建規劃」，鑒於中共威脅日急，且建立快速反應部隊是各國正在努力的目標，我國應儘早規劃，建立這種立即可用的快速部隊。

這是一個講「快」的時代，快制奇襲，掌控先機，慢一步全盤皆輸。如何在迎戰「中國人民解放軍」武力入侵的第一擊，搶佔先機，就靠這支快速反應部隊了。

## 註釋

① Alvin and Heidi Toffler著，傅凌譯，「新戰爭論」（台北：時報文化出版公司，一九九四年元月十五日），頁一〇四—一〇五。

② 楊紫函，「歐洲快速反應部隊的任務與編組」，國防譯粹，第二十卷第五期（八十二年五月一日），頁二五—三一。

③ 聯合報，八十四年五月三十一日，第九版。

④ 中共駐聯合國大使秦華孫，在解釋投棄權票原因時表示，快速反應部隊會引發政治和軍事上的後遺症，亦將成為衝突的一部份。聯合報，八十四年六月十七日，第十一版。

⑤ 田弘茂等，國防外交白皮書（台北：業強出版社，一九九二年三月），頁一八五。

⑥ 張濤、金千里等，江八點的迷惑（台北：瑞興圖書公司，八十四年三月），頁二三三—二三四。

⑦ 簡文瑞，「快速反應部隊編組與運用」，陸軍學術月刊，第三五一期（八十三年十一月十六日），頁五六—六一。

⑧ 中國時報，八十四年七月二十八日。

# 第26章

# 多軍（兵）種聯合作戰

# 第26章　多軍（兵）種聯合作戰
## ——無戰不「聯」的現代戰爭

現代戰爭有兩大特點，一是無戰不「聯」，一是無戰不「電」，本章先論「聯」的問題。

台海防衛作戰在有形戰力上，是一個根本的聯合作戰，不論制空、制海及反登陸，沒有一項可以由單一軍（兵）種來完成。放眼於近代國際上有名的戰爭，如諾曼第登陸戰、英阿福島戰役、一九九一年波灣戰爭，真是「無戰不聯」。共軍是「一支靠戰爭吃飯」的隊伍，對於這種現代戰爭的主流趨勢當然不會放過學習機會，尤其想要解放台灣，非「聯」不能竟其功。偏偏本位主義是國軍最大的弱點，因此如何「聯」起來，是個傷腦筋的問題。

台海防衛作戰為何非「聯」不可？關鍵因素還是在戰力的發揮，「聯」的愈好，戰力愈能倍增。

### ■現代戰爭的多軍（兵）種聯合作戰型態

凡兩個以上軍（兵）種部隊執行共同任務，達成同一作戰目的所遂行之作戰，不論階層與指揮關係如何，均可謂之「聯合作戰」。(註①)惟各國依其國力與戰力不同，聯合的範圍不同。曾任美國陸軍參謀長一職的伏諾上將，認為美軍聯合作戰的範圍除地球外，包括圍繞它的太空、同步太空軌道、外太空，這種聯合作戰型態才是現代化戰爭贏得勝利的基本要素。(註②)台海防衛有其特殊的戰場，主要的聯合作戰型態有多種。

**一、軍種聯合作戰**

我國目前三軍戰力有限，海空領域範圍不大，故三軍部隊有明確的區分，主要的聯合作戰(兩個軍種以上)有下列各種：

(一)三軍聯合：制空、制海、反登陸作戰。

(二)海空聯合：反潛、水雷、水面、要港、偵察、護航、掩護、搜救及防空等聯合作戰。

(三)陸海聯合：艦砲、岸砲支援作戰，泊地攻擊、灘岸作戰。

(四)陸空聯合：地面作戰(密支、阻絕、掩護作戰)、基地防空、泊地攻擊、灘岸作戰。

針對台海防衛特有的戰場環境，對中共可能的封鎖所採取的反封鎖作戰，對金馬或南沙的運兵、運補護航，通常也是一種聯合作戰型態。

**二、兵種協同作戰**

兵種協同乃指陸軍範圍內，各兵種之適切編組，律定其指揮關係，管制或支援關係，使其發揮互補功能，主要協同型態有：

(一)步、戰、砲協同：步兵為主，戰車與砲兵為輔，協同達成步兵所要之任務。

㈡步、戰協同：步兵與戰車聯合作戰，我國陸軍的步兵區分徒步、裝甲、空降三種，步、戰何者為主？視任務而定。

㈢步、砲協同：以砲兵支援步兵作戰，步兵為主，達成步兵所要之任務。

㈣空地整體作戰：這裡的「空」，非指空軍，而是陸軍航空部隊的「空」，以其攻擊直昇機與戰搜直昇機，配合陸軍的地面作戰。

## ■共軍多軍（兵）種聯合作戰現況

中共自一九九二年初以來，秉持「深化合同戰役戰術訓練，提昇整體作戰能力」之原則，積極進行「合同作戰」訓練，一九九三年的「九三四」、「成功三號」演習，都是合同作戰性質。（註③）中共推動「合同作戰」已有十年，但多侷限在單一軍（兵）種，成效普遍不彰。因受一九九一年波灣戰爭中，美軍三軍聯合作戰驚人成效的刺激，中共中央軍委乃決心深化合同作戰。一九九四年「東海四號」演習就是以「三軍聯合作戰」，做為參演軍（兵）種的共同課目，分項課目如次：

㈠水陸坦克旅：夜戰、海上射擊、海上編隊、灘岸作戰及登陸作戰。

㈡空降軍：實兵空降、武裝泅渡及城鎮戰。

㈢陸戰隊：突擊登陸、障礙破壞及海灘決戰。

(四)陸空協同：火砲射擊、掩護攻擊、支援作戰。
(五)陸航、海航部隊：空中機動、海陸掩護。
(六)陸海協同：海上裝載、卸載、掩護攻勢。
(七)特種部隊：城鎮戰、山地戰。（註④）

最近中共在「飛彈威脅」的同時，也在閩浙沿海地區舉行「九五七海空聯合」演習，一批殲七、殲八戰機二十多年來都未部署在距台二百五十浬範圍內，此次演習進駐沿海機場，確實是與「飛彈」等同重要的警訊。

## ■台海防衛與多軍（兵）種聯合作戰

台海防衛對我而言，以反登陸作戰為主體；對共軍而言，以兩棲登陸作戰為主體。但就本質言，雙方都是三軍聯合作戰型態。台海地區防衛縱深不足，戰力為相對劣勢，因此發揮整體戰力應為聯合作戰之重心。

### 一、聯合制空作戰

「制空」已經不是空軍專屬任務，以我國未來空軍主力戰機（經國號、幻象二〇〇〇—五、F—16），論數量與性能，應屬局部空優範圍內。但沒有陸軍地面飛彈部隊（天弓、天合系統）配合，局部空優也可能被共軍大量戰機抵銷。故聯合「制空」之道，應大量發展地面防空飛彈為主，戰機取得代價甚高，地對空飛彈則造價較低廉，約為戰機的百分之一。

空軍的制空作戰，賴反制、阻絕與密支三種作戰方式達成之。（註⑤）陸軍的制空作戰，除地面飛彈外，野戰防空亦為重要一環，但國軍野戰防空僅賴有限的防砲部隊（各師的防砲連），戰力明顯不足。海軍的制空作戰，賴艦隊本身的防空武器完成之，須要空軍掩護。如何使陸、海、空的制空戰力「聯」合起來，這是另一個$C^3I$問題，有效的$C^3I$可以確保聯合成功。

## 二、聯合制海作戰

待我國二代艦部署完成，有「武型」驅逐艦、派里級飛彈巡防艦、諾克斯級飛彈巡防艦，拉法葉級巡防艦共約四十艘。艦隊本身的武力是否能夠達成制海任務？一般的評估是不足的。（註⑥）另外還要有陸、空戰力的配合，才能發揮海軍戰力。

㈠空軍戰機掩護：我國不如中共有優勢的海空軍。制海任務難由海軍一個軍種完成，至少空域安全必須由空軍戰機來包辦，則我國海軍可以有局部制海的作戰能力。用以負擔近岸作戰、岸砲支援等任務。

㈡地面戰力制海：守勢防衛的制海作戰，最佳武器是岸置飛彈的部署，例如我國目前在東引、小琉球部署的「雄二」反艦飛彈，是台海防衛重要的制海作戰，對中共的登陸船團可發揮早期攻擊之效果。當共軍船團接近我海岸時，則近岸制海作戰可以由長程火砲（如目前軍團砲兵的一五五加砲、多管火箭砲）配合實施，攻擊直昇機也是近岸制海之利器，惟目前在數量上都太少，極待擴編以確保防衛作戰於不敗。

## 三、聯合反登陸作戰

陸軍是地面反登陸作戰的主力，分泊地攻擊、灘岸決戰、陸上地面決勝三個階段完成之。依現代戰爭的主流趨勢與特質，地面的反登陸作戰仍然是三軍聯合與兵種協同作戰性質。

㈠空軍反登陸作戰：中共若發動台海戰爭，可能以其優勢空軍戰力先期瓦解我空軍戰力，以其轟炸機（中共現有各型式約五百架，我國沒有）炸毀我主力戰機、機場及相關設施，故空軍在本階段（泊地、灘岸作戰）可能沒有餘力支援陸軍作戰。所能期待者，乃空軍戰力保儲有成，對陸軍反登陸作戰能有局部性支援。

㈡海軍反登陸作戰：海軍可以支援陸軍反登陸作戰，僅有泊地、灘岸和陸上作戰三個階段，情形和空軍概同，能支援陸軍之餘力並不多。

㈢陸軍兵種協同反登陸作戰：最好的狀況，是陸軍地面的反登陸作戰仍然是三軍聯合實施，但面對中共的優勢海空戰力，陸軍的反登陸作戰還是要做獨立作戰的打算，尤其地面決戰是整個台海防衛的最後王牌，這一局若輸了，那才是真正的T日(Taiwan's Fall Day)。兵種協同作戰顯得特別重要，有：

1. 步、戰、砲協同作戰；
2. 步、戰協同作戰；

3.空地整體作戰。

## ■國軍多軍（兵）種聯合作戰的改進

不論兵種或軍種聯合作戰，基本理念還是在「相互支援」完成作戰任務，從理念到制度與作業程序的建立，須要一套正確的軍事教育政策及訓練管道。國軍早已推行有年，但在早期國、共戰爭期間，許多戰役失敗都歸因於各軍（兵）種「人」的因素，「隔岸觀火」不相互支援，終於全盤皆輸，兵敗如山倒，導至河山沉淪。國軍退守台灣後，雖然不斷改革兵種協同與軍種聯合作戰，但深入檢討仍有許多改進之處。戰爭有勝敗，就是雙方在比較誰犯的錯誤較少，台海防衛作戰其實是沒有犯錯的機會，攻的一方犯錯可以重來，守的一方犯錯便永遠沒有機會重來。這些必須改進的問題如後。

### 一、相互支援是基於任務需要，不是人情

數十年來，國軍各軍事院校為了培養「革命感情」，以利作戰時相互支援，把各兵科正規班集中一起編隊演習，軍事院校入伍生全部集中在鳳山陸軍官校受訓，最高時曾有「三軍十一校」一起受入伍生訓練紀錄。其實過於以「人情為導向」，反而忽略了任務的重要性，到了部隊的平時演訓，甚至戰時，碰到協同或聯合情況發生，決定去不去支援，就變成以人情為導向，不以任務為導向，凡有人情關係者就多支援，反之就得考量了。

正確的相互支援（不論協同或聯合作戰）理念，乃基於任務須要，依據相關指揮程序完成支援任務。

**二、相關準則與作業程序的建立、修訂**

三軍聯合、陸空、陸海、海空及兵種協同作戰，是一套非常精密、複雜、專業的程序，算是一套龐大的「作業工程」。在波灣戰爭前，美軍以十年時間建立「陸空整體作戰」準則，投資大量人力、財力與時間，經歷若干演習與實戰驗證，才算發展完成。然而國軍現況，兵種協同作戰有關準則與作戰程序，已發展的相當完備。但更高層次的聯合作戰、準則與作業程序都尚待修訂、建立，應結合台海防衛特性，透過「實證經驗」累積可靠數據，才能訂出合用、有效的準則與作業程序。

**三、合理的三軍兵力比**

所謂「合理」，在權衡主、客觀環境及國家目標後，所建立的三軍兵力結構，凡有不合理均可能危及國家安全。例如一九九一年波灣戰爭前，伊拉克三軍總兵力有一百一十五萬人，陸軍佔一百一十萬，海空軍共五萬，而海軍幾乎沒有。這當然是環境特殊使然，但終究三軍戰力不全、失衡，導至聯合作戰打不起來，整體戰力不能發揮也是失敗原因之一。聯合作戰是未來趨勢，國軍又正進行三軍兵力結構調整，如何使聯合作戰有效遂行，應為重要的調整依據。

**四、把握聯合（協同）作戰的整備方向**

現代戰爭的趨勢（以一九九一年波灣戰爭為典範），是強調「獨立自主」、「指揮權下授」與「發揮創意」，分開來各自獨立，合起來仍「三軍聯合、統一指揮」，這是一個明確的整備方向。根本還是指管通情系統($C^3I$)標準化，才能把許多個體全部有效的聯合起來。

## ■結語

身為現代軍人，必須瞭解現代戰爭的特性，包括聯合作戰的趨勢，這是一項平時就必須完成訓練與備戰的技術，才能因應隨時可能爆發的危機與衝突。聯合作戰也不表示以後只重視「聯合」，而不重視各個兵種或軍種。聯合作戰並未削弱軍種傳統、團結及專業知識，若個別的兵種或軍種沒有發揮力量，聯合作戰亦不可能成功。故軍種「文化」、英雄及專業標準是不可或缺的。（註⑦）

台海防衛無戰不「聯」，勿論敵我，打的都是聯合作戰，能否把戰力「聯」起來，誰聯的好，誰就是這場戰爭的勝利者。

## 註釋

① 按國軍在軍事上精確的定義，「聯合作戰」指陸、海、空三軍之間的聯合作戰；至於單一軍

種內各兵種稱「協同作戰」，如步、砲協同作戰，在範圍與層次上均有不同。但美軍因編制大，同一軍種內可能包含其他軍種部隊，例如海軍內也有空軍部隊，故同一軍種內也有「聯合作戰」。

② 國防譯粹，第二十卷第三期（八十二年三月一日），頁七二。

③ 國防部「國防報告書」編纂小組，中華民國八十二—八十三國防報告書（台北：黎明文化出版公司，八十三年三月），頁五二。

④ 陳福成，決戰閏八月—後鄧時代中共武力犯台研究（台北：金台灣出版公司，一九九五年七月十日），頁一〇三。

⑤ 詳見本書第十二章，我國空軍任務分析。

⑥ 詳見本書第十五章有關分析。

⑦ 同②。

# 第27章

# 電子戰與指管通情

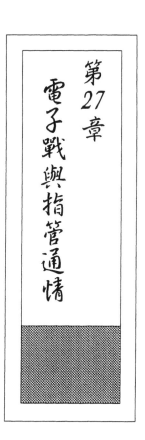

# 第27章　電子戰與指管通情

## ——「逢戰必電」的現代戰爭

**現代戰爭已成一種高科技競爭發展，從近幾年的戰爭顯示，空戰、海戰的優勢，已有很高程度取決於電子設備的是否完善，而較少取決於飛機、艦艇的性能。**精確的電子導引、偵測系統的配合運用，將使飛機、軍艦、坦克受到極大威脅，使其變得脆弱易損。電子戰是自火藥發明以來，最重大的軍事技術革命，電磁波頻譜(Electronic-magnetic frequency spectrum)成為陸、海、空並存的第四維戰場。（註①）

現代軍事指揮系統由指揮(Command)、管制(Control)、通訊(Communication)、情報(Intelligence)等四個子系統，構成一個完整的系統，簡稱「指管通情」($C^3I$)。如果作戰的某一方運用其電子設備干擾或破壞敵方相關系統，可能造成敵方指揮失靈、管制失控、通訊中斷、情報迷盲。換言之，**電子戰在利用、干擾、壓制或破壞敵方的$C^3I$，保護己方的$C^3I$，確保戰爭的勝利。「逢戰必電」，已是現代戰爭的特色，欠缺$C^3I$則軍事指揮系統無從建立，電子戰與指管通情其實是同一網絡(Network)，是現代戰爭奪取軍事優勢的關鍵要素。**

## ■電子戰與指管通情系統典範——波灣戰爭

一九九一年波灣戰爭，已被戰史家定位成「第三波戰爭的典範」，**但也同時是現代戰爭中「電子戰與指管通情系統的典範」。在這場戰爭中，美軍與聯軍大量使用電腦(Computer)，$C^3I$已不足運用，而稱之「$C^4I$」，**基本上都還在指管通情系統之內。**這個完整的系統可從三方面來表現：第一線裝備、基本設施、系統整合。**

一、第一線裝備、武器

直接在戰場上擔負電子戰及指管通情任務，可以讓伊拉克部隊成為「瞎子、聾子」，使聯軍成為「千里眼、順風耳」，這些武器裝備有：（註②）

「J-STAR E8A」：聯合衛星偵察系統。

「EC-130H COMPASS CALL」：干擾$C^3I$系統。

「RC-135」：電子情報機。

「TRI」：電子戰術偵察機。

「F-4」：預警、反制、干擾、攻擊SAM基地。

「E-2C鷹眼」、「E-3哨兵」：空中早期預警機。

「EA-6B」、「EF-IIIA」：電戰機。

這些武器、裝備，直接負責聯軍電子戰任務（反制、反反制），澈底破壞伊拉克的指管通情設施，並保護聯軍的指管通情設施。美軍與各國聯軍幾乎可以為所欲為，佔盡一切優勢，伊軍完全一籌莫展，處於捱打狀態。

二、系統整合(System integration)

波灣聯軍為處理複雜、大量的作業與資訊，軍隊也同在經營「第三波」企業，系統整合就具有特別重要的意義。光是每日規劃幾千架次戰機出勤的航線，都要配合「一百二十二條空中加油航線、六百六十個限制作戰區、三百十二條飛彈區、七十八個攻擊航道、九十二個空中戰備巡邏點，以及三十六個訓練區域，涵蓋九萬三千六百呎的距離。」還有，這一切作業都得「配合六個未參戰國不停起落的民航路線」。（註③）

另外，每天還要處理十五萬二千筆訊息，七十多萬通電話。以上只是一天的作業量，除了依賴電腦、資料庫、衛星，還包括系統整合的幫助。

三、基本設施

第三波戰爭需要龐大、分支細密的電子基本設施，沒有這些，所有電子戰武器裝備和系統整合，均不能有效運作。這些基本設施有：

機動地面衛星通訊站：一百一十八個。

商業衛星：十二個。

用八十一個接線總機來駁接三百二十個通話迴路，以及三十個訊息迴路。（註④）

## ■中共電子戰及指管通情整備現況

中共早在十年前（一九八五年）就成立電子反制部隊，惟數量有限，成效欠彰。一九九二年後因受現代戰爭聯軍電子戰與$C^3I$成效之影響，開始積極整備，一九九四年「東海四號」演習，空軍動用「轟電五型」電子干擾機，對目標區進行先期干擾，試圖干擾地面雷達偵測，減低砲火對飛機的威脅。

近年中共電子戰方面的研究因得力於以色列的協助，有了突破性成果。把俄製運輸機改裝成「Tu-154M」電戰機，把「11-72」和「11-76」改裝成空載預警管制機。（註⑤）以色列的電子戰與$C^3I$技術全世界一流，一九八二年六月的以敘貝卡山谷空戰，以軍空軍實施電子干擾，敘軍的雷達、指揮、管制、通訊及情報系統嚴重癱瘓。以軍一舉摧毀敘軍三十三個飛彈發射區，擊落八十一架米格機，以軍飛機無一被擊，獲致輝煌戰果。預判中共在以色列軍事合作下，應能快速提昇這方面的能力，惟增長武力犯台氣勢，將使台海防衛增加不利因素。

衛星是打「第三波」戰爭不可缺的利器，中共目前至少有三十六枚衛星在太空中運轉，最近用「長征四號」載具把「風雲一型2號」氣象衛星射入軌道，使中共繼美、俄之後，第三個擁有極地軌道氣象衛星的國家。「中國科學院」常務副院長路甬祥在北京召開院會說，第九個五年計畫（一九九六—二〇〇〇年），將發展以光學和微波遙感為主的對地觀測技術，開始第一階段探測月球計畫，（註⑥）發射繞地球衛星，未來武力戰爆發，對保護己方$C^3I$，破壞我$C^3I$能力均大大提昇。

## ■我國電子戰與$C^3$系統發展近況

國軍早在民國五十五年六月第十二屆軍事會議，當時　蔣公就指示過「各級將校皆應具備電子戰，包括通信、雷達、測候等基本知識與技能，以切實承擔起現代戰爭的指參責任。」（註⑦）尤其電子科技在軍事上的運用日愈重要，作戰指揮與管制、通訊連絡與情報、目標搜索與追蹤、武器導引與歸向，特別是對敵電戰系統的反制，均為現代戰爭取勝法寶。我國電戰整體歸劃，按「玄機計畫」已進行多年，發展重點有電子支援、電子反制、電子反反制、旁立式干擾機、戰機自衛反制莢艙、反輻射飛彈、數位射頻記憶器、消耗性干擾器、遙控電戰機等。（註⑧）

國防部鑒於現代戰爭「逢戰必電」，也是未來戰爭演化趨勢，電子戰已成國軍優先建軍備戰方向，空軍已正式成立獨立「電戰預警隊」，納編C—一三〇電子作戰機和E—二T空中預警機。C—一三〇電戰機即「玄機計畫」中的旁立式干擾機，有蒐集敵方電波頻譜、反制雷達操作、干擾電訊的能力。（註⑨）我國電戰系統由中山科學研究院負責研發整合。

## ■台海防衛作戰電子戰之運用

電子戰素有「柔性戰力」稱號，科技武器愈進步，對電子戰需求愈切，展望未來，柔性戰力必將主宰戰場；這是一種便宜、廣闊、密匿、重視智慧的戰力。善加規劃運用，可扼制敵方武器的殺傷力，轉變敵我優劣態勢，國軍相對戰力為劣勢，最適合防衛作戰發展與運用。

### 一、防衛制空作戰電子戰運用（註⑩）

優良的電子通信系統，使空軍的指管通情靈活，使我主力戰機得以全天候作戰，戰術空軍的反制、阻絕、密支作戰有取得優勢的機會。防衛作戰在制空方面，電子戰運用如下：

㈠直接摧毀銘方電戰機，對制空最有利。

㈡作戰全程我空軍應有預警機監控戰場，但E—二T預警機仍有「天敵」（中共KH31空射反輻射飛彈），剋制「天敵」還是靠人的智慧。

㈢我「玄機計畫」中的反制、反反制，可迫使敵方實施戰管，對我方有利。

㈣對空攔截作戰前，開始干擾對方$C^3I$系統，對我方防衛最有利。

### 二、防衛制海作戰電子戰運用

劣勢海軍的防衛作戰，其指揮、航行、預警、反潛、聲納、艦對艦及艦對岸飛彈，都應透過電子戰運用，才能從劣勢中爭取局部優勢。其電子戰運用為：

㈠船艦在視距離內，儘量利用燈號、旗號通信。

㈡當有遭遇空中攻擊可能時，除用電子反制外，應準備對光電干擾進行反制。

㈢艦艇電戰能力較弱時，應使用消耗性干擾器，以進行欺騙性反制。（均在我玄機計畫內）

### 三、陸上作戰電子戰運用

我陸軍之反登陸作戰，電子戰優先對象應為敵登陸船團、砲兵部隊、戰車部隊的$C^3I$系統，並保護己方的$C^3I$系統。運用原則有：

㈠電子裝備設置地點，以台灣西海岸接近前方較佳，能涵蓋敵方較大地區。

㈡地面電戰裝備易受敵人測定，應保持機動，並有掩蔽為佳。

㈢電子反反制能發揮防衛作戰之利點，有線電通信比無線電為佳。

## ■結語

國防部通信電子局局長陳友武，認為每個國家的電子戰系統及$C^3I$（或$C^4I$），大部份都不會任意公開。反而會不斷蒐集其他國家的電磁波發射參數，中共除了開發本身能力外，也在蒐集我方有關情資。故本文所述有限，國軍平時演訓使用的雷達均有一定頻率，較無顧慮。惟戰時通信較隱密，平時均不公開。

可以肯定的，電子戰系統與$C^3I$（或$C^4I$）都是各國尖端科技的表現，不斷投入人力、財力、時間、智慧，才有機會超敵勝敵。

## 註釋

① 汪士賢，「台灣未來軍事戰略的探索」，中國時報，八十二年七月十七日。

② 楊子林，「波斯灣戰爭中電子戰的教訓」，國防雜誌，第八卷第一期（八十一年七月七日），頁九五—一〇〇。

③ Alvin and Heidi Toffler著，傅凌譯，新戰爭論（台北：時報文化出版公司，一九九四年元月十五日），頁一〇二—一〇三。

④ 同③，頁一〇三。

⑤ 全球防衛雜誌，第一三〇期（一九九五年六月一日），頁九—十。

⑥ 中國時報，八十四年一月十四日，第九版。

⑦ 陸軍學術月刊，第三三六期（八十二年八月十六日），頁七〇—七一。

⑧ 聯合報，八十四年五月二十二日，第六版。

⑨ 同⑧。

⑩ 同⑦，頁六九—七三。

# 第28章
# 台海防衛的野戰戰略運用

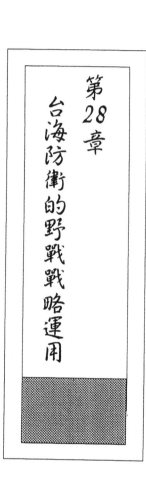

# 第28章　台海防衛的野戰戰略運用

「戰略」是建立與運用戰力的藝術。就本質而言，戰略也是一種行動指導，包括三個階段：思想(Thinking)、計畫(Planning)、行動(Action)。故戰略為一種「用世」之學，戰略家為具有行動、前瞻、務實取向的「行動者」(Man of action)（註①）

戰略區分四個層次：大戰略、國家戰略、軍事戰略與野戰戰略。本書第十章「國際資源開拓」，已研究過大戰略經營。其餘各章亦分別討論過國家戰略、軍事戰略問題，本章專論台海防衛的野戰戰略運用。

野戰戰略為運用野戰兵力，創造與運用有利狀況，並支持軍事戰略的戰爭藝術，俾得在爭取作戰目標或決戰時，獲得有利效果或最大成功公算。故野戰戰略是「以小搏大」、以弱對強而能取勝或至少不敗之途徑。海峽兩岸戰力比，國軍為明顯劣勢，強者可能不必有太多戰略上的顧慮，惟弱者若無野戰用兵上的智慧與戰略必亡。

## ■中共武力犯台的野戰戰略運用

強勢兵力對弱勢兵力，通常較少受到野戰戰略原則的牽制，甚至可以打破或推翻戰略原則。例如一九九一年波灣戰爭時，美軍有數十萬兵力在地面決戰前，在第一線作戰正面附近橫向運動三百公里，此舉即違反野戰用兵重要原則。但因美軍是戰場上的強者，有充份戰力左右戰局，故能「為所欲為」，伊軍卻無可奈何！

中共若決心武力犯台，幾乎可以不受戰略原則之限制，共軍篤定不論如何出牌都是贏定了！（八十四年七、八月的飛彈威脅就是這樣構想）惟國軍為規劃野戰戰略之運用，還須瞭解共軍武力犯台所可能採行之野戰戰略，包含用兵原則、優勢作戰，外線作戰三方面。

### 一、共軍野戰戰略用兵原則（註②）

共軍早在民國三十六年十二月就提出「軍事十大原則」，是最早的野戰用兵原則。經歷許多叛亂作戰及韓戰、越戰的實戰實證，民國六十三年元月中央軍委會公佈「新十大軍事原則」，這是共軍延用至今的野戰戰略用兵指導。與國軍野戰用兵原則比較如「附表22」。

從野戰用兵原則來算，國、共兩軍概同，惟用在對台海的武力作戰，應以「主動、攻勢、協同、連戰」為最高的野戰用兵指導。

## 二、以「絕對優勢」迫我屈服

「優勢」是野戰用兵取勝的法寶，故不論攻、守任何一方，都會極盡一切手段爭取優勢。最好是「絕對優勢」或「全面優勢」，退而其次也要爭取「局部優勢」，至少在某一「局部空間」或「局部時間」能掌控優勢。若連局部優勢都沒有，情勢必不可為。就兩岸戰力現況，共軍企圖爭取「全面優勢」以迫我屈服。這種優勢可能表現在下列方面：

㈠先期以優勢海空戰力瓦解我現有海空軍。

㈡以「絕對優勢」的戰術戰役導彈（M族或東風系列），瓦解我政、軍、經、心設施。

㈢在優勢海空戰力掩護下，以強大的兩棲部隊進犯台海地區，迫使國軍屈服。

「優勢」用兵為立足於「以大吃小」、

附表22　共軍與國軍野戰用兵原則比較

| 項次 | 我戰爭十大原則 | 敵戰爭十大原則 |
|---|---|---|
| 1 | 目標原則與重點 | 目標：主在殲滅敵人有生力量 |
| 2 | 主動原則與彈性 | 主動：迫敵追隨己方意志 |
| 3 | 攻勢原則與準備 | 攻勢：殲敵主要手段，以求全殲 |
| 4 | 組織原則與職責 | 殲滅：逐次殲滅或小型殲滅 |
| 5 | 統一原則與合作 | 協同：兵軍種協同一致 |
| 6 | 集中原則與節約 | 集中：形成局部優勢，企圖決戰 |
| 7 | 機動原則與速度 | 變化：戰術靈活，行動自由 |
| 8 | 奇襲原則與欺敵 | 奇襲：秘密神速，出敵不意而決戰 |
| 9 | 安全原則與情報 | 連戰：不休息接連打幾個戰 |
| 10 | 士氣原則與紀律 | 士氣：戰爭勝負決定性因素 |

「以眾殲寡」的道理，故陸上行「人海戰術」，海上行「船海戰術」，空中行「三架換一架」的優勢戰略指導。

**三、外線作戰**

「外線作戰」，乃處於兩個以上發起位置的作戰部隊，向處於中央位置之敵軍，行包圍殲滅之攻擊。（註③）中共武力犯台若須考量野戰戰略，就是指「外線作戰」（一般傳播媒體常稱為「外科手術式」）。這是優勢兵力，大對小、強對弱的戰略運用。按外線作戰指導，共軍對台海的包圍攻擊部署與用兵方式為：

㈠海空包圍或封鎖。

㈡戰術戰役導彈包圍攻擊。

㈢兵力部署上完成包圍態勢，多點出發，行多點登陸，企圖使我軍找不到登陸主力，以破除國軍的「內線作戰」指導。

## ■台海防衛作戰的野戰戰略指導

**台海防衛的本質是守勢作戰，按地略形勢及兩岸戰力現況，在野戰戰略指導為內線作戰、持久作戰、集中與節約及預備隊運用，這是守勢防衛作戰中抵抗敵之攻勢，挫折敵之行動，削弱敵軍戰力，轉變敵我優劣形勢，有機會而有效的戰略指導。**

## 一、內線作戰

從台灣對大陸的地形關係，防衛作戰採「內線」指導是「自然天成」的，與中共武力犯台的「外線」指導成相對關係。優勢戰力一方雖然常用外線作戰，但「內線」與「外線」作戰並無絕對利弊，只有相對利弊，拿破倫就是內線作戰高手，常以劣勢兵力用「內線」指導，擊敗優勢敵軍。

所謂「內線作戰」，乃處於中央位置的作戰部隊，對兩個以上不同方向之敵軍行攻勢作戰。其成敗關鍵在兵力快速轉移，迅速集結優勢戰力，乘外線之敵軍尚未完成包圍或會師，就逐次區分擊滅之。按台海防衛內線作戰指導過程如次：（註④）

㈠乘共軍分離狀態（如空域容機量的限制、登陸船團前後分離、登陸海灘受限造成的分離），並保持及擴大分離狀態。

㈡迅速集中優勢兵力，指向優先目標，完成決戰。這一部份是防衛作戰艱困之處，共軍在登陸前的先期作戰可能早已破壞台灣本島的指管通情系統，到時兵力如何轉移集中？再者共軍以「多點登陸」，點點都是重點，那裡才是優先目標。這是內線作戰很大的顧慮，也是內線作戰成敗的關鍵。

㈢主力決戰期間，其他方面須能阻敵向決戰地區增援或會合，且在主力完成決戰後向該方面轉移到達前，勿被敵擊破或擊滅。

㈣第一目標擊滅後，主力須能靈活轉移，迅速指向第二擊目標，以行逐次區分擊滅。

**內線作戰能否順利完成，端在兵力之「集中與節約」，「集中」的目的在形成局部優勢」，「節約」是為了集中，但不能因節約**（兵力較少）**而被敵擊破**。孫子兵法講局部優勢的形成為：

> 故形人而我無形，則我專而敵分，我專為一，敵分為十，是以十攻其一也，則我眾而敵寡，能以眾擊寡者，則吾之所戰者，約矣。（註⑤）

中共若武力犯台，以台灣海峽一百五十公里寬度，是造成兵力分離的主要因素；而輸具有限使登陸部隊必須分批，也是造成兵力分離原因。這才是內線作戰的機會，端看防衛部隊是否抓住機會（兵力轉移、集中、節約），把握戰機。

**二、預備隊運用**

以劣勢兵力防衛，面對優勢敵軍從多方面入侵攻擊，須要控制強而有力的戰略預備隊。其功能：

(一)應付戰況之惡化。

(二)相轉扭轉戰局而打擊敵軍。（註⑥）

按台海防衛作戰指導，最後主戰場在陸上決戰，兩個機械化師為戰略預備隊，南北各部署一個師，但目前顧慮仍有，這表示戰場經營的深化不夠：

㈠台灣東部要域沒有強而有力的戰略預備隊，對東部登陸之敵如何反擊？

㈡西部地區河流都成東西向，屆時橋樑全遭破壞，兵力轉用困難，所以分區控制預備隊為宜。軍團和師級均應控有較強之預備級，應付戰局之逆轉。

**三、持久作戰**

中共若武力犯台，國軍在野戰戰略指導上到底「持久」或「速決」，都有不易突破的盲點。若以「持久」指導，必須有充份資源與戰力支持，台灣資源有限，戰力不易維持長久，台海遭封鎖後「生命線」中斷，顯然持久指導是不對的。「速決」指導顧慮更大！連續、快速的數次決戰，國軍有限戰力也將快速削弱。所以**應將「持久」指導分成「目的」和「手段」，持久指導為手段，目的在尋找有利機會**。這種機會包括：

㈠更好的殲敵機會。

㈡外力可能援助的機會。

㈢中共內部變局產生的機會。

可以達成持久的手段很多，海岸工事構建，地障與空間產生的遲滯，預備隊部署都能達成。根本持久之道，還在建軍備戰的基礎，三軍戰力的提昇及儲存，深化戰場經營的程度。

## ■結語

從戰略觀點來看戰局，沒有必勝的一方，也沒有必贏的一方。就以今日台海兩岸戰力比較，中共為優勢，我為劣勢，但並不表示台灣一定是輸家。守勢防衛的野戰用兵之道，在內線作戰與戰略預備隊之運用，不斷削弱敵戰力，保持我戰力，以期在決勝點上發揮戰力，自然致勝機會就大大提高。

## 註釋

① 鈕先鍾，戰略論集（台灣省訓練團，七十六年十一月），第一、二章。
② 陳福成，「對常與變戰爭理念之體認」，陸軍學術月刊，第三三六期（八十二年八月十六日），頁十九—二四。
② 國防部，陸軍作戰要綱—聯合兵種指揮釋要，上冊（八十年六月三十日），頁五—十五。
④ 同③，第五篇，第一章。
⑤ 孫子兵法，虛實篇，魏汝霖，孫子今註今譯，三版（台北：台灣商務印書館，七十六年四月），頁一三一。
⑥ 陸軍軍隊指揮—戰略之部（出版時地不詳），頁一八—一九。

# 第29章

# 民心士氣——最堅強的防衛戰力

# 第29章　民心士氣

## ——最堅強的台海防衛戰力

「民心」是人民內心的意向，對執政階層（或國家）的向背程度，未經刻意干預與動員的普遍民意，有「民心」的代表性。「士氣」概指軍隊作戰的精神戰力而言，就廣義來說，**「民心士氣」可概指全國軍民的精神戰力**（或稱無力戰力）。

自從去年（八十三年）中共發動「東海四號」演習，到今年七、八月的「東海五號」，及飛彈演習威脅，兩岸軍事緊張程度不斷提高。此期間，國內各界對中共會不會、能不能武力犯台頗多論述，惟對台灣是否有迎戰的決心，即「民心士氣」頗受質疑。本文從軍事作戰角度剖析，到底台灣民心士氣強度如何？與台海防衛關係如何？為探討對象。

### ■戰爭勝負與民心士氣

自古以來「民心士氣」常被用來檢證戰爭勝敗，甚至國家興亡或朝代更替的標準，故戰爭與「民心士氣」確實存在密切的直接關係。這表示影響戰爭成敗的，**除了戰略、戰術、武器裝備及其他物質因素外，民心士氣是重要的決定因素。**「國軍軍事思想」一書陳述無形戰力曰：

無形（精神）戰力，產生於人員的心智活動，其構成要素是思想、武德、武藝。有形戰力受無形戰力的支配，精神力能使物質力（武器裝備）效能發揮至極致。故無形戰力之培育更為重要。（註①）

尤其東方國家對「忠」的絕對性觀念，特別重視無形戰力的培養。一個富強康樂的國家，「思想、武德、武藝」並非軍人才必須俱備，也是衡量一般國民人口品質的標準，這是民心士氣的基礎。驗證戰史，我們發現「民心士氣」是戰爭背後的「黑手」，支配着交戰雙方的戰局。近代許多重要戰事，如中國的北伐統一戰爭、八年抗戰及剿共戰役；中東如以阿戰爭、兩伊戰爭；英阿福島之戰、一九九一年波灣戰爭，敗者因民心士氣低落而敗，勝者因民心士氣高昂而勝，或能依賴無形戰力的動員而持久不敗（兩伊戰爭）。

雖然士氣（民心）支配戰爭成敗，但士氣與武器裝備物質生活條件較無直接關係，有時候物質條件極為艱困，卻能維持很高的士氣，甚至投入可貴的生命，而物質條件甚佳，卻未必有高昂士氣。有一本叫近代中華兒女淚灑滿襟的書「異域」，鄧克保先生最後還是回到中緬邊區，他在書末留下告白：

我和政芬已過慣這種蠻荒窮困的生活，可能不會適應台北那種文明社會，政芬已懷了八個月身孕，我已把她送到曼谷，生女叫安明，生男叫安華，我將留在這裡，即令沒有一個伙伴，我也要在這裡等待那些冒險來歸的青年，即令沒有一個冒險來歸的青年，我也要把青天白日旗插在山頭，無論是共軍和緬軍，在打死我之前，都不能宣傳他們把游擊隊消滅……「戰馬仍嘶人未老」，人是老了，但為國家一片丹心，永遠不老。（註②）

從一個現代人的觀點，可能不太容易瞭解在那孤立無援、荒烟蔓草的世界，充滿死亡與疾病，怎麼可能會有「民心士氣」的存在。無而，血淋淋的事實，千秋萬世都叫人懷念、敬仰。

戰時的民心士氣常需要加以「動員」，用以支持戰爭行為之完成與勝利，惟動員方式差異頗大。在非民主政治制度國家（如共產極權、威權），常用意識型態、民族（種族）主義、宗教信仰等方式動員。在民主國家較重視透過合法性的程序，來動員更多民意支持，例如美國打越戰並未經國會正式同意，故難以凝聚民心士氣；到一九九一年波灣戰爭，美國乃經國會正式同意下達動員令，獲廣大民意支持，民心士氣高昂。故我們說民心士氣可以左右戰局，決定戰爭勝敗，可俱備普遍性通則的效力。

## ■影響民心士氣因素之探討

民心士氣既然能夠左右戰局，那麼甚麼因素會影響民心士氣？從古今中外的戰史發現，曾有利用黃金、美女、醇酒或其他高價條件來鼓舞民心士氣，但畢竟這些並非常態，也不是正常方式。比較正常而俱有普遍性因素，應從歷史、社會、制度及交戰雙方情況來探討

### 一、「為國家盡忠，為民族盡孝」

民族與國家是兩種不同型態的政治系統，其形成均各有其不同背景與要素，人類社會演化至今，民族與國家仍然為至高完美的價值標準。民族是歷史的產物，歷史愈悠久，愈易自然融合成一個民族，成員對民族的使命感愈濃厚，愈能對本民族認同。而國家演變至今，「世界舞台的主角還是國家，將來亦復如此，所謂超國家組織只能扮演配角。」（註③）

國家與民族二者，因具有偉大、神聖、完美與不可侵犯特質，乃其成員熱愛的對象，是影響民心士氣最大的因素。許多國家面臨強敵入侵威脅時，都盡其一切動員管道，宣揚「為國家盡忠，為民族盡孝」之理念。也只有在保衛國家民族前提下，才能廣獲最多民心（民意）支持，與提昇或維持部隊士氣。

### 二、社會變遷對民心士氣可能的影響

社會變遷導至價值觀念改變或錯亂，傳統的倫理道德，苦幹實幹的精神，早已完全質變。經濟學家高希均教授對目前社會現象有深入批判剖析，台灣將在一九九七年被列入「已開發地區」，這雖然也是一份榮譽，但台灣的現代化社會僅是一些「點」的陳設，全面而言還是一個第三世界的生活窘態，空氣汙濁、交通混亂、攤販垃圾、破碎的馬路、骯髒的公共場所；再擴大些，公共財貨品質低、行政效率不彰；再高的層次，政治鬥爭的黑暗腐敗，公平與法治社會已被扭曲，這哪裡是一個現代的公平社會，這只是一個有錢的部落社會。（註④）一個社會變遷到這個地步，「民心」何在？社會價值錯亂的結果是軍人社會地位低落，軍隊士氣難以提昇。可以肯定的說，近年台灣社會的亂象，對整體民心士氣確實有強大傷害力，須從根本來謀救。

## 三、軍制與實務運作影響民心士氣

軍制是指軍事體制(Military System)，一個國家軍隊組成及維持有效活動的一切規律，及如何發展、支援及管理實務的相關法令規章與操作情形。（註⑤）軍隊制度與管理，愈是合理正常，各種意外事件（如體罰、鬥毆、命案等）愈少發生，愈有利於民心士氣提昇，蓋因兵本來自民。愈能接近人性化管理，如休假制度建立，也愈有士氣。

薪資待遇是軍制重要一環，在現代社會中也是維持官兵士氣之要件，光用「犧牲享受，享受犧牲」已經行不通。美國軍事社會學家簡諾維茨在「專業軍人」一書中，認為封建社會的軍官是奉命而戰，極權社會的軍人是受脅迫而戰，威權社會的軍人是為國家安全和自尊而戰，民主社會中軍官為職業承諾而戰。（註⑥）軍隊是大社會系統的一部份，應有良好的溝通管道，不要成為大社會系統中「自我孤立、封閉」的一群。

## 四、指揮官素養及戰力比影響民心士氣

交戰雙方戰力比過於懸殊，對民心士氣可能有很大打擊。從一九九一年波灣戰爭伊軍戰俘審詢得知，造成伊軍士氣瓦解的原因，是聯軍空中攻擊的破壞力，一切地面設施幾全炸毀，伊軍毫無還手餘地，精神為之崩潰。

指揮官的戰場指揮也影響民心士氣，國軍準則規範指揮官素養，「指揮官完美人格與指揮道德，為用兵至高無上要義。」指揮官必須親臨最危險，對全般作戰有決定性方面，鼓舞戰志，穩定戰局。（註⑦）這種指揮官就是孫子說的「將者，智、信、仁、勇、嚴也。」「將者，國之輔也，輔周則國必強，輔隙則國必弱。」（註⑧）故指揮官素養能影響民心士氣。

## ■台灣民心士氣剖析與解讀

觀察普遍性的民心士氣，並精確掌握多數動向，不是一件容易的事，因為民心多變而複雜，影響士氣的變項很多，不僅解讀分析困難，普遍性和客觀性更是最難獲取的資訊。是故，要瞭解民心士氣只得從局部、片面及各個層次來歸納，參酌特殊的時空環境因素，

評估重大政治、社會活動，應能瞭解當時民心士氣的動向與強度。

## 一、對執政者（現政權）支持程度

國民黨目前是中華民國的執政黨，民眾對國民黨的支持程度，也表示對國民黨所提出的國際關係、統獨政策及國防軍事（和戰態度）政策的支持程度。最明顯的是從選舉看出，以最近而最重要的選舉（八十三年十二月三十日省市長暨省市議員）支持程度評估。

### (一)從省市長選舉得票率看民心動向（註⑨）

省長：國民黨百分之五十六。
民進黨百分之三十九。
新黨百分之四。

台北市長：國民黨百分之二十六。
民進黨百分之四十四。
新黨百分之三十。

高雄市長：國民黨百分之五十四。
民進黨百分之三十九。
新黨百分之三。

總得票率：國民黨百分之五十二。

民進黨百分之三十九。
新黨百分之八。

## ㈡從省市議員席次與得票率看民心動向

台灣省（總席次七十九席）
國民黨四十八席，佔百分之六十一。
民進黨二十三席，佔百分之二十九。
新黨二席，百分之三。
無黨籍六席，百分之八。

台北市（總席次五十二席）
國民黨二十八席，佔百分之三十八。
民進黨十八席，佔百分之三十五。
新黨十一席，佔百分之二十一。
無黨籍三席，佔百分之六。

高雄市（總席次四十四席）
國民黨二十三席，佔百分之五十二。

民進黨十一席，佔百分之二十五。

新黨二席，佔百分之六。

無黨籍八席，佔百分之十八。

從省市長暨省市議員選舉得票率，看民心對現政權的支持程度，以台灣省較高，高雄市次之，而台北市的多數民心已遠離國民黨，表示對執政黨的治國理念和政策多數是不滿的，執政黨應視為重大「執政危機」，加速進行改革以挽回民心。

## 二、從民意調查看台灣抗敵決心

八十四年七、八月間，中共對台灣不斷進行軍事恫嚇，頗有不惜一戰的味道。民心士氣就是在國家安全遭受外來威脅時，較能有明確的顯現。聯合報系適時進行民意調查，針對中共可能犯台，及是否願意為防衛台灣而戰，對民心士氣判斷如下：（註⑩）

中共有能力以武力攻打台灣：六成三。

若中共武力犯台，願意為防衛台灣而戰：七成九。

若中共因台灣宣佈獨立，願為保台而戰：六成四。

解讀這項民意測驗結果，台灣的民心士氣（抗敵決心）還是很樂觀。惟另有針對特定對

**附表23　從中共武力犯台看民心士氣**

| 中共武力犯台可能性 | | |
|---|---|---|
| 有沒有能力武力犯台？ | 有 | 63 |
| | 沒有 | 12 |
| 可不可能武力犯台 | 可能 | 29 |
| | 不可能 | 50 |
| 中共連續軍事演習，是否為攻台準備 | 是 | 25 |
| | 不是 | 55 |
| 如果台灣宣佈獨立，可不可能武力犯台 | 可能 | 55 |
| | 不可能 | 21 |
| 如果外國介入台灣政局，可不可能武力犯台 | 可能 | 43 |
| | 不可能 | 29 |
| 可不可能放棄武力犯台 | 可能 | 21 |
| | 不可能 | 56 |
| **如果中共武力犯台，民眾的反應** | | |
| 希不希望美國幫助防衛台灣 | 希望 | 70 |
| | 不希望 | 17 |
| 美國可不可能幫助防衛台灣 | 可能 | 39 |
| | 不可能 | 35 |
| 願不願意為保衛台灣而戰 | 願意 | 79 |
| | 不願意 | 6 |
| 如因台獨引起武力犯台，願不願意為保衛台灣而戰 | 願意 | 64 |
| | 不願意 | 17 |
| 對國軍抵抗能力有無信心 | 有信心 | 46 |
| | 沒信心 | 35 |
| 害不害怕戰爭 | 害怕 | 55 |
| | 不害怕 | 38 |

註：訪問日期8月10、11日，有效樣本1236人；表中數字為百分比，不含無意見及未回答之比率。

象（台中地區，大學一、二年級學生）進行意見調查，若中共武力犯台，願意為保衛台灣而戰的只有百分之三十三。（註⑪）這是否表示台灣地區大學一、二年級學生愛國心甚弱？或民心士氣甚低？有待更普遍、廣泛的調查較可靠。

國家元首是維繫民心士氣的重心，從元首的聲望或支持程度亦可見到民心動向。中國時報對李總統登輝先生實施的民意調查，近年以來的支持程度為：

八十四年上半年：平均七成以上。

訪美前夕（六月七日訪美）：七成九。

飛彈威脅後：八成（註⑫）

中共的武力威脅和發動「批李」，矛頭鎖定李總統，原想抹黑或打擊李總統政治聲望，從民意調查來看似得其反，反而提高李總統聲望，刺激台灣團結，對中共產生更大反感。

**三、從近年社會現象及政治活動看民心士氣**

從社會或政治活動的某些個案，用來做為判斷民心士氣的準則，或許只能視為「點」的觀察，但據以探知民心動向，評估士氣高低還是有實質上的意義。

㈠「第二波移民潮」象徵的意義

八十三年「閏八月之禍」傳開後，就有所謂「第二波移民潮」，據移民公司表示主因來自國內政局不安、兩岸情勢緊張詭譎，「一九九五閏八月」一書出版後，客戶反應熱烈，十個客戶中有三人看過這本書。（註⑬）顯示國內的移民有不少的「避禍」心態。但中共「飛彈威脅」後，移民並未顯著增加。可能是「閏八月之禍」經過將近一年的思考，國民已較理性、冷靜。

㈡飛彈威脅後各黨派態度

中共在彭佳嶼海域飛彈試射後，執政的國民黨為緩和局勢並未有強烈措詞的宣示。民進黨強調武力進犯只會引發台灣對中國的反感，更堅定台灣人民保衛領土，追求獨立自主的意志。（註⑭）新黨發動群眾抗議，誓為保衛台灣而戰，這是台灣三大政黨中第一個組織示威的行動，宗旨切合台灣近月以來「同仇敵愾，保衛台灣」的民心。綜合各黨派表示，在台灣經歷半世紀族群融合，政經生活共同體驗，政治理念縱有不同，但反對中共專制恫嚇確實有了休戚與共的體認，相信這對於凝聚民心士氣是有利的。

### 四、從經濟秩序觀察民心士氣

股票市場是一個敏感的地方，從中共宣佈飛彈試射後，股票股價指數從八十四年七月十九日的五千四百多點，跌到八月十三日四千六百多點，可謂「慘跌」。惟「痛苦指數」（通貨膨脹率加失業率），在此期間沒有大幅升高，顯示經濟活動都尚在規範內運作，還不致於動搖整個民心士氣基礎。

## ■結語

經本文剖析台灣的民心士氣，雖然國家認同問題產生莫大殺傷力。但台灣經數十年族群融合，各黨派立場不同，反對中共武力入侵及共產專制則有共識。孫子兵法曰：「吳人與越人相惡也，當其同舟濟而遇風，其相救也如左右手。」（註⑮）故對中共若以武力犯台，全體軍民是否能夠奮起抵抗，為台海防衛而戰，作者持比較樂觀看法。惟作者仍須再次提醒，台獨是引發戰爭的火藥庫，台灣沒有必要成為火藥庫。也要告訴中共，武力威脅只會造成更多惡感，對兩岸談判毫無益處，發動戰爭也只能「結仇」，對中國和平統一沒有任何幫助。

## 註釋

①國防部印，國軍軍事思想，七十一年五月，第三篇，第二章。
②鄧克保，異域（台北：星光出版社，七十四年四月六版），頁一九五——一九九。
③鈕先鍾，戰略論集，台灣省訓團，七十六年十一月，頁五。
④聯合報，八十四年五月七日，第十一版。
⑤蔣緯國，軍制基本原理（台北：黎明文化出版公司，七十七年八月，第七版），頁一。
⑥聯合報，八十四年六月十六日。
⑦國防部，陸軍作戰要綱——聯合兵種指揮釋要，上册（八十年六月三十日），第一篇，第三章。
⑧孫子兵法，始計篇、謀攻篇。
⑨省市長暨省市議員各黨得票率，參閱八十三年十二月四日國內各報紙。本文按四捨五入取整數記錄之。
⑩聯合報，八十四年八月十二日，第三版。
⑪聯合報，八十四年八月十日，第十一版。

⑫ 中國時報，八十四年七月二十八日，第三版。

⑬ 中國時報，八十四年十一月十日，廿三版。

⑭ 中國時報，八十四年七月二十日，第二版。

⑮ 孫子兵法，九地篇。

## 《結論》

# 台海防衛作戰整體戰力發揮與運用

台海防衛作戰是一場存亡之戰，在軍事範圍內，不是單方面某一軍種所能擔負，而是三軍聯合戰力的運用。同時配合電子戰、指管通情及戰略之運用，戰力得以發揮致極。

在國家範圍內，防衛作戰不限於國防軍事與現役軍人的動員。更重要的戰力，來自整體民心士氣的凝聚，全體國民的支持參與，使政、軍、經、心及朝野各黨派人士結合成一個共同體，台海防衛乃能立於不敗之地。

# 第30章　總結論——台海防衛作戰檢討與策進

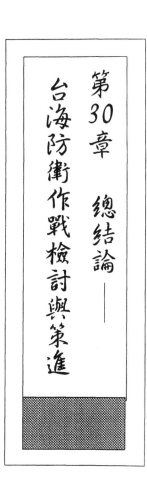

# 第30章　總結論
## ——台海防衛作戰檢討與策進

本書主要從宏觀的國防軍事角度，研究台海防衛作戰現存的一些問題、利弊因素，及剋制、取勝之道。或許有人會說「光講理論何用？」所幸本書並不光講理論，在研究過程中除了從戰史上廣獲經驗實證外，內心始終面對着那隻「兇猛的大野狼」。近年這隻「大野狼」不斷發出可怕的威脅，「台海防衛研究」在這個險惡的環境中完成，現在用簡潔文詞陳述這項研究的檢討與策進，為本書之總結論。

### ■台海防衛作戰準備之檢討改進

隨着國際環境進入後冷戰時代，國軍戰略構想也從主動攻勢變成守勢防衛。中共的戰略構想也在調整，重點由北向南，由陸向洋，並預判未來用兵地區以台海和南海可能性最高。從八十三年共軍「東海四號」演習以來，到八十四年八月「飛彈威脅」，顯示中共對統一及對台用武問題上，開始顯出其急迫感，台海防衛成為存亡之戰，據本書研究，我們的作戰準備有待檢討與改進。

## 一、面對內、外環境的檢討改進

台灣在面對後冷戰時代的內、外環境上，各有利弊點，也有不易突破的盲點，如何用利而避其弊，力求精進，還是有可用力的方向。

㈠國際大環境以民主理念與經貿活動為主流，對台灣是有利點，應避開政治上尖銳問題，在國際上廣結善緣，建立深厚的關係為目標。但環境中有個大難題，那就是「美國的中國政策之盲點」，中美三邊關係（美國、中共、中華民國）雖到了調整關頭，還是很難邁出最艱困的第一步。誠如美國國務院發言人柏恩斯最近說，「台灣是中國的一部份，我們自一九七九年以來始終採行一個中國政策。」聯合國秘書長蓋里也說，「台灣要進入聯合國，應透過兩岸談判解決。」（註①）相信時間對我們是有利的，中共花了二十二年才進入聯合國，慢慢的磨，終能突破困境。

㈡因應大陸環境的不確定性：

大陸現況充滿不確定性，甚至許多非理性的盲動。某些舉動顯示武力犯台的前兆，但保守派的「反鄧勢力」加緊集結，現政權也有動搖危機徵候。美國前駐聯合國大使柯派屈瑞克最近撰文分析，中共面臨前蘇聯瓦解前的類似遭遇，領導階層的交替鬥爭，充滿政權危機。（註②）現在經濟上的「向右轉」顧慮大，政治上「向左轉」走不通，走投無路之際可能要找地方出氣。台灣面對這個環境，力求自保最重要。

㈢生存與發展的道路：

後冷戰時代的國際環境雖然有利，大陸環境是不確定的，「先天」與「後天」交互激盪，使台海地略敏感而重要。站在「內新月形帶」關鍵上，我們選擇自己生存與發展的道路：

台獨——歹路不可行。

統一——是一條遙遠的路，須要慢慢的走。

**二、對防衛作戰的不利因素盡早謀求克服**

台海地區如果是在中國統一和平時期，可以成為中國東南進出太平洋，及通往南洋、中東、歐洲的門戶，但歷史的悲劇使台灣與大陸隔離（對立）至今一百年了。台灣與大陸若為「一體」則有利，若為對立則有害，如何剋制有害的不利因素，是防衛作戰成功的基礎。

㈠對防衛作戰地略不利因素的剋制之道：

台灣正面廣縱深淺，易攻難守；河川與山脈阻隔使兵力轉用困難。克服之道，在島內預備隊應分區掌控，地面部隊完全機動化，各戰區保持獨立戰力。對台灣週邊島嶼及金馬外島，確保為防衛前緣，可增加縱深，同時控領台海。

㈡對防衛作戰不利特質的剋制之道：

台海防衛作戰不利特質有預警短、決戰快、外援難，守勢作戰容易被動捱打。剋制之道，早期預警有賴精良的偵測系統，台灣還要再加強。整體戰力的提高和孫子的「不戰思想」，可以避免「決戰快」而遭致戰力迅速消失。「外援難」賴大戰略經營突破。

㈢建軍備戰基礎必須穩固深化：

我國的建軍備戰基礎經歷四十年努力，不論有形、無形戰力，基礎仍顯脆弱不穩。武器裝備依賴外購程度太高，少部份自產則民營化太低。一旦台海被封鎖，以台灣現有戰力將難以支持數月，剋制之道還是建軍備戰基礎要穩要深。「日本經驗」、「以色列經驗」、「瑞典經驗」，都算是建軍備戰的典範，可為參考效法。

㈣國家認同問題解決與總動員程度：

台海防衛有一很大的後顧之憂，當中共武力入侵時，持不同「國家立場」的各黨派人士，能否放棄成見，一致動員對外？這個問題也涉及防衛戰力整補、持續或相互抵消。預判我國在可見的未來，勿論大陸或台灣，仍會有國家認同問題。但遇有外力入侵時，應暫時擱置問題，一致動員對外。

## 三、空軍防衛戰力檢討與策進

我國未來空軍主要戰力，賴IDF、幻象二〇〇〇、F—16戰機共四六〇架來維持，這是台灣空中戰力的「寶」，但也是中共空軍及二砲部隊的「優先目標」，是必須優先去除的對象。不管是「三架換一架」或「五架換一架」，總之是「打掉一架算一架」，故空軍戰力整備方向為保存戰力。

㈠確保戰機生產力：這是彌補戰損最佳途徑，目前主力戰機只有IDF自製，仍須提高自製率，其他幾型主力戰機雖非國造，維修零件的供應未來應爭取在國內生產。

㈡保存戰力之道在「地下化」，十個小型地下化基地，每處可停放二十架，勝過一個可存一百架的大型地下基地。故台灣的戰機地下基地，東部一個「佳山」已夠，若西部另建一個「佳山」，其他都用小型基地，分散儲存戰機為佳。

㈢提高重創後的恢復力：台灣戰爭爆發後，空戰是為第一波交戰，我空軍戰力遭受重創應可預見，重創後的恢復力至為重要。除生產與維修外，機場跑道的修護力目前很弱，臨時修補跑道用的鋼板嚴重不足，都是極待改善的問題。

㈣「不決戰」戰略指導之運用：按中共空軍對台海空戰指導，一經開戰就「連續決戰」，以一波波大型空戰，在極短時間內就打掉台灣空軍全部戰力。台灣空軍要不要決戰，確實是極大是「兩難」，故以「不決戰」為手段，保存一支永遠可戰的空軍戰力為目的，為較佳之空戰戰略指導。

## 四、海軍防衛戰力檢討與策進

台灣四面環海，我們「靠海吃飯」——海洋是台灣的生命線，照理說海軍應該成為台灣的「看家本領」。但今天正好相反，海軍戰力是三軍最弱的一部。八十二年間國內甚至有「擬請日本海軍保護我釣魚台附近漁船」之議，作者為文駁斥「保護中華民國漁船，當然由中華民國海軍負責」，我國海軍若無力護漁，如何防衛海疆。（註③）對於建立我國海軍戰力，應着眼於「海洋時代」的來臨，有更深刻的反省與改進。

㈠防衛戰力脆弱：眼前最弱的海軍戰力，為潛艦及反潛戰力、水雷及反封鎖戰力、水面戰艦防空及反制兩棲作戰戰力。興革改進之道，絕非花錢買幾條船了事，須要從基礎研發、人事培育及建立制度上着手，才是富強之策。

㈡海軍戰力並不僅表現在作戰方面。按馬漢現代海權思想，舉凡漁船、商船、航運、海上油源與資源、海底資源、海上外交活動等，都是海軍投射戰力的範圍。（註④）因此我國海軍目前組建的型態，只能說對大陸而言採守勢建軍是正確的，惟戰力不足。就國家長遠發展而言，是錯誤的建軍方向。必須規劃積極強勢的海軍建軍構想，才能顯現「靠海吃飯」的本事。

## 五、地面防衛戰力檢討與改進

「制空、制海、反登陸」是目前台海防衛指導程序，但這只表示防衛作戰的先後次序，並不表重要性。但目前從國防預算運用情形，已成為重要性的順序：制空第一，制海次之，地面反登陸墊後。其實按照防衛構想，敵我最後解決戰局的地方，不在空中，不在海上，而在地面決戰。所以地面防衛戰力也有較多的檢討改進。

㈠防空戰力不足：不論低空、中空的防空戰力都不足，野戰防空更是脆弱。而最弱的還在反彈道飛彈戰力，不必期望未來的「愛國者」飛彈，應從現有「天弓」基礎上自力研發。

㈡反登陸作戰「利器」太少：反登陸（泊地、灘岸）作戰利器除火砲外，為攻擊直昇機與多管火箭砲，惟前者現在只有「O、A」兩型直昇機數十架，多管火箭砲一個軍團才一個營，實不足以擔任決戰任務。

㈢戰車是內陸決戰最後的守護神：目前重戰車（M60A3、M48A5、勇虎）七百餘輛大致定案，但台灣地形複雜、河川切割，更須要輕型戰車約一千輛，尚在評估中。武器裝備換裝不應有「斷層」，造成敵我戰力比過於懸殊，給中共製造犯台機會，至為危險。

就台海防衛整體戰力檢討有明顯不足，改進之處尚多，臨時「補強」之道，賴電子戰、指管通情、聯合作戰、野戰戰略及民心士氣，可使有限戰力增強，甚至倍增。海峽兩岸的戰爭機器都在積極邁向「第三波」，但雙方都把凝聚民心士氣放在第一位，中共以激化的「民族主義」做養分來提昇民心士氣，我們則以凝結「生命共同體」來鞏固民心士氣。

獲得一個證明：最強大的戰力是民心士氣。

## ■台海防衛作戰「戰略規劃」檢討與改進

為甚麼台海防衛須要從「戰略」(Strategy)角度來規劃？蓋因台海防衛事關目前國家發展之方向與存亡，如何決定較佳有利的方向，這是戰略的目的。如何使防衛作戰不敗，至少不受制於中共，這是戰略的功能。所以從理論上來講，台海防衛作戰須要宏觀的戰略規劃，使作戰準備完整、持續，並與國家發展相結合。如此，台海防衛就必須規劃四個層次的戰略問題。

## 一、台海防衛作戰的「大戰略」

目前台海防衛欠缺「大戰略」的思維架構，才造成台海地區的「防衛緊張」，導至衝突的可能性昇高。台海防衛的大戰略應有下列指導：

㈠大陸關係重於國際關係。因為兩岸關係與我國國家安全是「直接關係」，國際關係與國家安全則屬「間接關係」。

㈡國際關係按「大戰略」經營，目的在獲取台海防衛更多資源與認同支持；大陸關係按「準大戰略」經營，目的在建立軍事緩衝帶，避免武力戰發生。

㈢台海防衛雖「勝兵先勝」，亦不「求戰」，須要讓雙方瞭解「求戰」的後果和代價。

## 二、台海防衛作戰的「國家戰略」

我國的國家戰略之所以欠缺「目標」，大部份來自國家認同問題，使得政、軍、經、心等四大國力難以整合。目前我國雖面臨內外危機，但台海防衛仍須有基本的「國家戰略」指導，包括：

㈠持續推行民主政治，使在「體制外搞革命變天」成員，規範到體制內運作，減低國家認同的敏感性，使國家資源相互累積，而非相互抵削。

㈡現階段政、軍、經、心的發展，仍須考量到台海防衛問題，政治和經濟交流是為取代軍事交流，為軍事上的對峙營造有利氣氛，心理建設為鞏固防衛作戰的民心士氣。

㈢各黨派應透過政治妥協藝術，使國家「目標」盡可能明確，減低對民心士氣的殺傷與抵削。

**三、台海防衛作戰的「軍事戰略」**

按一般軍事戰略乃在「有效運用所建立的武力，迅速將對方擊敗或反擊，並屈服其戰鬥意志，迫使對方接受一個對我絕對有利的條件。（註⑤）但目前我國的軍事戰略卻並不如此，其未來策進應為：

**㈠建立一支可以防衛的武力**：所謂「可以防衛」的標準是「第三波」式的水準，照這個標準來衡量，「建立武力」就尚待努力。

**㈡建立及檢討軍事制度**：不僅軍隊的人事、情報、作戰與後勤兵工須要合理的現代化制度，目前爭議很大的政戰、採購、兵役、動員、學校軍訓、新兵訓練等，都應該在軍事戰略架構內，建立合理可行、可長可久的現代制度。

**㈢擬訂軍事戰略計畫**：分三部份，每年都要依當前狀況修正，保持其高度的適應性和可行性。

1. 遠程戰略判斷：以國家利益、目標為基礎。
2. 中程建軍計畫：指三軍兵力與火力目標。
3. 近程戰力運用計畫：針對當面敵情可能發生的軍事情況，完成戰爭準備。（註⑥）

**四、台海防衛作戰的「野戰戰略」**

在第廿八章已經專章研究野戰戰略，惟此處將朝野有爭議的地方酌加研析歸納，期其更為明確：

㈠野戰用兵的勝負就在「決勝點」上投下優勢戰力，一舉殲敵。台海防衛作戰「決戰點」在那裡？立法院希望就在海上，但陸軍認為最後決戰點必定在本島陸上。（註⑦）陸軍這樣構想肇因於海空戰力不足，若按本書構想來建立武力，便有機會在海空領域內殲滅犯敵，不致於有陸上決戰。

㈡野戰目標的選擇。按中共武力犯台在形式上仍為「萬船齊飛，四周包圍，多點登陸」，這時候主目標和副目標的選擇關係野戰兵力投注方向。投對了可能打贏仗，投錯了無可挽回，名將與庸將的區別在此，也許就這一仗決定了國家存亡。

## ■結論

正當本書即將完成，撰寫結論時，中共連續在台海附近進行飛彈試射演習，欲藉此恫嚇台灣的務實外交，我三軍部隊也提昇戰備、冷靜回應。從民意調查的結果顯示中共武力威脅適得其反，這個「實驗」正好回應中共一個訊息，全國軍民防衛台海的決心，堅持和平解決統一問題的決心，中共必須重新反思認知，才能面對現實環境，解決統一問題。

而正當中共飛彈威脅之際，行政院主計處發佈「全球軍力概況」，按兵力總人數算，中共排名第一，台灣第十四；按軍費算，中共全球第三，台灣第十一名。（註⑧）依此排名估算，台海防衛作戰是否打的下去？在本書各章已有論述，更何況中共這兩次飛彈「局部封鎖」，已讓國人體驗一次頗為接近實況模擬的台海防衛作戰。

我們從實況經驗中發現缺失與不足，必須深化建軍備戰基礎，精進整體防衛戰力。畢竟有足夠的戰力，才有生存機會，有生存才能發展，有發展中國的和平統一才有希望。

## 註釋

①中國時報，八十四年六月二十六日，第二版；二十九日，第二版。

②中國時報，八十四年八月九日，第九版。

③中國時報，八十二年二月二十六日，第四十八版。

④紀式勉、王雪良，「就現代環境局勢論構成海權力量的必備條件」，海軍學術月刊，第廿七卷，第八期（八十二年八月十日），頁四－一一。

⑤丁肇強，軍事戰略（台北：中央文物供應社，七十三年三月），頁七六。

⑥同註⑤，頁九七－一〇〇。

⑦中時晚報　八十四年四月二十三日。

⑧聯合報，八十四年七月二十六日。

# 跋記——

## 從最近中共武力犯台
## 檢驗台海防衛與國際反應

# 跋記——
## 從最近中共武力犯台檢驗台海防衛與國際反應

自從中共在八十三年底發動「東海四號」演習，海峽風雲日趨緊迫，加上最近中共兩次飛彈試射演習，已經在事實上造成武力犯台的行為，是實際的對我軍事作戰行動。就兩岸現況及國際情勢研判，「中共武力犯台」、「台海防衛」及「國際反應」三者，均有其密切而「合法」的互動關係。中共若進一步大舉武力犯台，台灣是否有足夠的防衛能力？國際將做何反應？是國內外各界關心的焦點，經過這次「實戰經驗」，不論台海防衛或國際關係，其實是一個很好的檢驗機會，「應然」與「實然」到底有多大差距？我們是否滿意？更要者是我們如何謀求補救改進之道，都須要我們依據這次的實戰檢驗，積極進行「治療」工作。

### ■最近中共武力犯台動機與經過

今（八十四）年六月十八日，中共中央軍事委員會在北京舉行「全軍工作會議」，該會共有陸海空三軍、總政治部、總參謀部、總後勤部及軍區少將以上主要領導幹部二千八百人出席，主要議題「最近美國對台灣政策的變化」、「台灣對大陸政策的變化」，軍方領導部門一致認為美國支持台灣獨立傾向日漸升高，台灣內部的台獨意識也日趨高漲，必須要有強硬的對應，此即共軍在七、八月間擴大軍事演習，進行兩次飛彈試射的由來。（註①）

## 一、中共「飛彈威脅」事件經過

在「全軍工作會議」決議大規模軍事演習包括福建、浙江沿海的三軍聯合作戰與飛彈試射，但最具挑釁而正式造成武力犯台事實者，是兩次飛彈試射的威脅，為「遠戰」入侵行為，兩次試射地區如左圖。（註②）

第一次飛彈試射時間是七月二十一日至二十六日，彈着區域以東海北緯二十六度二十二分、東經一百二十二度十分為中心，半徑十浬圓形範圍。前後射擊M九飛彈六枚，五枚落在目標區內，一枚失敗落於福建南平附近。射擊單位是「八一五」M族導彈旅，位於江西樂平，去年「東海四號」曾在鷹廈鐵道兩側進行演習。

中共第二次飛彈試射日期在八月十五日至二十五日，射擊範圍在東海北緯二十七度十六分、東經一百二十一度二十六分、北緯二十七度十六分、東經一百二十二度三十分、北緯二十六度三十分、東經一百二十二度零五分、北緯二十六度三十分、東經一百二十一度零分，此四點連線內之海空域範圍。射擊位置概在福建、浙江、江西、山東等省，彈種以十枚左右的中短程導彈。

觀察這兩次飛彈試射落點地區，第一次距離澎佳嶼六十五公里，距離台北一百五十五公里；第二次距離台灣本島北端最近一百三十五公里，最西距我東引外島僅九十公里。據空軍單位表示，這兩次飛彈試射彈著區，都在我空軍例行巡弋範圍內。（註③）

除了中共飛彈入侵我台海防衛地區外，八月十七日晚上曾有四架戰機飛越馬祖領空，馬祖守軍進入緊急備戰，情況一度十分緊張，從以上實況顯見，中共已經造成武力犯台海地區之事實，理由如下：

(一)共軍打破多年双方建立的默契，我方戰機不過「海峽中線」，共軍戰機不出海，殲八—二型戰機

**八十四年七～八月中共兩次飛彈試射地區**

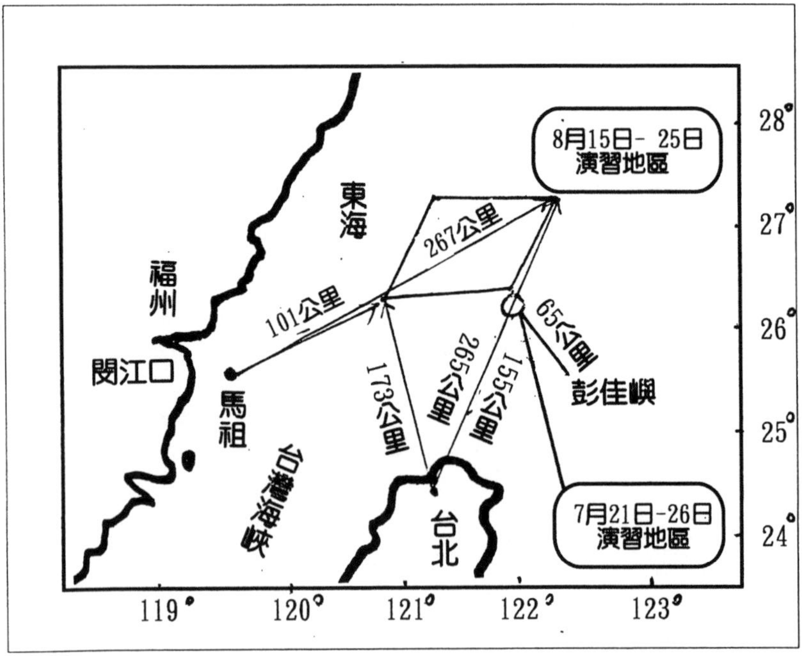

不駐第一線，双方飛彈不過中線，這次都打破了。

㈡兩次飛彈試射區都在我空軍巡弋範圍內，屬我飛航管制區，尤其民航機「A—一」和「B—五六七」航線迫改道，漁業受損亦大。

㈢按我國領海法規定「中華民國之經濟海域為自測算領海寬度之基線起，至外側二百海里之海域。」（註④）所謂「經濟海域」仍屬公海範圍，並非領海，各國船隻保有「無害通過」(Innocent passage)之權，無害指和平與安全，我國漁船在演習期間被迫停止作業，經濟權益實已受到傷害。

## 二、中共最近武力威脅動機分析

從中共近兩個月來發動一波波大規模軍事演習，飛彈、戰機入侵我海空領域範圍，同時批鬥對象指向李總統，如此「武嚇文批」，剖析其成因動機應有下列各要項：

㈠台灣近年台獨活動高漲，已從言論範圍發展到行為層次上的台獨活動，國內執法單位對這種現象並未適切處理，領導階層似有縱容之嫌，在中共眼裡，這種台獨傾向簡直是「朝野互動」故意促成，無法容忍。

㈡對李總統登輝先生的「務實外交」，與美國提昇外交關係，進聯合國之努力，中共已「等同」搞兩個中國、一中一台或搞國家分裂。這與我方認知差距，處於完全背道。

㈢為一種武力犯台「能力」的展示證明，不僅有三軍聯合作戰能力，更有「遠戰」能力，可從遙遠的地方將戰力投射到台海戰場，以行封鎖或大規模作戰。

㈣測試台灣可能的反應及容忍底線，包括政治、軍事、社會、經濟及民心士氣，都在測試之內，用以調整其爾後的對台政策，或評估武力解決統一問題的效果。

㈤警告各國（尤其美、日兩國），不得提升與台灣的外交關係，更不得支持台獨，否則就有可能發生不能挽回的武力衝突。同時亦對這些國家展示武力，證明其國防軍事現代化的成果，不可低估與輕忽。

㈥整體而言是對李總統登輝先生所領導的政策方向表示極度不滿，企圖用一波波的「文批武嚇」來影響台灣的政策，尤其企圖影響總統大選之動機頗為明顯。

## ■從中共武力犯台檢討若干台海防衛問題

按國軍教戰總則第一條「國軍使命」：「凡有侵犯我領土主權，及妨礙我主義之實行者，須全力掃除而廓清之，以完成我革命軍人之神聖使命。」（註⑤）惟此次面對共軍武力入侵挑釁，國軍在基本上以現有防衛戰力，嚴密監控，加強戰備，但避免有刺激共軍的動作。但各軍種對共軍挑釁稍有不同反應與準備。

空軍對於中共演習入侵我戰鬥機巡邏範圍，空軍巡邏任務依然不受影響，但為避免升高緊張情勢，空軍巡邏任務會在區域和時段上做適當調整，對敵情監控，除有戰機二十四小時巡邏外，同時「強網系統」亦嚴密監控共軍演習動態。

陸軍總司令李楨林、空軍總司令黃顯榮、聯勤總司令王文燮、總政戰部主任杜金榮及參謀總長羅本立等，均分別在共軍飛彈試射期間，視察外島及基層單位，訓令官兵「提高戰備警覺，做好應戰準備」。惟深入檢視此次共軍武力犯台，若共軍進而發展成大規模武力犯台，情況恐難以估測，但從這次經驗來檢討台海防衛，至少有三個問題須要深入檢討，謀求改進之道。

**一、現有三軍戰力是否足以防衛台海地區？**

這個問題恐非「Yes or No」所能回答，不過深入而詳盡的分析，作者在「防衛大台灣——台海安全與三軍戰略大佈局」一書有較多剖析。惟據一般看法，在二代戰機、戰艦尚未完成部署前，即八十四、八十五兩年，兩岸戰力比過於懸殊，換言之此時若共軍大舉來犯，台海防衛戰力則明顯不足。制空不夠，制海不足，反登陸欠缺決定性的打擊利器（指攻擊直昇機、多管火箭砲、輕戰車及自走火砲戰力不足）。

據最近民意調查，「一旦中共武力犯台，請問您對台灣的國防能力有沒有信心？」有四成五沒有信心，三成五有信心。（註⑥）這樣的民意反應，與防衛戰力現況似有契合，顯然我們的防衛戰力必須大幅提升，否則難阻外敵入侵，共軍再有類似演習，國軍只好「忍耐」了。

**二、反彈道飛彈戰力須從基礎研發開始建立**

從這次中共飛彈威脅事件的發生，檢驗我防衛戰力，目前最弱應是反彈道飛彈，這方面的戰力區分二部。首先是對共軍飛彈試射的早期偵測，以這次為例我方並沒有完整的偵測技術能力，僅有向美、日購買同步資訊管道，而且是在美國掌握試射情報後十個小時，我方才能取得相關資訊。

其次是對來襲飛彈的攔截，以目前台灣現有防空飛彈（天弓、天合系統）均無力攔截中共的M族或東風系列，所以國內把反彈道飛彈戰力的獲得期望在美國已同意購買的「愛國者」，但愛國者的實戰成功攔截率，在沙烏地阿拉伯是百分之八十，在以色列是百分之二十。（註⑦）在日本的演習成功攔截率是百分之七十。（註⑧）

反彈道飛彈的偵測以衛星為佳，一般戰管雷達預警能力較差，此次中共飛彈來襲，有記者問空軍總司令黃顯榮將軍「怎麼辦？」黃總司令表示「反飛彈是下一階段的事」。（註⑨）依作者之見，若干關鍵的防衛戰力（如反飛彈、潛艦、戰機）必須自力研發，不可處處依賴外購，否則再二十年台灣的國防自主依然只是一個夢。

## 三、民心士氣遂是最堅強的防衛戰力

民心士氣不易觀察評斷，且「現在」縱使保持若干民心士氣，但「隔日」則可能有變數，故這是一種受環境影響很大的戰力，自古以來領導者無不設法凝結之。從這次中共武力犯台，國內民心士氣可從民意調查數據解讀出一部份，「雖不滿意但可接受」：

若中共武力犯台，79％願為保台而戰；

大學一、二年級學生願為保台而戰，33％；

不受飛彈威脅影響，65％；

做好兩岸關係優於務實外交，55％；

對國軍防衛戰力有信心，35％；

李總統聲望，年初七成，訪美前七成九，中共飛彈威脅後升為八成；

希望美國協防台灣，70％。（註⑩）

從數據看民心士氣，有八成願為保台而戰，但大學一、二年級學生意願很低，李總統聲望的提高亦表示國人有不受威脅的骨氣，但依賴性太高，對防衛信心太低。

政黨表現方面，三大黨一致反對中共武力威脅，表示台灣在政府遷台後經過近五十年的族群融合，在這個島上共同生活打拼，「生命共同體」理念已經開始固結；其他政經社會活動，如股票大跌、計程車司機打群架、總統大選的熱身運動等，整個秩序尚在運作與掌握之內，我民心士氣尚不致中共威脅而瓦解，未來不必悲觀，依然大有可為，端看國人如何凝結、開發與提昇防衛戰力。

## ■從中共武力犯台檢討國際反應情形

中共武力犯台，國際上（尤其聯合國、美國）也很頭痛，因為難以確認反應的適當與結果，但國際上所以會有反應（不論何種反應方式），主要還是合法的法律關係為基礎，才能謂之「應有」的反應，其他的政治、道德關係還在其次，故本文中論中共武力犯台，國際應有的反應包括聯合國、美國及亞洲國家。

### 一、從中共武力犯台檢討聯合國的反應

自聯合國成立以來，對國際紛爭處理保持三大原則：國內事務不干涉原則(Principle of noninterference)，自決原則(Self-determination)及人道干預(Humanitarian intervention)，顯然前二者對我國較不利，後者較有利。但這是不夠的，還是要從法律文件上來找依據。「聯合國憲章」第二條，第三、四款：

各會員國應以和平方法解決其國際爭端，俾免危及國際和平、安全及正義。

各會員國在其國際關係上不得使用威脅或武力，或與聯合國宗旨不符之任何其他方法，侵害任何會員國或國家之領土完整或政治獨立。（註⑪）

中共目前是聯合國的會員國，自應遵守自訂之憲章，和平解決國際爭端，對破壞國際和平的應付辦法，在第七章第三十九條規定，安全理事會應斷定任何和平之威脅，和平之破壞，或侵略行為之是否存在，作成建議或抉擇，以維持或恢復國際和平及安全，若中共持其否決權，持續違反憲章，按憲章第二章第五、六條，還是有可依循的處理辦法：

聯合國會員國，業經安全理事會對其採取防止或執行行動者，大會經安全理事會之建議，得停止其會員權利及特權之行者。

聯合國之會員國中，有屢次違犯本憲章所載之原則者，大會經安全理事會之建議，得將其由本組織除名。（註⑫）

從聯合國憲章條文規定來看，若中共武力犯台，聯合國有合法的依據，必須依法適時反應干預，以維持或恢復國際和平，縱使出兵干預也是聯合國依法執行其職責，但聯合國對海峽兩岸的軍事緊張，除了在六月份「聯合國五十週年慶」時，由秘書長蓋里談到台灣進入聯合國必須兩岸直接協商才能化解。（註⑬）以後就未再提及，對中共即無反應，又無「維持或恢復和平」之任何舉動，聯合國的立法和執法差距極大，明顯的受到大國政治干擾，影響聯合國聲譽頗大。

## 二、從中共武力犯台檢討中美關係

中美關係目前以「台灣關係法」為基礎，本法第二、三條有如下規定：

美國決定與「中華人民共和國」建立「外交關係」，完全是基於台灣的未來將以和平方式解決這個期望上；

任何企圖以和平方式以外的方式決定台灣未來的努力，包括抵制、禁運等方式，都將被視為對西太平洋地區和平與安全的一項威脅，也是美國嚴重關切之事；

任何對台灣人民的安全或社會或經濟制度的威脅，以及因此而引起對美國利益所造成的任何危險，總統應通知國會，任何此類危險，總統與國會應按照憲法程序，決定美國所應採取的適當行動。（註⑭）

「台灣關係法」從民國六十八年四月十日生效後，双方執行雖然困難重重，依作者所見至少美國已俱履約誠意。這次中共飛彈威脅，美國國防部長培里呼籲中共勿有過度挑釁行為，國務院呼籲和平解決，較具體的反應是美國在台協會理事主席白樂崎，堅定表示美國執行「台灣關係法」的決心，「台海若發生戰爭，美國會採取措施」，任何和平方式以外的手段，都視為對西太平洋和平與安全的威脅，為「美國嚴重關切」。（註⑮）

美國除了履行「台灣關係法」外，針對亞洲地區的不穩定，目前正在檢討「美日安保條約」，將其保護範圍擴及亞洲全域，這項文件有五要點：

㈠堅持美日安保條約的未來發展性；
㈡該約不僅對日本，對全亞洲安全要有貢獻；
㈢儘早簽訂美日間的物資任務相互支援協定；
㈣美日合力禁止核武擴散；
㈤推動地域對話論壇。（註⑯）

預判重新檢討後的美日安保條約，若確實履約執行，對亞洲和平與安全會有很大貢獻。對台海地區軍事衝突的防止，台灣參與亞太安全體系，應有實質上的助益，綜合檢討中共武力威脅後，美國的反應表現還是值得鼓舞。

## 三、從中共武力犯台看亞洲各國反應

在「如果中共跨過台灣海峽」一書，對中共犯台時亞洲各國的可能反應，日本在既定事實(Fait accompli)下可能同意美軍使用在日本的基地來防衛台灣；菲律賓與南韓可能無意或無力反應；東南亞國協保持曖昧態度；澳洲可能嘗試扮演中介角色。（註⑰）但從現況觀察，一條「小而堅」的小龍——新加坡，對兩岸關係可能有很大影響力，正當中共飛彈試射進入尾聲，新加坡總統王鼎昌，資政李光耀都到北京訪問，肯定「李光耀與中共高層會晤時，會就兩岸問題交換意見」，中共對李光耀意見一向重視。（註⑱）推論新加坡對緩和兩岸關係具有很大作用，其他亞洲國家對中共飛彈試射均止於「關心」，而動機啟自本身的國家安全。

## ■結論

在中共武力犯台的大前題下，帶出「台海防衛」和「國際可能反應」兩大變項，近年各界討論最多的是台灣是否有能力阻止中共武力入侵？國際將做何反應？作者依然強調「自助人助」的道理，畢竟「肉腐蟲生，魚枯生蠹」，想要獲得國際上有力支援，台灣首先必須成為一個「清廉、有為、團結」的形象。今天台灣在基本格局上雖然還能維持運作，但各種亂源造成「信心危機」有日益升高之勢，這才是台海防衛最大隱憂。作者也許有能力發現一些問題，可以肯定是沒有能力解決這些大問題，期望這本「防衛大台灣——台海安全與三軍戰略大佈局」，能提供有能力解決問題的決策階層參考，積極改進缺失，提升防衛戰力，是為二千一百萬同胞，及全體中國人之福氣。

## 註釋

① 聯合報，八十四年七月二十五日，第十版。

② 聯合報，八十四年八月十一日，第一版。

③ 聯合報，八十四年八月十一日，第三版。

④ 「總統宣佈延伸領海及設定經濟海域令」，丘宏達編，現代國際法基本文件（台北：三民書

局，八十年三月），頁四七七。
⑤ 國軍教戰總則，第一條，國軍使命。
⑥ 中國時報，八十四年七月二十八日，第三版。
⑦ 黃文舟，「波灣戰爭反彈道作戰之檢討」，全球防衛雜誌，第九十六期（一九九二年八月一日），頁五〇—五九。
⑧ 聯合報，八十四年六月十一日，第九版。
⑨ 聯合報，八十四年八月十一日，第三版。
⑩ 民意調查數據詳見中國時報、聯合報，八十四年七—八月各報導。
⑪ 聯合國憲章，同註④書，以下本文引用聯合國有關法律文件及台灣關係法，以「丘宏達編，現代國際法基本文件」一書為準。
⑫ 同註④，頁一一。
⑬ 中國時報，八十四年六月二十六日，第二版。
⑭ 同註④，頁四六五—四六六。
⑮ 聯合報，八十四年八月二十一日，第一版。
⑯ 聯合報，八十四年八月二十一日，第九版。
⑰ 張旭成、拉沙特(Martin L. Lasater)編，沈玉慧譯，如果中共跨過台灣海峽（台北：允晨文化實業公司，八十四年五月十日），頁一六六—一九六。
⑱ 聯合報，八十四年八月二十一日。

# 參考書目

# 參考書目

## 一、專書


1. 陳福成。決戰閏八月—後鄧時代中共武力犯台研究。台北：金台灣出版公司，一九九五年七月十日。
2. 托佛勒・海蒂(Alvin and Heidi Toffler)。新戰爭論(War and Anti-War)。傅凌譯，第一版。台北：時報文化出版公司，一九九四年元月十五日。
3. 華力進。政治學。台北：經世書局，七十六年十月增訂一版。
4. 彭堅汶。孫中山三民主義建國與政治發展理論之研究。台北：時英出版社，七十六年十二月。
5. G. Etzel Pearcy等。世界政治地理(World Political Geography)。屈彥遠譯。台北：教育部，七十三年十月，第四版，上下册。
6. 張濤、金千里等。江八點的迷惑。台北：瑞興圖書公司，八十四年三月，初版。
7. 于昇華。戰計畫附件一—攻略澎湖。台北：書華出版事業公司，一九九四年十月，初版。
8. 馬起華。政治學原理。上下册。台北：大中國圖書公司，七十四年五月。
9. 汪大鑄。國防地理。台北：帕米爾書店，四十四年十一月，增訂版。
10. Malcolm McIntosh・Japan Re-armed(日本軍備重建)。錢武南譯，台北：國防部史政編譯局，七十九年四月。

11. Andre Beaufre。戰略緒論(An Introduction to Strategy)。鈕先鍾譯，台北：軍事譯粹社，六十九年三月。
12. 鄭浪平。一九九五閏八月。台北：商周文化事業公司，一九九四年八月一日。
13. 魏汝霖。孫子今註今譯。台北：臺灣商務印書館，七十六年四月修訂三版。
14. Harry G. Summers。論戰略：對越戰的重要評析(On Strategy：A Critical Analysis of the Vietnam War)。李長浩譯，台北：國防部史政編譯局，七十五年八月。
15. 丁肇強。軍事戰略。台北：中央文物供應社，七十三年三月。
16. 彭懷恩。透視海島攻防。台北：風雲論壇社，七十三年十二月二十五日。
17. 陸軍作戰要綱—聯合兵種指揮釋要，上下册，台北：國防部，八十年六月三十日。
18. 空軍概要，幼獅文化事業公司，八十一年七月。
19. 海軍概要，幼獅文化事業公司，八十四年元月。
20. 應紹基。砲兵火箭與砲兵飛彈。台北：啟新出版社，七十五年六月一日。
21. 戰史例證登陸作戰原則之研究，實踐學社，五十二年四月。
22. 2000年大趨勢(Megatrends 2000)。尹萍譯，台北：天下文化出版公司，一九九三年十二月三十日。
23. 陶百川。六法全書。台北：三民書局，六十六年九月正版。
24. 國防部編。波灣戰爭心理研究叢書。一至七册。八十二年四月。

25. 鄧克保。異域。台北：星光出版社，七十四年四月六版。
26. 台灣戰略地位之研究，幼獅文化事業公司，八十一年一月三版。
27. 國防部史政編譯局。救平新疆偽「東土耳其斯坦人民共和國」經過紀要，七十一年十一月一日。
28. 國防部，硫磺島作戰史料彙編，六十七年七月。
29. 李啟明。中國後勤體制。台北：中央文物供應社，七十一年元月。
30. 新政見一·二次大戰各國戰爭指導。上下冊。賴德修譯。台北：黎明文化出版公司，七十七年八月。
31. 鈕先鍾。戰略論集。台灣省訓團，七十六年十一月。
32. 蔣緯國。軍制基本原理。台北：黎明文化出版公司，七十七年八月七版。
33. David Owen。防衛策略(The Politics of Defence)。李長浩譯。台北：國防部史政編譯局，六十三年一月。
34. 國防部，中華民國八十二—八十三年國防報告書，八十三年三月。
35. 國防部，國軍軍事思想，七十一年五月。
36. 呂石明等編。世界戰爭全集—空戰。台北：自然科學文化事業公司，七十年六月，三版。

## 二、期刊論文與專文

1. 馬飛龍，「台海新守護神—天弓武器系統」，全球防衛雜誌，第七三期。一九九〇年九月一日，頁二八—三七。
2. 風一中，「Su-27戰鬥機」全球防衛雜誌，第八三期。一九九一年七月一日，頁二八—三五。
3. 戴崇倫，「中共海軍—潛艇篇」，全球防衛雜誌，第九三期。一九九二年五月一日，頁二八—三七。
4. 馬基左，「諾克斯級巡防艦」，全球防衛雜誌，第九六期，一九九二年八月一日，頁二四—三一。
5. 陳光，「愛國者發展史」，全球防衛雜誌，第九八期，一九九二年十月一日。
6. 司南，「幻象2000—5與F—16A」，全球防衛雜誌，第一〇〇期。一九九二年十二月一日，頁一〇—二一。
7. 小狐狸，「中華民國新裝甲車計畫」，全球防衛雜誌，第一〇六期。一九三年六月一日，頁三六—四七。
8. 鄭少卿，「F-16 MLU VS SU-27B」，全球防衛雜誌，第一一四期。一九九四年二月一日，頁一二—二五。
9. 羅恩真，「F-16 vs Mig-29」，全球防衛雜誌，第一二四期。一九九四年十二月一日，頁二四—三三。
10. 南屏，「中華民國海軍與水雷作戰」，全球防衛雜誌，第一二八期。一九九五年四月一日，頁三六—四五。

11. 粤儒，「諾曼第作戰」，全球防衛雜誌，第一三一期。一九九五年七月一日，頁七二—八三。
12. 陳秉義，「陸軍野戰防空作戰重要性之探討」，陸軍學術月刊，第三三三期。八十二年五月十六日，頁四五—五一。
13. 簡文瑞，「快速反應部隊編組與運用」，陸軍學術月刊，第三五一期。八十三年十一月十六日，頁五六—六一。
14. 王長錚，「對中共空降部隊訓練之研究」，陸軍學術月刊，第三五二期。八十三年十二月十六日，頁三三—四六。
15. 陳偉寬，「克里特島空降作戰中野略問題之研究」，國防雜誌，第七卷第十二期。八十一年六月十六日，頁二五—三三。
16. 賈祈昭，「空軍攻擊目標選擇之研究」，國防雜誌，第八卷第三期。八十一年九月三日，頁三九—四五。
17. 吳家驥，「南海戰略情勢研析」，國防雜誌，第八卷，第四期。八十一年十月十日，頁一八—二六。
18. 張惠榮，「評析中共空軍戰役之理論」，國防雜誌，第八卷第五期。八十一年十一月十二日，頁三六—四五。
19. 王康慈，「由空權發展論台澎防衛作戰」，國防雜誌，第八卷第六期。八十一年十二月十日，頁三二—三七。

20. 陳立文，「氣墊船在後勤上的運用」，國防雜誌，第八卷第七期，八十二年元月一日，頁七一—八一。
21. 路台安，「論三軍聯合作戰與未來發展趨勢」，國防雜誌，第八卷第十期，八十二年四月五日，頁六〇—六八。
22. 馬振宇譯，「海軍武器的黑馬」，國防譯粹。八十一年六月一日，頁七一—七九。
23. 楊紫函，「歐洲快速反應部隊的任務與編組」，國防譯粹。八十二年五月一日，頁二五—三一。
24. 勵志譯，「未來空中密支主力—攻擊直升機」，國防譯粹！八十四年四月一日，頁六八—七一。
25. 紀式勉、王雪良，「就現代環境局勢論構成海權力量的必備條件」，海軍學術月刊。八十二年八月十日，頁四—一一。
26. 蘇秀法，「我國重返聯合國體系下金融組織研析」，問題與研究。八十三年一月十日，頁一—一〇。

## 三、報紙資料

1. 中國時報，八十二年四月至八十四年八月相關資料。
2. 聯合報，八十三年一月至八十四年八月相關資料。

## 四、研究報告（未經正式出版發行）

1. 石遠台，「空戰戰略與南海問題之研討」，台灣大學軍訓室，八十二年十二月三十日。
2. 黃千訓，「水雷作戰研究」，台灣大學軍訓室，八十四年五月四日。
3. 黃筱荃，「IDF、F-16 A／B．Mirage 2000-5」，台灣大學軍訓室，八十二年三月二十五日。
4. 左純力，「二次大戰英倫空戰之戰術運用」，台灣大學軍訓室，（時間不詳）。

## 五、法律文件

1. 國家安全法，八十一年七月十三日。
2. 台灣關係法，一九七九年三月二十八日。
3. 聯合國憲章，一九四五年六月二十六日。
4. 聯合國海洋法公約，一九八二年十二月十日。